Mastering

KT-450-228

Spanish

TOWER HAMLETS COLLEGE

046877

...d edition

0 6
1 :
2 :
C
9 :

..bert Clarke

...turer, University of York Language Teaching Centre

..tty Parr

..unding Editor

MACMILLAN

© Robert Clarke 1982, 1995
Text artwork © Macmillan Press Ltd 1982, 1995
Photographs, other than those sourced, © Robert Clarke 1982, 1995

All rights reserved. No reproduction, copy or transmission of
this publication may be made without written permission.

No paragraph of this publication may be reproduced, copied or
transmitted save with written permission or in accordance with
the provisions of the Copyright, Designs and Patents Act 1988,
or under the terms of any licence permitting limited copying
issued by the Copyright Licensing Agency, 90 Tottenham Court
Road, London W1P 9HE.

Any person who does any unauthorised act in relation to this
publication may be liable to criminal prosecution and civil
claims for damages.

First edition 1982
Second edition 1995

Published by
MACMILLAN PRESS LTD
Houndmills, Basingstoke, Hampshire RG21 2XS
and London
Companies and representatives
throughout the world

ISBN 0–333–61435–6
ISBN 0–333–61437–2 cassettes
ISBN 0–333–61436–4 pack

A catalogue record for this book is available from the British Library.

10   9   8   7   6   5   4   3   2   1
04 03 02 01 00 99 98 97 96 95

Printed and bound in Great Britain by
Biddles Ltd,
Guildford and Kings Lynn.

Acknowledgements

The author and publishers wish to thank the following for permission to use copyright
material: Largo Recorrido Renfe for the reproduction of railway timetables.

Every effort has been made to trace all the copyright holders, but if any have been
inadvertently overlooked the publishers will be pleased to make the necessary
arrangement at the first opportunity.

The cassettes which accompany this book can be ordered from your local bookseller or,
in case of difficulty, from Macmillan Direct, Houndmills, Basingstoke, Hampshire,
RG21 2XS (telephone 0256 29242).

Contents

Order No:

Class:

Accession No: 046877

Type:

Topics

Passing through Customs; Arrival at a hotel; Meeting friends

Grammar

Forms of address; Possession and identity; Asking questions;
Numbers 1–20; Plural

Topics

Talking about one's home town; Giving address and telephone
number

Grammar

'Para'; Adjectives; Numbers 21–100; 'Tener'; 'Me llamo' + name;
Work and status

Topics

Description of home town; Recovery of lost property

Grammar

'Ser' and 'estar'; Contractions; Modifying adjectives;
'Hay'

Topics

Finding places in a strange town; Describing the weather in a
strange town and at home

Grammar

Finding out; Time and weather; 'Mucho'; Negatives

Introduction: how to use this book

Welcome to the new edition of *Mastering Spanish*. The course is intended for complete beginners but it also offers a valuable refresher course for those who have previously learned a little Spanish but now find that it has grown 'rusty'. A knowledge of Spanish will allow you to communicate with and understand not only the people of Spain but also the peoples and cultures of more than twenty republics in Central and South America, for Spanish is a truly international language. To help you learn quickly the sounds of Spanish and the correct intonation of spoken Spanish, two cassettes have been provided to accompany the book. On the cassettes are recorded all the dialogues in this book and listening practice. Sections of the book included on the cassette are indicated by the symbol [symbol]. Some of the Listening Material consists of authentic conversation between native speakers of Spanish. For advice on how to deal with this material, see page 12.

The book has a dual purpose. Firstly, it will help you learn to communicate with Spanish speakers in many everyday situations and to live among Spanish speakers without causing or suffering embarrassment or misunderstandings. If you intend to spend a holiday among Spanish speakers, or if you are involved in business activities with a Spanish or Latin American company, you will find this book will provide a grounding in the basic skills of communicating in Spanish.

Secondly, this book offers the first stages in Spanish for students who wish to acquire the basis for a more formal knowledge of the grammar and structures of the language with a view to developing a reading knowledge or writing skills at a later date. Each chapter deals with a situation you will almost certainly encounter in dealing with Spanish speakers and you will learn the language appropriate to that situation. In addition, each chapter develops the grammar and vocabulary to allow you to use it in different ways and to express ideas of your own. After Chapters 5, 10, 15 and 20 there are revision sections and tests to allow you to check your own progress in speaking and understanding Spanish.

Dialogues

The basic material of each chapter is presented in the form of dialogues; for most effective use these should be studied with the help of the cassettes. The contents list shows what is covered in each chapter – the chapter title describes the main communicative aim and the topics set out the situations in which this aim is developed.

Vocabulary

This lists the words found in the dialogues together with other useful words and expressions. The book contains approximately 1000 words which have been selected from the lists devised by the Council of Europe in their publication *Un nivel umbral* (*A threshold level*). This publication sets out guidelines for adults who wish to learn to speak and understand basic Spanish: to reach, in fact, the 'threshold' of genuine competence whilst being able to survive adequately in Spanish-speaking countries.

It may be useful for you to compile your own vocabulary notebook as you work through the book, listing the words either alphabetically or under headings of your own choosing such as 'Family', 'Leisure' and 'Daily routine'. The following procedure will help you learn the words: cover up the English version, look at the Spanish words and try to guess their meanings. Check that you are right by revealing the English version and continue in this way until you can recognise all the new words. Then reverse the process and work from the English to the Spanish list. Try to learn with each new noun whether it is masculine (el/un), or feminine (la/una). A friend can help you here, asking you for the Spanish for English words and checking your answer in the book.

Explanations

Both background information and grammar are explained in this section. Students whose main concern is with speaking and understanding simple Spanish will probably not wish to pursue all the details of the grammatical explanations and, from Chapter 7 onwards, these are therefore presented in two sections: the first (marked A in the book) dealing with the basic grammar of the chapter and the second (marked B) extending the grammar and range of language covered. In addition there is in the reference section a complete summary of all the grammar covered in the book and you may wish to study each section of the summary as its content is dealt with in the chapters of the book. The grammar references given in the explanations indicate the relevant sections in the summary.

Exercises

Each chapter presents the exercises in two sections: the first set (marked A in the book) is for students who wish to learn a basic range of simple Spanish and the second (marked B) extends this basic range to include different situations and topics. The list of grammatical terms in the reference section will help you to understand the explanations and the exercises more easily.

The role-play exercises require you to change the person of the verb as follows:

(Say you want = I want = Quiero. Ask if he/she has = Have you? = ¿Tiene usted?)

Reference material

This contains additional word lists arranged by topics, keys to the exercises, a short list of useful addresses and reference books and a summary of the grammar found in *Mastering Spanish*. This summary draws together for easy reference the fundamentals of the different grammatical subjects covered in the explanations sections – so, for instance, having studied various aspects of verbs throughout a chapter, you can check quickly how these fit into the whole picture.

Guide to pronunciation

It is worth reading through this section now so that you gather a general idea of how Spanish is pronounced, particularly if you have not purchased the accompanying cassettes. Otherwise you will soon pick up the pronunciation as you proceed through the course and you can come back to this section simply for reference.

Spanish is basically an easy language to pronounce correctly because nearly all of the sounds found in Spanish are roughly similar to sounds already found in English. Each sound is pronounced in the same way every time it occurs and the written form of words is very close to the spoken form. See the individual sounds below and repeat them several times, do the same with the short phrases which contain the sounds in full words and repeat them several times; finally, look at or listen to an English name being spelled in Spanish and work out how to spell your own name.

The vowels

a	Un kilo de patatas A kilo of potatoes	Between 'cat' and 'father' (northern English 'cat', 'mat')
e	Un litro de leche A litre of milk	First sound of 'elephant'
i	Un litro de vino A litre of wine	Like 'ee' in 'seen' but shorter
o	Dos vasos de vino Two glasses of wine	Like 'o' in 'for' but shorter
u	Una blusa de seda pura A blouse of pure silk	Like 'oo' in 'root'; 'u' is silent after 'q' in words such as '¿qué?' (what?) or 'aquél' (that one) and also after 'gu + e' or 'gu + i' in words such as 'guisantes' (peas)
y	Mi marido y mi hijo My husband and my son	Pronounced like the Spanish 'i'

The consonants

b, v	Un vaso de vino blanco A glass of white wine	Both very similar to the English 'b'
c	Cinco copas de coñac Five glasses of brandy	Before 'i' and 'e' like 'th' in '*th*in'. (In South American Spanish like 'c' in '*i*ce'.) Before anything else like 'c' in '*c*at'
d	¿Dónde está Madrid? Where is Madrid?	Much softer than in English and rather like 'th' in '*th*ough'
f	¿Qué tal la familia? How is the family?	As in English
g	Usted coge la maleta grande You take the big suitcase	Before 'i' and 'e' like 'ch' in 'lo*ch*'. Before anything else like 'g' in '*g*o'
h	¿Quién es ese hombre? Who is that man?	Always silent
j	Sopa de ajo Garlic soup	Like 'ch' in 'lo*ch*'
k	Dos kilos de uvas Two kilos of grapes	As in English
l	Un litro de leche A litre of milk	As in English
m	Se llama Manuel He's called Manuel	As in English
n	No soy alemán I'm not German	As in English
ñ	Este niño es español This boy is Spanish	Like 'ni' in 'o*ni*on'
p	Mi padre es portugués My father is Portuguese	As in English
q	¿Qué quiere usted? What do you want?	Always found with 'u' and pronounced like 'c' in '*c*at'
r	¿Para qué sirve? What is it used for?	A rolled or trilled 'r'
rr	Un paquete de cigarrillos A packet of cigarettes	A strongly rolled or trilled 'r'
s	Isabel es muy simpática Isabel is very nice	Like 's' in '*s*imple'
t	Patatas fritas, por favor Chips, please	As in English
v	Un vaso de vino blanco A glass of white wine	See 'b, v'
w	¿El wáter, por favor? The toilet, please?	As for 'v' (only found in foreign words taken into Spanish)

x	¿El taxi está libre?	Between vowels as 'gs' and
	The taxi is free?	elsewhere as 's'
y	Mi hijo mayor y yo	As in 'young' but more strongly
	My older son and I	pronounced
z	Un kilo de manzanas	Always like 'th' in 'thin'
	A kilo of apples	

Pronunciation patterns

Spanish is pronounced in a rhythmic way and the rhythm is produced by two basic rules:

(a) If a word ends in a vowel (a, e, i, o, u), '-s' or '-n', the last but one sound is stressed:

Las peras valen cuarenta y cinco pesetas el kilo.
The pears cost 45 pesetas a kilo.

(b) If a word ends in anything else, the last sound is stressed:

El reloj del profesor es de oro
The teacher's watch is made of gold.

Any word which breaks one of the two rules has a stress mark to show where the word should be stressed:

Quiero una ración de jamón de York, por favor.
I want a portion of York ham, please.

The Spanish alphabet

a, be, ce, de, e, efe, ge, ache, i, jota, ka, ele, eme, ene, eñe, o, pe, cu, ere, erre, ese, te, u, uve, uve doble, equis, y-griega, zeta.

– ¿Su nombre, por favor?	'Your name, please?'
– Clarke.	'Clarke.'
– ¿Cómo se escribe?	'How is it written?'
– Ce, ele, a, ere, ka, e.	'C-l-a-r-k-e.'
– Gracias.	'Thank you.'

Note that 'ñ' counts as a separate letter in Spanish and thus warrants separate treatment in alphabetical listings. So 'mañana' follows 'manzano' in a dictionary.

s días. ¿Cómo está usted?

Identification: introductions and goodbyes

¿A qué hora llegamos?

Dialogues

Dialogue 1

Robert and Joan Robinson arrive in Spain and pass through Customs and Immigration.

Policía: Buenos días. Su pasaporte, por favor.
Robert: Aquí tiene usted.
Policía: Usted es inglés, ¿verdad?

Vamos a España

Robert: Eso es.
Policía: Y, ¿quién es esta señora?
Robert: Ésta es mi mujer, Joan Robinson.
Policía: ¿Y sus hijos?
Robert: No están con nosotros. Están en Inglaterra.
Policía: Muy bien. ¿Cuánto tiempo van ustedes a estar en España?
Robert: Tres semanas.
Policía: Muy bien. Gracias. Adiós.
Robert: Adiós.

 Dialogue 2

The Robinsons arrive at their hotel and check in at reception.

Robert: Buenos días. Soy el señor Robinson. ¿Tiene usted una habitación reservada en mi nombre?
Recepcionista: ¿Robinson? Un momento. ¿Cómo se escribe su nombre?
Robert: R-o-b-i-n-s-o-n. Robinson.
Recepcionista: Ah, sí. Aquí está. El señor Robinson de York en Inglaterra.
Robert: Eso es.
Recepcionista: Una habitación con baño por cinco días, ¿verdad?
Robert: Sí, eso es.
Recepcionista: La habitación número doce en el primer piso. Aquí tiene usted la llave.
Robert: Muchas gracias.
Recepcionista: A usted, señor.

 Dialogue 3

In the evening the Robinsons go to meet some friends in a café. Mr Robinson knows them but Mrs Robinson does not.

Juan López: Buenas tardes, Roberto. ¿Qué hay?
Robert: Hola, Juan. Ésta es mi mujer, Joan – Juana en español.
Juan López: Mucho gusto, señora Robinson.

Joan: El gusto es mío, señor López.

Juan López: ¿Puedo presentarle a mi mujer? María, ésta es Juana Robinson, la mujer de Roberto.

María López: Mucho gusto, Juana.

Joan: Encantada, María.

Juan López: Bueno. Siéntense. ¿Qué van a tomar?

Vocabulary

bueno/a/os/as	good
el día	day
buenos días	good day, good morning
su/sus	your, his, her, their
el pasaporte	passport
por favor	please
aquí	here
tiene	has, have
usted	you (polite speech)
es	is, are
inglés/esa/eses/esas	English
¿verdad?	true? is that right? isn't it?
eso	that
eso es	that's it, that's right
y	and
¿quién?	who?
este/a	this
la señora	lady, Mrs
mi/mis	my
la mujer	wife, woman
el hijo	son
los hijos	children, sons
no	no, not
están	are (they are)
estamos	are (we are)
con	with
nosotros	us, we
Inglaterra	England
bien	well
muy	very
¿cuánto?	how much?
el tiempo	time
van	go, are going (they)
ustedes	you (plural, polite speech)
estar	to be
España	Spain
tres	three
la semana	week
las vacaciones	holidays

Spanish	English
gracias	thank you
adiós	goodbye
soy	I am
la habitación	room
reservado/a	reserved
el nombre	name
el momento	moment
¿cómo?	how?
escribir	to write
se escribe	one writes, it is written
sí	yes
el baño	bath, bathroom
por	for
el número	number
doce	twelve
primero/a/os/as	first
el piso	floor (of building), flat
la llave	key
la tarde	afternoon, evening
buenas tardes	good afternoon, evening
¿qué?	what?
hay	there is, there are
¿qué hay?	how are things, how are you?
hola	hello
español/a/es/as	Spanish
mucho	a lot, much
el gusto	pleasure
mucho gusto	pleased to meet you
mío/a/os/as	mine
el gusto es mío	the pleasure's mine
puedo	I can
presentar	to introduce
siéntense	sit down (addressing more than one person)
tomar	to have (food and drink)

● *For supplementary vocabulary lists see p. 285*

Explanations

● *The grammar summary, to which the grammar references refer, begins on p. 342*

(a) Meeting people and forms of address

Spaniards shake hands when they meet people for the first time and at subsequent meetings. They also shake hands when leaving other people, and getting away from a large group of Spaniards can be quite complicated!

When meeting strangers for the first time, you address them as 'señor' (Mr), 'señora' (Mrs) or 'señorita' (Miss) and their surname. If the meeting takes place in the morning, the full greeting would be:

Buenos días, señor González.	Good morning, Mr González.
Buenos días, señora Morales.	Good morning, Mrs Morales.
Buenos días, señorita Agudo.	Good morning, Miss Agudo.

The afternoon and evening are referred to by the same phrase, probably because the Spaniards consider the time between lunch (1–2 pm) and dinner (9–10 pm) as being a single part of the day. Thus the greeting becomes:

Buenas tardes, señor González.	Good afternoon/evening, Mr González.

The form 'buenas noches' (good night) is usually used when it is night-time and can be used to greet people as well as to say 'good night'.

Adiós, buenas noches.	Goodbye, good night.

When you know people fairly well, it is possible to greet them using 'don' or 'doña' with their first name, but the greeting remains fairly formal.

Buenas tardes, don Paco.	Good afternoon, Paco.
Buenos días, doña María.	Good morning, Maria.

With friends, the first name is used.

Hola, Isabel.	Hello, Isabel.

(b) Polite and familiar in social relationships

Polite forms are used to address strangers, people older than yourself, anyone in an official position such as policemen and Customs officials, and familiar forms are used to address friends, children and animals. (The previous rather rigid system is breaking down and some groups of people – for example, students – regularly address each other in the familiar form whether they know each other or not. To avoid embarrassment it is better to start off in the polite form and wait for the Spaniard to invite you to address him or her in the familiar form.)

(c) The polite form – grammar ref 7(i)

If you meet a bishop in England, you have to address him as follows:

How *is* your Grace this morning?

and polite speech in Spanish has the same pattern with 'usted', a shortened form of 'vuestra merced' (your Grace) taking, as in English, the third person singular of the verb.

Usted es inglés.	You're English.

Without the pronoun 'usted', the sentence has a quite different meaning.

Es inglés.   He's English.

If you are talking to more than one person the plural form 'ustedes' is used:

Ustedes son ingleses.   You're English.
Son ingleses.   They're English.

'Usted' can also be written 'Vd.' or 'Ud.', and 'ustedes' as 'Vds.' or 'Uds.'

(d) The familiar form

This form, used to address friends, children and animals, is simply the second person of the verb in the singular form to address one person and the plural to address more than one:

Eres español, ¿verdad?   You're Spanish, aren't you?
Sois ingleses, ¿verdad?   You're English, aren't you?

● *The absence of subject pronouns is explained below.*

(e) Expressing possession – grammar ref 2(iv)

To say 'my' in Spanish, use the word 'mi' with any singular noun:

Ésta es mi mujer.   This is my wife.
Éste es mi hijo.   This is my son.

The plural form is 'mis':

Mis hijos están en Inglaterra.   My children are in England.
Mis llaves están aquí.   My keys are here.

To say 'your', use the word 'su' with any singular noun:

¿Tiene usted su pasaporte?   Do you have your passport?
Su habitación está aquí.   Your room is here.

The plural form is 'sus':

Sus hijos están en Inglaterra.   Your children are in England.
Sus llaves están aquí.   Your keys are here.

(f) Expressing identity – grammar ref 7(i)

Subject pronouns – I, you, he, she, we, you, they – do exist in Spanish and are as follows:

I	yo
you (familiar form, sing.)	tú
he	él
she	ella
you (polite form, sing.)	usted

we	nosotros/as
you (familiar form, pl.)	vosotros/as
they	ellos/as
you (polite form, pl.)	ustedes

However, they are rarely used, and it is the form of the verb, and particularly the ending, which tells you who or what is the subject of the verb:

Soy inglés.	I'm English.
Eres francés.	You're French (sing.).
Es alemán.	He's German.
Es alemana.	She's German.

The only subject pronouns regularly used are 'usted' and 'ustedes' which refer to 'you' in the singular and the plural:

Usted es inglés.	You're English (sing.).
Ustedes son ingleses.	You're English (pl.).

The adjectives of nationality agree with the person described and change from the masculine form to the feminine if the person described is female:

Soy inglés.	I'm English (man speaking).
Soy inglesa.	I'm English (woman speaking).

To express where you are from, use the following:

Soy de York.	I'm from York.

(g) Asking questions

You will have noticed that a question in Spanish starts with a question mark upside down and ends with one the right way up. This is because it is often impossible to invert the verb and subject as we do in English:

He is English	Is he English?

In Spanish this becomes:

Es inglés.	¿Es inglés?

In speech, the question is recognised from the tone of voice and in writing from the question mark upside down which shows a question has started. If the verb has a subject, it is possible to form the question as in English.

Usted es francés.	You're French.
¿Es usted francés?	Are you French?
Su hijo está aquí.	Your son is here.
¿Está su hijo aquí?	Is your son here?

Another simple way to form a question is to use the word '¿verdad?', which literally means 'truth?' and turns any sentence into a question.

Usted es el señor Gómez, ¿verdad?	You're Mr Gómez, aren't you?
Esta mujer es española, ¿verdad?	This woman is Spanish, isn't she?

Other questions can be formed using question words:

¿Quién?	Who?
¿Quién es usted?	Who are you?
¿Cuánto?	How much?
¿Cuánto vale?	How much does it cost?
¿Cómo?	How?
¿Cómo se escribe?	How is it written?
¿Qué?	What?
¿Qué es?	What is it?

(h) Saying where something is – grammar ref 8

To say where something is, use 'está' – or 'están' if more than one thing is meant:

¿Dónde está el bar?	Where is the bar?
Aquí está.	Here it is.
¿Dónde están sus hijos?	Where are your children?
Están en Madrid.	They're in Madrid.

(i) Indicating something or someone using 'this' – grammar ref 2(v)

Esta mujer es francesa.	This woman is French.
Este hombre es inglés.	This man is English.

To say 'this' or 'this one', simply leave out the noun.

Éste es mi hijo.	This is my son.
Ésta es mi mujer.	This is my wife.

(j) Numbers 1–20 – grammar ref 3

Several numbers occur in the dialogues, and here are the numbers 1–20:

1	uno (un hombre, una mujer)
2	dos
3	tres
4	cuatro
5	cinco
6	seis
7	siete
8	ocho
9	nueve
10	diez
11	once
12	doce
13	trece
14	catorce
15	quince

16	dieciséis
17	diecisiete
18	dieciocho
19	diecinueve
20	veinte

One ordinal number occurs, and here are the ordinals 1st to 5th:

1st	primero/a (el primer piso, la primera habitación)
2nd	segundo/a
3rd	tercero/a (el tercer piso, la tercera habitación)
4th	cuarto
5th	quinto

(k) Singular and plural – grammar ref 1

If a noun ends in a vowel, the plural is formed by adding an '-s':

Mi hijo está aquí.	My son is here.
Mis hijos están aquí.	My sons (children) are here.
La llave está en la mesa.	The key is on the table.
Las llaves están en la mesa.	The keys are on the table.

If a noun ends in a consonant, the plural is formed by adding '-es':

| La habitación es muy bonita. | The room is very nice. |
| Las habitaciones son muy bonitas. | The rooms are very nice. |

Therefore, you not only see but also hear all plurals in Spanish.

Exercises

- *The key to these exercises begins on p. 292*

A

- *For students who wish to acquire a basic knowledge of Spanish.*

Exercise 1   Arriving in Spain

Play the part of Mr Robinson in the following dialogue. The clues in English will help you to remember the Spanish.

Policía: Buenos días. Su pasaporte, por favor.
Usted: (*Say here you are.*)
Policía: Usted es inglés, ¿verdad?
Usted: (*Say that's right.*)
Policía: Y, ¿quién es esta señora?
Usted: (*Say this is your wife, Joan Robinson.*)

Policía: ¿Cuánto tiempo van ustedes a estar en España?
Usted: (*Say three weeks.*)
Policía: Muy bien. Gracias. Adiós.
Usted: (*Say goodbye.*)

Exercise 2   At the hotel

Play yourself in the following dialogue; greet the receptionist, identify yourself and spell your name.

Recepcionista: Buenos días.
Usted: (*Say good morning. You are Mr/Mrs/Miss... Ask if she has a room reserved in your name.*)
Recepcionista: ¿Cómo se escribe su nombre?
Usted: (*Spell your name.*)
Recepcionista: Una habitación con baño por cinco días, ¿verdad?
Usted: (*Say yes, that's right.*)
Recepcionista: La habitación número doce en el primer piso. Aquí tiene usted la llave.
Usted: (*Say many thanks.*)
Recepcionista: A usted.

Exercise 3   Greeting people

Play yourself in the following dialogue; exchange greetings with various people. (The words in brackets are to be used by female students.)

El señor López: Mucho gusto, señor (señora, señorita).
Usted: (*Say the pleasure is yours.*)
El señor López: Ésta es mi mujer, María.
Usted: (*Say pleased to meet you.*)

Exercise 4   Talking about yourself

Answer the following questions. (The words in brackets are to be used by female students.)

1   ¿Es usted inglés (inglesa)?
2   ¿Quién es usted?
3   ¿Cómo se escribe su nombre?
4   ¿Cuánto tiempo va usted a estar en España? (Four weeks)
5   Usted es francés (francesa), ¿verdad?

Exercise 5   Asking questions

Convert the following into questions using the word '¿verdad?' Example: Usted es español. Usted es español, ¿verdad?

1   Usted es inglés.
2   Ésta es su mujer.

3 Éstos son sus hijos.
4 Usted está de vacaciones.
5 Su nombre es Juan en español.

Exercise 6   Possessions

Ask if something belongs to someone.
Example: Pasaporte. ¿Es éste su pasaporte?

1 Habitación.
2 Llave.
3 Hijo.
4 Mujer.
5 Nombre.

B

● *For students who wish to progress beyond a basic knowledge.*

Exercise 7   Denying that something is true

(Words in brackets to be used by female students.)
Example: ¿Es usted español? No, no soy español.

1 ¿Es usted irlandés (irlandesa)?
2 ¿Es usted de York?
3 ¿Es usted el señor Brown (la señora Brown)?
4 ¿Es usted arquitecto?
5 ¿Es usted español (española)?

Exercise 8   Introducing people to each other

Example: Mujer. ¿Puedo presentarle a mi mujer?

1 Hijo.
2 Amigo.
3 El señor Brown.
4 La señora López.
5 Marido.

Exercise 9   Number practice

Say aloud the complete sum.
Example: 2 + 2 = 4. Dos y dos son cuatro.

1	3 + 3 = 6		6	9 + 7 = 16	
2	5 + 6 = 11		7	8 + 6 = 14	
3	4 + 9 = 13		8	9 + 8 = 17	
4	7 + 8 = 15		9	10 + 8 = 18	
5	10 + 2 = 12		10	10 + 10 = 20	

Exercise 10   Asking where things and people are

Example: El bar. ¿Dónde está el bar?

1   La habitación.
2   La llave.
3   Su mujer.
4   Su hijo.
5   El taxi.

¿Comprende usted el español hablado?

(Listening exercises)

A

¿Cómo se escribe?

Listen to the tape and write down how these Spaniards spell their names. Then check your answers on page 294.

B

Listen to the tape again and write down the names of famous Spaniards as they are spelled out for you.

C

Listen to the tape. Write down as figures the numbers you hear. For example, if you hear 'once' you will write 11.

D

The last of the listening exercises in every chapter consists of authentic listening material – that is, unscripted conversations between native speakers who are speaking at their normal speed. Listen to the conversation and answer the questions in English. It is *not* necessary to understand every word to be able to understand the message and answer the questions successfully. You may need to use your dictionary to understand key words.

The following procedure may help:

1   Listen to the conversation and study the questions.
2   Listen to the conversation again, and pause the tape when you feel you are able to answer the first question.
3   Continue until you have answered all the questions.
4   Listen again, correct your answers if necessary, and then check your answers with those found at the back of the book.

En el hotel

Listen to the tape, and answer the questions in English.

1 What type of room does the man want?
2 Is there a room free, and where is it?
3 For how long does he need the room?
4 Which document does the receptionist ask for?

¿Comprende usted el español escrito?

(Reading exercises)

A

What are the customers asking for? Write down what they want and for how long in each of the sentences below.

1 Una habitación individual con baño por siete días.
2 Una habitación doble con ducha por nueve días.
3 Una habitación con baño por dos semanas.
4 Una habitación individual con baño por tres días.

B

Which room? Write down the number and floor of the room in each of the sentences below.

1 La habitación número trece en el segundo piso.
2 La habitación número tres en el primer piso.
3 La habitación número dieciséis en el tercer piso.
4 La habitación número veinte en el cuarto piso.

Rompecabezas

(Puzzles)

A

Sopa de números (Number soup)

Unscramble the mixed-up numbers and write them out correctly together with the figure.
Example: noec = once = 11.

1 oacurt
2 tiese

cΟterc
crete
evinet
ceinqu
/ envue
8   occin
9   steeediici
10 izde

Serpiente de letras (Letter snake)

Start with the letter set in bold and, moving from letter to letter in any direction you choose, find the question and answer.

```
O  R   O  M  A
B  A  L  L  L
E  M  C  E  L
R  A  O  S  E
T  U  M  O  M
O  S  T  E  D?
```

¿ Tiene usted familia?

2

Identification: descriptions of oneself and family

La familia en el jardín

Dialogues

Dialogue 1

The Robinsons and the Lópezes are sitting in a Madrid café. The waiter brings their order.

Camarero: Vamos a ver. Un café con leche para el señor López, un café solo para la señora López, una cerveza para este señor y un vino blanco para la señora.

En la terraza   J. Allan Cash

Juan López: Gracias.
María López: ¿Es usted de York, Juana?
Joan Robinson: Sí, soy de York.
María López: Y, ¿cómo es la ciudad de York?
Joan Robinson: Pues, es bastante grande. Tiene unos cien mil habitantes.
María López: ¡Qué interesante! ¿Tiene usted hijos?
Joan Robinson: Sí, tengo dos, un hijo y una hija.
María López: ¿Cómo se llaman?
Joan Robinson: El hijo se llama David. Tiene veintiún años y es estudiante en
   la universidad de Manchester. La hija se llama Barbara, tiene veinticinco
   años y está casada. Su marido es médico en el hospital de York.
María López: Entonces usted es abuela, ¿verdad?
Joan Robinson: No, todavía no. Mi hija no tiene hijos.
María López: ¿Trabaja usted, o es ama de casa?
Joan Robinson: Sí, trabajo. Soy profesora de matemáticas en un instituto de
   York.
María López: ¡Matemáticas! Las matemáticas son muy difíciles, ¿no?
Joan Robinson: ¡Qué va! Son muy fáciles.

Dialogue 2

Robert Robinson and Juan López are business associates and Juan López needs to take down some details about Mr Robinson to be able to contact him in England and in Madrid.

Juan López: ¿Cuál es su dirección en York, Roberto?

Robert: Sesenta y cuatro Bootham – B-o-o-t-h-a-m – Bootham Road, York, Inglaterra.

Juan López: Y ésta es su oficina, ¿verdad?

Robert: Sí, eso es.

Juan López: ¿Tiene teléfono?

Robert: Sí; el número de teléfono es 0904 389256.

Juan López: Gracias. ¿Y su teléfono aquí en Madrid?

Robert: Un momento. Estoy en el Hotel Bristol. El teléfono es 22:43:79, y la habitación es el número doce.

Juan López: Muchas gracias.

Vocabulary

vamos a ver	let's see
el café	café, coffee
el café con leche	white coffee
el café solo	black coffee
para	for
la cerveza	beer
el vino	wine
blanco/a/os/as	white
la ciudad	city
pues	well, then
bastante	quite, rather, enough
grande/s	big
unos/unas	some, about
cien	hundred
mil	thousand
el habitante	inhabitant
¡qué + adjective!	how + adjective!
interesante/s	interesting
la hija	daughter
llamarse	to be called
se llaman	they are called
se llama	he/she is called (his/her name is)
veintiuno (veintiún)	twenty-one
el año	year
el/la estudiante	student
la universidad	university

veinticinco	twenty-five
casado/a/os/as	married
el marido	husband
el médico	doctor
el hospital	hospital
entonces	then
la abuela	grandmother
todavía	yet
todavía no	not yet
trabajar	to work
¿trabaja usted?	do you work?
el ama de casa	housewife
trabajo	I work
el profesor/la profesora	teacher
las matemáticas	mathematics
el instituto	secondary school
difícil/es	difficult
¡qué va!	not at all!
fácil/es	easy
la dirección	address
sesenta y cuatro	sixty-four
la oficina	office
estoy	I am
el teléfono	telephone

● *For supplementary vocabulary lists see p. 285.*

Explanations

● *The grammar summary, to which the grammar references refer, begins on p. 342.*

(a) Indicating that something is destined for someone

'Para' is used to show that something is destined for someone.

Un café con leche para usted.	A white coffee for you.
Tengo un recado para usted.	I've got a message for you.

(b) Describing things or people – grammar ref 2

Adjectives in Spanish agree with the noun they describe – that is, if the noun is feminine the adjective will have a feminine ending, and if the noun is plural the adjective will have a plural ending. The way these endings are formed is as follows:

(i) Adjectives which end in 'o'

Un vino blanco	A white wine (masc. and sing.)
Una habitación blanca	A white room (fem. and sing.)

| Zapatos blancos | White shoes (masc. and pl.) |
| Faldas blancas | White skirts (fem. and pl.) |

(ii) Adjectives which end in anything else

Un hombre grande	A big man (masc. and sing.)
Una ciudad grande	A big city (fem. and sing.)
Hombres grandes	Big men (masc. and pl.)
Habitaciones grandes	Big rooms (fem. and pl.)

Adjectives which end in '-o' are seen to have four forms, and others have only two. You will also note that adjectives are usually placed after the noun.

(iii) Adjectives of nationality

If these end in '-o' they behave as the examples listed above:

Este hombre es italiano.	This man is Italian.
Esta señora es rusa.	This lady is Russian.
Los hombres son argentinos.	The men are Argentinian.
Las mujeres son chilenas.	The women are Chilean.

However, if they end in a consonant they still have four forms:

Este hombre es alemán.	This man is German.
Esta mujer es alemana.	This woman is German.
Estos hombres son franceses.	These men are French.
Estas señoras son portuguesas.	These ladies are Portuguese.

(c) Numbers 21–100 – grammar ref 3

In Chapter 1 you learned the numbers 1–20. Here are the numbers 21–100:

21	veintiuno ('veintiún' before masc. noun)	26	veintiséis
22	veintidós	27	veintisiete
23	veintitrés	28	veintiocho
24	veinticuatro	29	veintinueve
25	veinticinco	30	treinta

The numbers 1–29 are written as one word, but numbers greater than 30 are written as three words.

30	treinta	71	setenta y uno
34	treinta y cuatro	80	ochenta
40	cuarenta	83	ochenta y tres
42	cuarenta y dos	90	noventa
50	cincuenta	95	noventa y cinco
59	cincuenta y nueve	100	ciento (but 'cien' when
60	sesenta		exactly 100 is referred to:
66	sesenta y seis		cien hombres = 100 men)
70	setenta	116	ciento dieciséis

Telephone numbers in Spanish are usually given as pairs:

34:56:89   treinta y cuatro:cincuenta y
                                            seis:ochenta y nueve

If you are not sure exactly how many you wish to refer to, you can render a number imprecise by placing 'unos' or 'unas' before it:

Tiene veinte años.	He's twenty years old.
Tiene unos veinte años.	He's about twenty years old.
El hotel tiene treinta habitaciones.	The hotel has got thirty rooms.
El hotel tiene unas treinta habitaciones.	The hotel has got around thirty rooms.

(d) Indicating possession with the verb 'tener' – grammar refs 7(ii), (iv)

This irregular verb is used to express possession:

Tengo dos hijos.	I've got two children.
Juan tiene tres hijas.	John has three daughters.
María no tiene su llave.	Mary has not got her key.

It is also used to express age:

Tengo cuarenta y dos años.	I'm forty-two years old.
Juan tiene cincuenta años.	John is fifty years old.
María tiene veinticinco años.	Mary is twenty-five years old.

(e) Giving your name with the verb 'llamarse' – grammar ref 7(iii)

You have already learned how to give your name, using 'soy' + name. With this verb, you express 'I'm called . . .'

¿Cómo se llama usted?
    What's your name? (How do you call yourself?)
Me llamo Paco González.
    My name's Paco González. (I call myself Paco González.)
¿Cómo se llama su hijo?
    What's your son's name? (How is your son called?)
Se llama David.
    His name is David. (He's called David.)

(f) Giving your job with the verb 'ser' – grammar ref 7(v)

To give your job simply use 'soy' + name of your job. The word 'a' or 'an' is missed out in the Spanish sentence.

Soy profesor.	I'm a teacher.
Soy empleado de oficina.	I'm an office-worker.

Soy mecánico.	I'm a mechanic.
Mi marido es dentista.	My husband's a dentist.
Mi mujer es ama de casa.	My wife is a housewife.
Mis hijos son estudiantes.	My children are students.

(g) Giving your place of work with the verb 'trabajar' – grammar ref 7(i)

This regular '-ar' verb can serve as a model for all such verbs and, in learning this one verb, you will have learned how to handle literally thousands of Spanish verbs.

¿Dónde trabaja usted?	Where do you work?
Trabajo en una oficina.	I work in an office.
¿Trabaja su mujer?	Does your wife work?
Sí, trabaja en un instituto.	Yes, she works in a school.

The first person (I = yo) ends in '-o' and the third person (he/she = el/ella) ends in '-a'. The third person is also used with the pronoun 'usted' to refer to 'you', and thus the pattern so far is:

Trabajo	I work
Trabaja	He/she works
Usted trabaja	You work

(h) Giving your civil status with the verb 'estar' – grammar ref 8

You saw in Chapter 1 that 'está' and 'están' are used to say where something is. The verb is also used to express being married:

¿Está usted casado?	Are you married? A man is speaking.
Sí, estoy casado.	Yes, I'm married.
Mi hija no está casada.	My daughter is not married.

Exercises

● *The key to these exercises begins on p. 295.*

A

Exercise 1   Talking about yourself

Play the part of Joan Robinson in the following dialogue.

María López: ¿Es usted de York, Juana?
Usted: (*Say yes, you are from York.*)
María López: Y, ¿cómo es la ciudad de York?

Usted: (*Say well it's fairly big. It has about 100 000 inhabitants.*)
María López: ¡Qué interesante! ¿Tiene usted hijos?
Usted: (*Say you have two, a son and a daughter.*)
María López: ¿Cómo se llaman?
Usted: (*Say the son is called David. He is 21 years old and is a student at the University of Manchester. The daughter is called Barbara, is 25 years old and is married. Her husband is a doctor in York Hospital.*)
María López: Entonces usted es abuela, ¿verdad?
Usted: (*Say no, not yet. Your daughter doesn't have any children.*)
María López: ¿Trabaja usted?
Usted: (*Say yes, you work. You're a teacher of mathematics in a school in York.*)

Now repeat the exercise but giving genuine answers rather than playing the part of Joan Robinson.

Exercise 2   Giving information about yourself

Play the part of Robert Robinson in the following dialogue.

Juan López: ¿Cuál es su dirección en York, Roberto?
Usted: (*Say 64 Bootham Road. Spell it. Add York, England.*)
Juan López: Y ésta es su oficina, ¿verdad?
Usted: (*Say yes, that's right.*)
Juan López: ¿Tiene teléfono?
Usted: (*Give your phone number 0904 389256.*)
Juan López: Gracias. ¿Y su teléfono aquí en Madrid?
Usted: (*Say one moment. You are at the Bristol Hotel. The phone number is 22:43:79, and the room number is 12.*)
Juan López: Muchas gracias.

Now repeat the exercise but giving genuine answers rather than playing the part of Robert Robinson.

Exercise 3   True or false?

Read or listen to the dialogues again and then mark each of these statements true or false.

1   El café solo es para el señor López.
2   La cerveza es para la señora López.
3   El vino blanco es para la señora Robinson.
4   Joan Robinson es de York.
5   York es una ciudad bastante grande.
6   York tiene cincuenta mil habitantes.
7   La señora Robinson tiene tres hijos.
8   Su hijo se llama David y es médico.
9   Su hija se llama Barbara y está casada.
10   La señora Robinson no trabaja.

11 El señor Robinson tiene una oficina en Bootham en York.
12 No tiene teléfono en su oficina.
13 El señor Robinson está en el Hotel Cristina en Madrid.
14 Está en la habitación número doce.
15 El número de teléfono es veintidós, cuarenta y tres, setenta y nueve.

Exercise 4   Describing things

Example: El vino es blanco. ¿Y la habitación? Es blanca.

1 La habitación es grande. ¿Y la ciudad?
2 El español es fácil. ¿Y el inglés?
3 La gramática es difícil. ¿Y el vocabulario?
4 York es interesante. ¿Y Madrid?
5 La habitación es blanca. ¿Y la falda?

Exercise 5   Giving people's nationality

Example: El señor es inglés. ¿Y su mujer? Es inglesa.

1 El señor es alemán. ¿Y su hija?
2 Soy portugués. ¿Y mi mujer?
3 El hombre es italiano. ¿Y su hijo?
4 La señora es inglesa. ¿Y su marido?
5 El hombre es español. ¿Y su abuela?

Exercise 6   Number practice

Say aloud the complete sum.
Example: 23 + 34 = 57. Veintitrés y treinta y cuatro son cincuenta y siete.

1	17 + 29 = 46		6	25 + 27 = 52
2	21 + 12 = 33		7	45 + 37 = 82
3	64 + 31 = 95		8	35 + 38 = 73
4	37 + 12 = 49		9	57 + 63 = 120
5	52 + 17 = 69		10	45 + 55 = 100

B

Exercise 7   Possessions

Answer all five questions positively.
Example: ¿Tiene usted dos hijos? Sí, tengo dos hijos.

1 ¿Tiene usted tres hijas?
2 ¿Tiene usted una casa?
3 ¿Tiene usted teléfono en su casa?

4   ¿Cuántas habitaciones tiene su casa?
5   ¿Tiene usted cuarenta años?

Now repeat the exercise, but give genuine answers.
Example: ¿Tiene usted dos hijos? Sí, tengo dos hijos.
 No, no tengo dos hijos, tengo un hijo.

Exercise 8   Talking about yourself

Answer the following questions genuinely.
Example: ¿Cómo se llama usted? Me llamo + name.

1   ¿Cómo se llama usted?
2   ¿Cuántos años tiene usted?
3   ¿De dónde es usted?
4   ¿Es usted empleado (empleada) de oficina?
5   ¿Trabaja usted en una oficina?
6   ¿Tiene usted hijos?
7   ¿Cómo se llaman?
8   ¿Qué son sus hijos?
9   ¿Trabaja su mujer?
10   ¿Dónde trabaja su mujer?

¿Comprende usted el español hablado?

(Listening exercises)

A

Mi Familia

Listen to the tape and write down details of the speakers' families. (You may
need to use the supplementary vocabulary list on page 285.)

B

¿Tiene usted hijos?

Listen to the tape and answer the questions in English.

1   Does the woman have any children?
2   What are they?
3   How old are they?
4   Where are they studying?

5 One of them is studying languages (lenguas) and the other is studying law (derecho). But which one is studying which subject?
6 Choose their names from the three given:
The son: (a) Gonzalo (b) Jorge (c) Juanito.
The daughter: (a) Pilar (b) Piedad (c) Pepita.
7 What does the man think about these names? Select what he says from these Spanish phrases:
(a) Me parecen unos nombres muy . . . muy bonitos.
(b) Me parecen unos nombres muy . . . muy interesantes.
(c) Me parecen unos nombres muy . . . muy españoles.

¿Comprende usted el español escrito?

(Reading exercises)

A

Una familia bastante rara

Look at the pictures below and the descriptions of the members of this family at the top of the next page. Write down the number and the corresponding letter for each member of the family.

1　Tiene unos veinte años. Es alto, gordo y muy feo. Tiene el pelo muy corto.
2　Es muy alto y delgado. Es muy viejo. Es el abuelo de la familia.
3　Tiene unos treinta y cinco años. Es de estatura media. Tiene el pelo muy largo.
4　Tiene unos cuarenta años. Es muy bajo y muy gordo.
5　Es vieja. Tiene unos setenta años. Es baja y bastante gorda.
6　Es joven. Tiene unos quince años. Es alta, delgada y guapa.

B

Una carta de un amigo español

Read the following letter and then answer the questions in English.

> Madrid, 3 de mayo.
>
> Querido amigo:
>
> En esta primera carta, te voy a decir cómo soy. Tengo treinta y tres años. Soy bastante alta y delgada, y mis amigas dicen que soy bastante guapa y también muy inteligente. Soy de Madrid y vivo en el centro de la capital cerca de la Puerta del Sol. No estoy casada. No soy típicamente española, y tengo el pelo rubio y los ojos azules. Trabajo en la oficina de una compañía de importación y exportación en la calle Arenal.
>
> Escríbeme pronto y mándame una foto.
> Un abrazo, Lola Losada.

1　How old is Lola?
2　What is she like?
3　Where does she live in Madrid?
4　Is she married?
5　What colour are her hair and eyes?
6　Where does she work?

Rompecabezas

(Puzzles)

A

Look at the Wordsquare and try to find twelve words to do with the family. You may need to use the supplementary vocabulary list on page 285.

```
N M T E Q U P I N H C J
A A I X I S O L T E R O
T T A L O Z P A D R E B
B R C L I K D E L M F R
P I F F A M I L I A P O
O M D G B K N O R N E R
D O I Z U P R I M A P E
Q N I N E J S T A U V W
N I Ñ A L B C E D P O D
I O T I O M N J R B P T
T Z M O R T E I E R S E
E T H E R M A N O B I K
```

B

¿Quién es?

Who is being defined here? Write down the Spanish word and the English equivalent.

1 El padre de mi padre es mi . . .
2 El hermano de mi padre es mi . . .
3 Mi madre y mi padre son mis . . .
4 La hija de mi madre es mi . . .
5 El hijo de mi tío es mi . . .

⟨3⟩ ¿Cómo es su ciudad?

Describing places and things

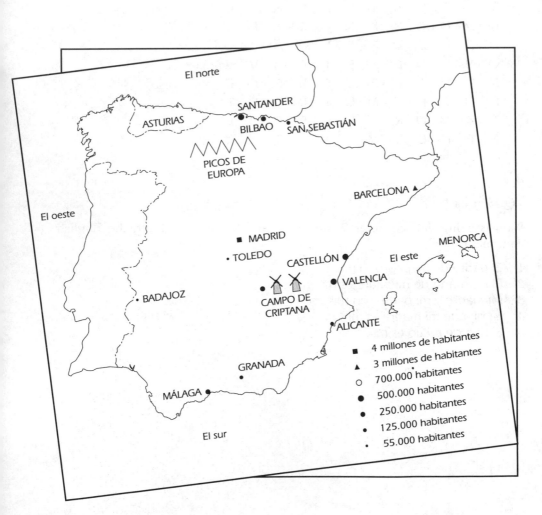

Un mapa de España

Dialogues

Dialogue 1

Mr Robinson has an appointment with Juan López and goes to his office.

Robert: Buenos días. Soy el señor Robinson.

Isabel: Buenos días, señor Robinson. ¿Cómo está usted?

Robert: Muy bien, gracias. Tengo una cita con el señor López a las diez. ¿Está?

Isabel: Sí, está, pero está ocupado. Está con un cliente. ¿Quiere sentarse un momento?

Robert: Gracias.

Isabel: Usted es de York, ¿verdad?

Robert: Eso es.

Isabel: ¿Dónde está York? ¿Está cerca de Londres?

Robert: No. Está muy lejos de Londres en el norte de Inglaterra.

Isabel: Y, ¿cómo es York? Es una ciudad pequeña, ¿verdad?

Robert: No, es bastante grande y muy antigua.

Isabel: ¿Qué negocio tiene usted en York, señor Robinson?

Robert: Tengo tres tiendas de recuerdos. Una está en el centro de York; otra está en Harrogate, una ciudad a unos cuarenta kilómetros al norte de York; y la tercera está en la costa, en una ciudad que se llama Scarborough.

Isabel: ¡Qué bien! Y su hotel aquí en Madrid, ¿está bien?

En la oficina de objetos perdidos

Robert: Está muy bien, gracias. La habitación es muy grande y muy bonita.
Isabel: ¿Y las comidas?
Robert: Las comidas son excelentes y los camareros son muy simpáticos.
Isabel: ¡Ah! El señor López está libre ahora.¡Don Juan! El señor Robinson está
            aquí. Tiene una cita con usted a las diez.
Juan López: Buenos días, Roberto. ¿Cómo está? Pase. Pase.

Dialogue 2

On her first shopping trip in Madrid Mrs Robinson has unfortunately left her handbag in a taxi. She goes to the taxi drivers' lost property office – la oficina de objetos perdidos.

Empleado: Vamos a ver. Un bolso, ¿verdad?
Joan: Eso es.
Empleado: ¿Cómo es el bolso, grande o pequeño?
Joan: Pues, es bastante grande.
Empleado: Y, ¿de qué es? ¿De piel o de plástico?
Joan: Es de piel.
Empleado: ¿De qué color es?
Joan: Marrón y negro.
Empleado: Un bolso bastante grande marrón y negro y de piel. ¿Es éste su
            bolso?
Joan: Sí, creo que sí. Gracias.
Empleado: Un momento, por favor, señora. ¿Qué hay en el bolso?
Joan: Hay mi pasaporte, un pasaporte inglés a nombre de Robinson, unos
            cheques de viajero.
Empleado: ¿De qué banco son los cheques?
Joan: Del Banco Midland. Después hay un pañuelo, perfume . . .
Empleado: ¿Algo más?
Joan: Sí, hay unos guantes.
Empleado: ¿De qué color son los guantes?
Joan: Son grises . . . y de piel.
Empleado: Entonces, éste es su bolso, señora.
Joan: Muchas gracias.
Empleado: De nada, señora. Adiós.
Joan: Adiós.

Vocabulary

tengo	I have
la cita	appointment, date
ocupado/a/os/as	busy, occupied
el cliente	customer

¿quiere + verb?	will you + verb?
sentarse (ie)	to sit down
¿dónde?	where?
cerca de	near to
lejos de	far from
el norte	the north
pequeño/a/os/as	small, little
antiguo/a/os/as	old, ancient
el negocio	business
la tienda	shop
el recuerdo	souvenir, memory
la tienda de recuerdos	souvenir shop
la fábrica	factory
el taller	workshop
el centro	the centre
otro/a	another
el kilómetro	kilometre
la costa	coast
que	which
bonito/a/os/as	nice, pleasant (of things)
la comida	meal, food
excelente/s	excellent
el camarero	waiter
simpático/a/os/as	nice, pleasant (of people)
libre/s	free, unoccupied
pase	come in
el bolso	handbag
la piel	leather (of gloves, handbags, garments, etc.)
de piel	made of leather
el plástico	plastic
de plástico	made of plastic
el color	colour
¿de qué color?	what colour?
marrón/ones	brown
negro/a/os/as	black
creo	I think, believe
creo que sí	I think so
hay	there is, are
el cheque	cheque
el cheque de viajero	traveller's cheque
el banco	bank
el pañuelo	handkerchief
el perfume	perfume
¿algo más?	anything else?
los guantes	gloves
gris/es	grey
de nada	not at all, don't mention it

● *For supplementary vocabulary lists see p. 285.*

Explanations

● *The grammar summary, to which the grammar references refer, begins on p. 342.*

(a) The two verbs 'to be' – 'ser' and 'estar' – grammar ref 8

'Ser' is used to express permanent conditions:

Soy profesor.	I'm a teacher.
Soy inglés.	I'm English.
Es mecánico.	He's a mechanic.
Es grande.	He's big.

'Estar' is used for one of three reasons:

To express position

¿Dónde está Madrid?	Where is Madrid?
Madrid está en España.	Madrid is in Spain.

To express temporary conditions

¿Cómo está usted?	How are you?
Estoy bien, gracias.	I am well, thank you.
Mi padre está enfermo.	My father is ill.

To describe a state which results from an action

Mi hermana está casada.	My sister is married. (She got married = the action. She is married = the state which results from the action.)
El banco está cerrado.	The bank is closed. (The bank closed = action. The bank is closed = the state which results.)

(b) Expressing where something is – grammar ref 8

The verb 'estar' will be used with one of several prepositions:

En	*In, on*
¿Dónde está Londres?	Where is London?
Está en Inglaterra.	It's in England.
La llave está en la mesa.	The key is on the table.
Cerca de	*Near to*
Toledo está cerca de Madrid.	Toledo is near to Madrid.
Lejos de	*Far from*
El banco está lejos del hotel.	The bank is far from the hotel.
En el centro de	*In the centre of*
Madrid está en el centro de España.	Madrid is in the centre of Spain.

Geographical position can be expressed as follows:

En el norte.	In the north.
En el sur.	In the south.
En el este.	In the east.
En el oeste.	In the west.
Santander está en el norte de España.	Santander is in the north of Spain.
Sevilla está en el sur de España.	Seville is in the south of Spain.
Valencia está en el este de España.	Valencia is in the east of Spain.
Cáceres está en el oeste de España.	Caceres is in the west of Spain.

Distances can be expressed as follows:

Toledo está a setenta kilómetros de Madrid.	Toledo is seventy kilometres from Madrid.
Segovia está a noventa kilómetros al norte de Madrid.	Segovia is ninety kilometres to the north of Madrid.

(c) Words which contract to form new words

A + el = al: Está al norte de Madrid. It is to the north of Madrid.

De + el = del: Está lejos del hotel. It is a long way from the hotel.

(d) Detailed descriptions

¿Cómo es el bolso?	What is the handbag like?
¿De qué es el bolso?	What is the handbag made of?
¿De qué color es el bolso?	What colour is the handbag?

(e) Modifying adjectives – grammar ref 2(iii)

To modify an adjective, one of several words can be used:

Es grande.	It is big.
Es bastante grande.	It is quite big.
Es muy grande.	It is very big.

(f) 'There is' and 'there are' – grammar ref 10

Both these verbal phrases are expressed by the single world 'hay':

Hay un bolso en la mesa.	There is a handbag on the table.
Hay muchos turistas en Sevilla.	There are a lot of tourists in Seville.

The word also occurs in the greeting:

¿Qué hay?	How are things?

Exercises

- *The key to these exercises begins on p. 297.*

A

Exercise 1   Introducing yourself

Play the part of Mr Robinson in the following dialogue.

Usted: (*Say good morning. Identify yourself as Mr Robinson.*)
Isabel: Buenos días, señor Robinson. ¿Cómo está usted?
Usted: (*Say you are fine, and have an appointment with Mr López at 10. Ask if he is in.*)
Isabel: Sí, está, pero está ocupado. Está con un cliente. ¿Quiere sentarse un momento?
Usted: (*Say thank you.*)

Exercise 2   Talking about your town

Play the part of Mr Robinson in the following dialogue.

Isabel: Usted es de York, ¿verdad?
Usted: (*Say that's right.*)
Isabel: ¿Dónde está York? ¿Está cerca de Londres?
Usted: (*Say no. It's a long way from London in the north of England.*)
Isabel: Y, ¿cómo es York? Es una ciudad pequeña, ¿verdad?
Used: (*Say no. It's fairly big and very old.*)

Now repeat the exercise, but give genuine answers about your own town, substituting the name for York.

Exercise 3   Reclaiming lost property

Play the part of Joan Robinson in the following dialogue and reclaim your handbag.

Empleado: Vamos a ver. Un bolso, ¿verdad?
Usted: (*Say that's right.*)
Empleado: ¿Cómo es el bolso, grande o pequeño?
Usted: (*Say well, it's fairly big.*)
Empleado: Y, ¿de qué es? ¿De piel o de plástico?
Usted: (*Say it's made of leather.*)
Empleado: ¿De qué color es?
Usted: (*Say it's brown and black.*)
Empleado: Un bolso bastante grande marrón y negro y de piel. ¿Es éste su bolso?
Usted: (*Say you think it is, and thank him.*)

Exercise 4 Describing the contents of your handbag

Play the part of Joan Robinson in the following dialogue and describe the contents of the handbag.

Empleado: ¿Qué hay en el bolso?
Usted: (*Say there is a passport, an English passport in the name of Robinson, some traveller's cheques.*)
Empleado: ¿De qué banco son los cheques?
Usted: (*Say they're from the Midland Bank. Add that there is a handerchief, perfume...*)
Empleado: ¿Algo más?
Usted: (*Say yes, there are some gloves.*)
Empleado: ¿De qué color son los guantes?
Usted: (*Say they are grey and made of leather.*)
Empleado: Entonces, éste es su bolso, señora.
Usted: (*Thank him very much.*)
Empleado: De nada, señora. Adiós.
Usted: (*Say goodbye.*)

Exercise 5 Describing permanent conditions

Give genuine answers to the following questions.

1 ¿Es usted inglés (inglesa)?
2 ¿Es usted profesor (profesora)?
3 ¿Es su casa grande o pequeña?
4 ¿Es su ciudad antigua o moderna?
5 ¿Es excelente la comida en su casa?

Exercise 6 Saying where things are

Give genuine answers to the following questions.

1 ¿Está su casa cerca del centro de la ciudad?
2 ¿Está su oficina (taller, fábrica) cerca de su casa?
3 ¿Está su ciudad cerca o lejos de Londres?
4 ¿Está su ciudad en el norte?
5 ¿Está su ciudad en la costa?

Exercise 7 Describing temporary conditions

Give genuine answers to the following questions.

1 ¿Cómo está usted?
2 ¿Está usted ocupado (ocupada)?
3 ¿Está usted enfermo (enferma)?
4 ¿Está usted casado (casada)?
5 ¿Está cerrada su oficina?

Exercise 8 Forming questions

The following are the answers. What were the questions?

1   Mi casa está lejos de aquí.
2   Es de piel.
3   Es bastante grande.
4   Sí, hay muchos turistas en Sevilla.
5   Son grises.
6   Estoy bien, gracias.
7   Sí, mi hijo está casado.
8   No, el banco no está cerrado.
9   Sí, mi hija es secretaria.
10   Sí, éste (ésta) es mi marido (mujer).

Exercise 9 Reclaiming lost property

Reclaim a small, black, plastic handbag from the employee by answering his questions.

Empleado: Un bolso, ¿verdad?
Usted: (*Say that's right.*)
Empleado: ¿Cómo es?
Usted: (*Say it's small.*)
Empleado: ¿De qué color es?
Usted: (*Say it's black.*)
Empleado: ¿De qué es?
Usted: (*Say it's made of plastic.*)
Empleado: Entonces, éste es su bolso, ¿verdad?
Usted: (*Say thank you.*)

Exercise 10 Modifying adjectives

Answer the questions with modified adjectives as suggested.
Example: ¿Son simpáticos los camareros? (Fairly) Sí, son bastante simpáticos.

1   ¿Es simpático el jefe? (Very)
2   ¿Está lejos el banco? (Fairly)
3   ¿Es interesante su trabajo? (Fairly)
4   ¿Es grande su ciudad? (Very)
5   ¿Está bien el hotel? (Fairly)

¿Comprende usted el español hablado?

(Listening exercises)

A

¿Qué es?

Look at the map on page 28 and listen to the tape. Write down the name of the town or geographical feature referred to. (Not all the features on the map are mentioned.)

B

Look at the photograph on page 29. Listen to the tape and decide which object is being reclaimed from a Lost Property Office.

C

¿Qué ciudad?

Listen to the tape and answer the questions in English.

1　Which is Manolo's favourite city?
2　Where is it?
3　Why is it his favourite? Select what he says from these Spanish phrases:
　　(a)　*Porque es muy bonita con muchas fuentes y calles para pasear.*
　　(b)　*Porque es muy antigua con muchos museos muy interesantes.*
　　(c)　*Porque es muy grande con muchas plazas muy bonitas.*
4　Which is the woman's favourite city?
5　Can you give one or two reasons why she likes it?

¿Comprende usted el español escrito?

(Reading exercises)
Read the excerpt on the next page from a tourist pamphlet, and then answer the questions in English.

TOLEDO

Toledo está situada a unos setenta kilómetros al suroeste de Madrid. Tiene unos cincuenta y ocho mil habitantes, y es la antigua capital de España. De interés turístico hay la Catedral, la Casa del Greco y la Sinagoga de Santa María la Blanca.

La Catedral es del siglo trece y está en el centro de la ciudad. Está abierta desde las diez y media de la mañana hasta la una de la tarde, y desde las tres y media hasta las siete de la tarde. La entrada vale trescientas pesetas.

La Casa del Greco, artista famoso del siglo dieciséis, está cerca de la Catedral en la parte antigua de la ciudad. La Sinagoga de Santa María la Blanca es del siglo trece y está bastante cerca de la Casa del Greco.

1 How far is it from Madrid to Toledo?
2 How many inhabitants has Toledo?
3 Is it the present capital of Spain?
4 What is there of tourist interest in the city?
5 What are the opening hours of the Cathedral?
6 How much does it cost to go in?
7 Who was El Greco?
8 Where is the Synagogue of Santa María la Blanca?

Rompecabezas

(Puzzles)

A

¿Verdad o mentira? (True or false)

Look at the map on page 28, and mark these statements as being true or false.

1 Madrid tiene cuatro millones de habitantes.
2 Madrid está en el norte de España.
3 Málaga está en la costa sur de España.
4 Málaga tiene un millón de habitantes.
5 Barcelona está en el oeste de España.
6 Barcelona tiene tres millones de habitantes.

Can you work out the anagrams to find the Spanish cities?
(The map on page 28 will help you.)

1 ¿Es éste el tren para RABONECAL?
2 No, este tren va a LESIVAL.
3 Vivo en LABIBO.
4 Este autobús va a CAVANELI.
5 Juan es de LAGAMA.

¿Dónde está su ciudad?

Finding out where things are

¿Por dónde se va al mercado?

Dialogues

Dialogue 1

In hot weather Mrs Robinson is prone to headaches. She goes out in search of a chemist's.

Joan: Perdón, señor. ¿Hay una farmacia en esta calle?
Transeúnte: No, señora. En esta calle no hay una farmacia, pero hay una en la Calle de Toledo.

Joan: Y, ¿por dónde se va a la Calle de Toledo?

Transeúnte: Mire usted, señora. Vaya usted por esta calle, tome la segunda calle a la derecha y luego la primera a la izquierda y está en la Calle de Toledo. Es una calle bastante ancha y la farmacia está a la derecha, al lado de la Cafetería Sol.

Joan: Muchas gracias. ¿Está lejos?

Transeúnte: No, señora, está bastante cerca.

Joan: Gracias. Adiós.

Transeúnte: Adiós.

Dialogue 2

Whilst Mrs Robinson is looking for a chemist's, Mr Robinson is in search of a bank to change some traveller's cheques. He stops a passer-by.

Robert: Perdón, señor. ¿Hay un banco por aquí?

Transeúnte: Sí, señor. Hay un banco al final de esta calle a la izquierda.

Robert: Y, ¿está abierto ahora?

Transeúnte: ¿Qué hora es?

Robert: Son las diez.

¿Hay una farmacia por aquí?

Transeúnte: Entonces, sí, está abierto. Los bancos están abiertos desde las nueve hasta la una.
Robert: Gracias, señor.
Transeúnte: De nada.

Dialogue 3

Mrs Robinson obtains pills for her headache and returns to the hotel for a coffee. She chats to the waiter in the hotel coffee-shop.

Joan: Un café con leche, por favor, y un vaso de agua.
Camarero: En seguida, señora.
Joan: Hace mucho calor hoy, ¿verdad?
Camerero: Sí, siempre hace mucho calor en Madrid en verano, señora. Pero en Inglaterra hace mucho frío y llueve mucho, ¿verdad?
Joan: Hace mucho frío en invierno y llueve bastante, pero hay días en el verano cuando hace sol. ¿No hace mal tiempo nunca en Madrid?
Camarero: Sí, señora. En el invierno hace mucho frío, pero aquí no llueve mucho.
Joan: ¡Qué suerte!

Dialogue 4

Mr Robinson leaves the bank and realises he needs stamps to send postcards home. He asks the doorkeeper of the bank.

Robert: ¿Dónde se venden los sellos, por favor?
Portero: Los sellos se venden en el estanco, señor.
Robert: Y, ¿hay un estanco por aquí?
Portero: Sí, señor. Ahí hay un estanco, enfrente de la panadería.
Robert: Gracias. El tabaco se vende también en el estanco, ¿verdad?
Portero: Eso es, señor.
Robert: Gracias. Adiós.
Portero: Adiós.

Vocabulary

perdón	excuse me
la farmacia	chemist's
la calle	street
se va	one goes
mire	look (polite command, imperative)
vaya	go (polite command, imperative)

por	along
tome	take (polite command, imperative)
a la derecha	on the right
luego	then
a la izquierda	on the left
ancho/a/os/as	wide
al lado de	beside, at the side of
por aquí	around here
al final de	at the end of
abierto/a/os/as	open
ahora	now
¿qué hora es?	what's the time?
desde	from
hasta	until
el vaso	glass
el agua	water
en seguida	immediately, straight away
hace calor	it's hot
hoy	today
siempre	always
el verano	summer
hace frío	it's cold
llover (ue)	to rain
llueve	it rains
el invierno	winter
hace sol	it's sunny
hace mal tiempo	the weather's bad
nunca	never
¡qué suerte!	what good luck!
se venden	are sold
el sello	stamp
el estanco	state tobacconist's
enfrente de	opposite
la panadería	baker's
el tabaco	tobacco

Explanations

(a) Finding out if a place exists in the vicinity – grammar ref 10

Use 'hay' + name of place + name of vicinity.

¿Hay un banco por aquí?	Is there a bank around here?
¿Hay un hotel en esta calle?	Is there a hotel in this street?
¿Hay una oficina de turismo en esta ciudad?	Is there a tourist office in this city?

(b) Finding your way there

If you ask the simple question:

¿Dónde está el Hotel Carlos Tercero?	Where is the Charles III Hotel?

a Spaniard will probably answer:

En la Calle Mayor.	In the Main Street.

You have asked him where the hotel is and he has told you. Since you did not ask him how to get there, he may well assume you know the town well. If you want to know how to reach a certain place, use:

¿Por dónde se va al Hotel Carlos Tercero?	How does one get to the Charles III Hotel?

Remember that with feminine nouns the phrase will be:

¿Por dónde se va a la oficina de turismo?	How does one get to the tourist office?

(c) Understanding polite commands – grammar ref 11

In telling you how to reach a certain place, a Spaniard will use polite commands. The ones seen so far are as follows:

¡Mire usted!	Look! (Not literally, but merely a way of getting your attention.)
¡Vaya por la calle!	Go along the street.
¡Tome la segunda calle!	Take the second street.

Sometimes the pronoun 'usted' is found and sometimes not. The tone of voice normally tells you that a polite command is being used.

(d) Knowing where places are – grammar ref 8

Several ways of saying where places are have now been introduced and are as follows:

Está a la derecha.	It's on the right.
Está a la izquierda.	It's on the left.
Está al final de la calle.	It's at the end of the street.
Está al lado de la cafetería.	It's beside the cafeteria.
Está enfrente del banco	It's opposite the bank.

(e) Knowing whether the place is open or closed – grammar ref 8

El banco está abierto	The bank is open.
La tienda está cerrada.	The shop is closed.

(f) Telling the time

To ask the time, use the question:

¿Qué hora es?   What's the time?

If the answer contains the number 'one' it will be:

Es la una.   It's 1 o'clock.

but all other times will have the plural form:

Son las dos.   It's 2 o'clock.
Son las cinco.   It's 5 o'clock.

For more on telling the time see Chapter 5.

(g) When is the place open? – grammar ref 3

To give the opening hours of shops, banks, offices and so on use the following:

Está abierto desde las nueve   It's open from 9 until 1 o'clock.
   hasta la una.

'Hasta' is also used to express distance:

Vaya hasta la plaza.   Go as far as the square.

(h) Discussing the weather – grammar ref 12

To enquire about the weather, use the following:

¿Qué tiempo hace?   What's the weather like?

'Hace' is often found in the answer:

Hace buen tiempo.   The weather's fine.
Hace mal tiempo.   The weather's bad.
Hace calor.   It's hot.
Hace frío.   It's cold.
Hace sol.   It's sunny.

To enquire about the weather in a certain place or region, use the following:

¿Qué tiempo hace ahora en   What's the weather like now in
   Sevilla?   Seville?
Hace mucho sol.   It's very sunny.

Notice that 'mucho' is used with 'calor', 'frío' and 'sol' because these are nouns and you are literally saying:

Hace mucho calor.   It's very hot. (It makes much heat.)

Other expressions of weather are simple verbs, such as 'llover' (to rain):

Llueve mucho en Inglaterra.   It rains a lot in England.

(i) How to say you have a lot – grammar ref 6

'Mucho' is used to express most ideas concerned with 'a lot' and 'much'. 'Mucho' is sometimes an *adjective* and then it agrees with the noun:

Tengo mucho trabajo.   I've got a lot of work.
Tengo muchos amigos.   I've got a lot of friends.
Muchas gracias.   Many thanks. (Thanks a lot.)

Sometimes it is an *adverb* and then it does not change:

Llueve mucho.   It rains a lot.
Trabajo mucho.   I work a lot.

(j) How to be negative – grammar ref 4

As you have seen, the basic negative in Spanish is 'no':

Soy inglés.   I'm English.
No soy inglés.   I'm not English.

'Nunca' is used to express 'never' and can be placed before the verb:

Nunca trabajo.   I never work.

of after the verb, with 'no' in front of the verb:

No trabajo nunca.   I never work.

(k) How to find out where things are sold – grammar ref 7(iii)

Use the form 'se vende' if the thing referred to is singular.

¿Dónde se vende el tabaco?
Where is tobacco sold? (Literally, where does tobacco sell itself?)

and the form 'se venden' if the thing referred to is plural:

¿Dónde se venden los sellos?
Where are stamps sold? (Literally, where do stamps sell themselves?)

Exercises

● *The key to these exercises begins on p. 300.*

A

Exercise 1   Finding out if a certain place exists

Example: A bar. ¿Hay un bar por aquí?

Exercise 2   Finding out how to get there

Example: The bar. *¿Por dónde se va al bar?*

1 The bank.
2 The tourist office.
3 The chemist's.
4 The tobacconist's.
5 The hotel.

Exercise 3   Finding out if you are near the place

Example: The bar. *¿Está lejos el bar?*

1 The bank.
2 The tourist office.
3 The chemist's.
4 The tobacconist's.
5 The hotel.

Exercise 4 Following instructions

Explain to your companion, who does not speak Spanish, what you have to do to reach your destination.

Example: Tome la primera calle a la derecha y la farmacia está al final de la calle. Take the first street on the right and the chemist's is at the end of the street.

1 Vaya por la calle, tome la segunda calle a la izquierda y la oficina de turismo está en esa calle a la derecha.
2 Tome la cuarta calle a la izquierda, vaya hasta el final y el hotel está al lado de la Cafetería Montesol.
3 Vaya por esta calle, tome la tercera calle a la derecha y la oficina de turismo está enfrente del Banco Central.
4 Vaya por esta calle, tome la primera calle a la derecha y luego la segunda a la izquierda. Pero no vaya ahora; la farmacia está cerrada hasta las cuatro.
5 El Hotel Príncipe está en la Calle de Segovia. Mire usted; vaya por esta calle, tome la tercera calle a la derecha y vaya hasta el final de la calle. El hotel está al lado del Cine Sol.

Exercise 5 Finding out if the place is open

Example: The bar. ¿Está abierto el bar?

1 The baker's
2 The souvenir shop.
3 The bank.
4 The chemist's.
5 The tobacconist's.

Exercise 6 Telling the time

Example: ¿Qué hora es?   Son las nueve.

1 ¿Qué hora es?

2 ¿Qué hora es?

3 ¿Qué hora es?

4 ¿Qué hora es?

5 ¿Qué hora es?

6 ¿Qué hora es?

7 ¿Qué hora es?

8 ¿Qué hora es?

9 ¿Qué hora es?

10 ¿Qué hora es?

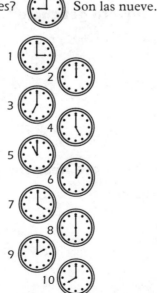

Exercise 7 Talking about the weather

Example: ¿Qué tiempo hace? (Sunny) Hace sol.

1 ¿Qué tiempo hace? (Fine)
2 ¿Qué tiempo hace? (Cold)
3 ¿Qué tiempo hace? (Bad)
4 ¿Qué tiempo hace? (Very sunny)
5 ¿Qué tiempo hace? (Very hot)

B

Exercise 8 Finding out where things are sold

Example: Stamps. ¿Dónde se venden los sellos?

1 Tobacco.
2 Handbags.
3 Gloves.
4 Coffee.
5 Wine.

Exercise 9 Saying you have or do a lot

Answer the following questions, saying you have or do a lot.
Example: ¿Tiene usted mucho trabajo? Sí, tengo mucho trabajo.

1 ¿Tiene usted muchos amigos?
2 ¿Tiene usted muchos clientes?
3 ¿Trabaja usted mucho?
4 ¿Tiene usted muchas amigas?
5 ¿Hay muchas personas en su familia?

Exercise 10 Saying it never happens

Answer the following questions, saying it never happens.
Example: ¿Trabaja usted mucho? Nunca trabajo mucho.

1 ¿Hace mucho sol en su región?
2 ¿Llueve mucho en su ciudad?
3 ¿Está usted enfermo (enferma)?
4 ¿Está usted ocupado (ocupada)?
5 ¿Hay muchos turistas en su ciudad?

(Listening exercises)

A

¿Adónde va usted?

Look at the town plan given below. Start from the hotel, listen to the instructions given on the tape and write down the name of the building you reach. You always set off in the direction of the arrow.

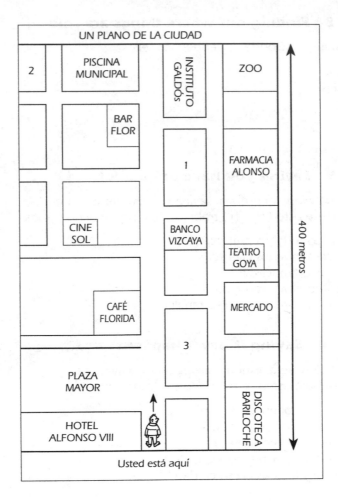

UN PLANO DE LA CIUDAD

B

El boletín meteorológico

Listen to the weather forecast on the tape and take notes so that you can tell a friend, who does not understand Spanish, what the weather will be like.

¿Qué tiempo hace?

Listen to the tape and answer the questions in English.
Mark the statements as 'true', 'false' or 'do not know'.

1   She is from Madrid.
2   The summer in Madrid is very hot.
3   It snows in winter in Madrid.
4   They are both in Barcelona at the moment.
5   The best thing about Madrid's weather is that it is usually dry.
6   In Barcelona it is very hot, but it is not humid.

¿Comprende usted el español escrito?

(Reading exercises)

A

Look at the roadsign on page 40, and write down which places you would reach
if you:

1   Turned right.
2   Turned left.
3   Kept straight on.

B

Look at the town plan on page 50. Read the following instructions left at your
hotel reception desk and decide which of the three buildings marked 1, 2 and 3
on the plan you are being directed to.

Vaya usted por esta calle y tome la cuarta calle a la izquierda.
Mi casa está al final de esa calle a la derecha

Rompecabezas

(Puzzles)

A

Follow the line from the town to the weather symbol to find out what the weather is like.

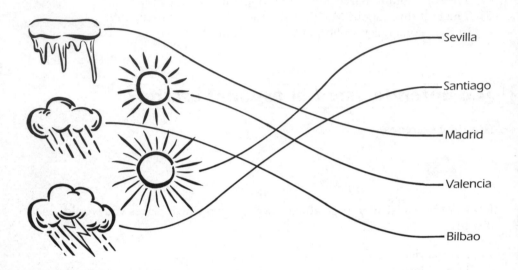

B

¿Verdad o mentira? (True or false)

Are the times given under the clocks true or false?

 1

Son las cinco.

 3

Es la una.

 5

Son las diez.

 2

Son las once.

 4

Son las siete.

 6

Son las dos.

5 ¿En qué trabaja usted?

Daily routine

Voy de compras

Dialogues

Dialogue 1

Juan López is chatting to Joan Robinson about her life in England. They are in a café.

Juan: Usted vive en York, ¿verdad, Juana?
Joan: No. Vivo en un pueblo pequeño cerca de York.
Juan: Pero usted trabaja en York, ¿no?
Joan: Sí, trabajo en un instituto en el centro de la ciudad.

Juan: Entonces usted va al trabajo con Roberto, ¿verdad?

Joan: No. Voy sola en mi coche. Tengo un coche pequeño. Yo empiezo mi trabajo a las nueve y Roberto empieza a las ocho y media.

Juan: ¿Cómo es su instituto? ¿Es grande?

Joan: Sí, es bastante grande. Hay unos novecientos treinta alumnos.

Juan: ¿Son todos chicos, o hay chicas también?

Joan: Hay chicos y chicas. Creo que hay unos cuatrocientos setenta chicos y unas cuatrocientas sesenta chicas. Novecientos treinta en total.

Juan: ¿Come usted en casa o en un restaurante de la ciudad?

Joan: Como en el instituto con los alumnos.

Juan: Y, ¿come usted bien o mal?

Joan: Pues bastante mal, pero la comida es barata.

Juan: ¿A qué hora termina su trabajo?

Joan: Termino a las cuatro menos cuarto. Salgo del instituto y voy de compras. Entonces voy a casa y hago la cena.

Juan: Ya veo que trabaja usted mucho, Juana. ¿Nos vamos ya? ¡Camarero! ¿Qué le debo?

Camarero: Son seiscientas pesetas, señor.

Dialogue 2

Mr Robinson has gone to see Juan López only to find that he is out. Whilst he waits he chats to Isabel.

Robert: ¿Vive usted aquí en Madrid, Isabel?

Isabel: Sí, tengo un piso en la Calle de Velázquez.

Cojo el metro

Robert: ¿Está lejos de aquí?

Isabel: Sí, está bastante lejos.

Robert: ¿Cómo viene usted a la oficina? ¿Tiene coche?

Isabel: No, no tengo coche. Es imposible aparcar un coche en Madrid hoy en día. Salgo de casa a las ocho, cojo el metro y llego aquí a las nueve en punto casi todos los días.

Robert: ¿A qué hora sale usted de la oficina por la tarde?

Isabel: Todo depende del trabajo. Por lo general salgo de aquí a eso de las cinco y media.

Robert: Ya veo que es usted muy trabajadora, Isabel.

Isabel: Ya está aquí el señor López. Don Juan. Don Roberto le espera.

Juan: ¡Hola, Roberto! Siento llegar tarde.

Vocabulary

vivir	to live
usted vive	you live
vivo	I live
el pueblo	village
ir	to go
voy	I go
va	he/she goes
el trabajo	work
solo/a/os/as	alone
el coche	car
empezar (ie)	to begin
empiezo	I begin
empieza	he/she begins
media	half
novecientos	nine hundred
el alumno	pupil
el chico	boy
la chica	girl
cuatrocientos	four hundred
en total	in all, total
comer	to eat, have lunch
usted come	you eat, have lunch
el restaurante	restaurant
mal	badly
barato/a/os/as	cheap
terminar	to end, finish
termino	I end, finish
usted termina	you end, finish
menos	less, minus
el cuarto	a quarter
salir	to leave, go out
salgo	I leave, go out
ir de compras	to go shopping

voy de compras	I go shopping
hacer	to make, do
hago	I make, do
la cena	dinner, evening meal
ver	to see
veo	I see
irse	to go away, leave
nos vamos	we're leaving
deber	to owe, have to
¿qué le debo?	what do I owe you?
seiscientos	six hundred
venir (ie)	to come
usted viene	you come
imposible/s	impossible
aparcar	to park
hoy en día	nowadays
coger	to take, catch
cojo	I take, catch
llegar	to arrive
llego	I arrive
en punto	sharp, exactly (of time)
el día	day
todos los días	every day
casi	almost
la tarde	afternoon, evening
por la tarde	in the afternoon, evening
depender	to depend
depende	it depends
todo	all, everything
por lo general	generally
a eso de	about, around (of time)
trabajador/a/es/as	hard-working
esperar	to wait for, hope
espera	he/she is waiting
sentir (ie)	to feel, regret
siento	I regret
tarde	late

Explanations

(a) Talking about your daily routine – grammar ref 7 (i)

To do this you use the present tense of regular and common irregular verbs. The regular verbs are divided into three groups according to their endings in the infinitive: '-ar', '-er' and '-ir'. For polite speech only the first and third persons are required and these are as follows:

-ar

Trabajar	*To work*
Trabajo en una oficina.	I work in an office.
Juan trabaja en una fábrica.	John works in a factory.
Usted trabaja en una tienda.	You work in a shop.

-er

Comer	*To eat, have lunch*
Como en un restaurante.	I have lunch in a restaurant.
María come mucho.	Mary eats a lot.
Usted come en una cafetería.	You have lunch in a cafeteria.

-ir

Vivir	*To live*
Vivo en Madrid.	I live in Madrid.
Vive en Nueva York.	He lives in New York.
Usted vive en Sevilla.	You live in Seville.

(b) Negatives

If you do not do something, the verb is made negative using 'no':

¿Trabaja usted mucho?	Do you work a lot?
No, no trabajo mucho.	No, I don't work a lot.

(c) Questions

If the verb has *no stated subject*, the question is the same as the statement except for question marks and a change in your tone of voice:

Vive aquí.	He lives here.
¿Vive aquí?	Does he live here?

If the verb has *a subject*, the subject is placed after the verb:

Juan vive aquí.	John lives here.
¿Vive Juan aquí?	Does John live here?
Usted come mucho.	You eat a lot.
¿Come usted mucho?	Do you eat a lot?

(d) Irregular verbs – grammar ref 7(ii)

Certain common verbs are irregular and do not follow the pattern given above. The ones seen in this chapter are as follows:

(i) Verbs with an irregular first person singular

Salir	*To leave, go out*
Salgo de la oficina a la una.	I leave the office at one o'clock.

Coger	To take, catch
Cojo el tren.	I catch the train.
Hacer	To do, make
Hago mucho trabajo.	I do a lot of work.

(ii) Verbs which change their spelling – grammar ref 7(iv)

Tener	To have
Tengo mucho trabajo.	I've got a lot of work.
Juan tiene dos hijos.	John has two children.
Usted tiene coche.	You've got a car.
Venir	To come
Vengo en autobús.	I come by bus.
Paco viene a pie.	Paco comes on foot.
Usted viene en coche.	You come by car.
Empezar	To begin
Empiezo a las nueve.	I begin at 9 o'clock.
Isabel empieza a las diez.	Isabel begins at 10 o'clock.
Usted empieza a las tres.	You begin at 3 o'clock.

Verbs which change their spelling from '-e-' to '-ie-' are identified in the vocabularies by (ie).

(e) Numbers 100–1000 – grammar ref 3

The numbers 100–1000 are as follows:

200	doscientos	700	setecientos
300	trescientos	800	ochocientos
400	cuatrocientos	900	novecientos
500	quinientos	1000	mil
600	seiscientos		

Additional numbers are simply joined on to the hundreds with no intervening word:

235   doscientos treinta y cinco
478   cuatrocientos setenta y ocho

These numbers are similar to adjectives and agree with the nouns they describe. If the noun is masculine, the number is masculine:

278   doscientos setenta y ocho chicos

If the noun is feminine, the number is feminine:

255   doscientas cincuenta y cinco pesetas

The number 1000 (mil) is invariable in most cases and does not change:

| 1000 pesetas | mil pesetas |
| 10 000 pesetas | diez mil pesetas |

(f) Telling the time – grammar ref 3

Between the hour and the half-hour the word 'y' is used to express 'a quarter past', 'half past', 'ten past' and so on:

¿Qué hora es? (2.15)   Son las dos y cuarto.
¿Qué hora es? (3.30)   Son las tres y media.
¿Qué hora es? (4.10)   Son las cuatro y diez.
¿Qué hora es? (5.25)   Son las cinco y veinticinco.

After half past, 'menos' is used to express 'a quarter to', 'ten to' and so on:

¿Qué hora es? (6.45)   Son las siete menos cuarto.
¿Qué hora es? (7.35)   Son las ocho menos veinticinco.
¿Qué hora es? (9.50)   Son las diez menos diez.

'Menos' actually means 'less, minus' and thus you say literally: It's ten minus ten = Son las diez menos diez.

To express when something occurs the word 'a' replaces 'son' or 'es':

¿A qué hora empieza? (2.30)   Empieza a las dos y media.
¿A qué hora termina? (5.15)   Termina a las cinco y cuarto.

To say that something occurs at a certain time 'sharp' you use the words 'en punto' after the time:

¿A qué hora llega? (11.00)   Llega a las once en punto.

To add the idea of 'at roughly' or 'at about' you place 'eso de' before the time:

¿A qué hora llega? (around 9)   Llega a eso de las nueve.

Exercises

• *The key to these exercises begins on p. 302.*

A

Exercise 1   Saying where you live and work

Play the part of Joan Robinson in the following dialogue.

Juan: Usted vive en York, ¿verdad, Juana?
Usted: (*Say no. You live in a small village near York.*)
Juan: Pero usted trabaja en York, ¿no?
Usted: (*Say yes. You work in a secondary school in the centre of the city.*)

Now repeat the exercise making such changes as are necessary to describe accurately your own situation.

Exercise 2 Saying where you have lunch

Play the part of Joan Robinson in the following dialogue.

Juan: ¿Come usted en casa o en un restaurante de la ciudad?
Usted: (*Say you eat in the school with the pupils.*)
Juan: Y, ¿come usted bien o mal?
Usted: (*Say well, it's fairly bad, but the food is cheap.*)

Now repeat the exercise, making such changes as are necessary to describe accurately your own situation.

Exercise 3 Saying at what time you finish work and what you do afterwards

Play the part of Joan Robinson in the following dialogue.

Juan: ¿A qué hora termina su trabajo?
Usted: (*Say you finish at 3.45. You leave school and go shopping. Then you go home and make the dinner.*)
Juan: Ya veo que trabaja usted mucho, Juana.

Now repeat the exercise, making it fit your own situation.

Exercise 4 Answering questions

Answer the following questions, using the cues given.
Example: ¿Dónde vive usted? (A small village) Vivo en un pueblo pequeño.

1   ¿Dónde vive usted? (A large city)
2   ¿Dónde trabaja usted? (An office)
3   ¿Dónde come usted? (In a bar)
4   ¿A qué hora termina su trabajo? (At 5 o'clock)
5   ¿A qué hora llega a casa? (At 5.45)

Now repeat the exercise, making the answers fit your own situation.

Exercise 5 Answering more questions

Answer the following questions, using the cues given.
Example: ¿A qué hora sale usted de casa por la mañana?
Salgo de casa a las ocho.

1   ¿A qué hora sale usted de casa por la mañana?

2   ¿Cómo viene usted a su trabajo?

3   ¿Tiene usted coche?

4   ¿A qué hora empieza su trabajo?

5   ¿Hace usted mucho trabajo?

Now repeat the exercise, making the answers fit your situation.

Exercise 6   Number practice

Tell your Spanish friend what you paid for various items.
Example: 750 pesetas. Setecientas cincuenta pesetas.

1   290 pesetas.   6   630 pesetas.
2   485 pesetas.   7   745 pesetas.
3   360 pesetas.   8   970 pesetas.
4   855 pesetas.   9   1500 pesetas.
5   520 pesetas.   10   10 000 pesetas.

Exercise 7   Saying at what time things begin, end, arrive, leave, etc.

Answer the following questions, using the cues given.
Example: ¿A qué hora empieza la sesión? (7 o'clock) Empieza a las siete.

1   ¿A qué hora sale el tren? (5.30)
2   ¿A qué hora llega el autobús? (7.15)
3   ¿A qué hora empieza la sesión? (8 o'clock)
4   ¿A qué hora termina la sesión? (11.30)
5   ¿A qué hora sale el taxi? (9.15)

B

Exercise 8   Talking about your own daily routine

Answer the following questions genuinely.

1   ¿A qué hora sale usted de casa por la mañana?
2   ¿Qué coge usted para ir a su trabajo?
3   ¿A qué hora llega usted a su trabajo?
4   ¿Dónde trabaja usted?

5   ¿Cuántas horas trabaja usted por día?
6   ¿Dónde come usted?
7   ¿Come usted bien o mal?
8   ¿A qué hora termina su trabajo?
9   ¿Va usted de compras todos los días?
10 ¿Quién hace la cena en su casa?

Exercise 9   Forming questions

These are the answers. What were the questions?
Example: El tren sale a las diez. ¿A qué hora sale el tren?

1   El tren llega a las once.
2   Salgo de casa a las nueve y media.
3   El banco está cerrado.
4   Hay trescientos empleados en esta fábrica.
5   Vengo a la oficina a pie.
6   Hay una farmacia al final de la calle.
7   La sesión empieza a las ocho y cuarto.
8   Tengo un coche grande.
9   Cojo el autobús para ir a la oficina.
10 Vive en Nueva York.

¿Comprende usted el español hablado?

(Listening exercises)

A

Mi vida diaria

Listen to Ana describing her daily routine, and write down any times she mentions.

B

¿Cómo es su vida?

Listen to the tape and answer the questions in English.

1   At what time does the man get up?
2   At what time does he leave the house?
3   Give the two times when he usually arrives at his office.
4   How long is his lunch-time?
5   When does he have lunch?
6   What would he prefer?

¿Comprende usted el español escrito?

(Reading exercises)

La segunda carta de Lola

Read this second letter from Lola, and then answer the questions in English

Querido amigo :
Madrid, 15 de junio

Hoy te voy a contar cómo es mi vida diaria aquí en Madrid. Como ya sabes, vivo en Madrid cerca de la Puerta del Sol. En efecto, tengo un piso muy pequeño en la Calle Montera donde vivo sola con mi gato que se llama Montse.

Por la mañana salgo de casa a las ocho y diez y voy a pie a mi oficina que está muy cerca, en la calle Arenal, a unos diez minutos de mi casa.

Llego a la oficina a las ocho y veinte. Trabajo en la oficina hasta la una y media, y luego como en una cafetería en la Puerta del Sol. Vuelvo a la oficina sobre las dos y media, y luego trabajo hasta las cinco y media o así. Entonces salgo de la oficina y voy a casa donde preparo la cena. Y así es mi vida aquí en Madrid - muy tranquila pero algo aburrida también.

Un abrazo,
Lola Losada.

1 Where exactly does Lola live?
2 What does she have for company?
3 How does she get to work, and how long does it take?
4 At what time does she arrive at her office?
5 Where does she have lunch?
6 When does she leave her office in the evening?
7 How does she describe her life in Madrid?

Rompecabezas

(Puzzles)

A

Crucigrama de números.

(All the answers are numbers.)

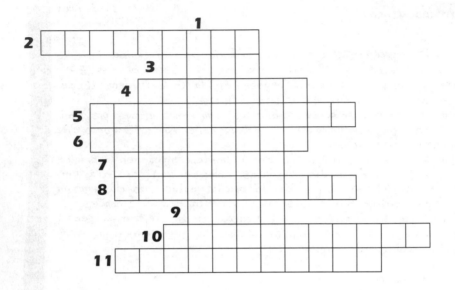

y = + : menos = - : por = x

Vertical
1   Mil menos ochocientos.

Horizontales
2   Once y once.
3   Cien menos ochenta y ocho.
4   Veinte por tres.
5   Trescientos cincuenta por dos.
6   Cuatro por cuatro.
7   Cincuenta y veinte.
8   Mil menos quinientos.
9   Doce menos nueve.
10   Cien por nueve.
11   Ciento cincuenta y ciento cincuenta.

¿Qué se dice?

Match one sentence from the first column to the correct second sentence from the second column. You can use each phrase once only.

1	¿Quién es usted?	(a)	Tengo cuarenta años.
2	¿Cuántos años tiene usted?	(b)	El gusto es mío.
3	¿Cómo se llama usted?	(c)	Es marrón.
4	Tanto gusto.	(d)	De nada.
5	¿De qué color es?	(e)	Son las tres y diez.
6	¿De dónde eres?	(f)	Soy Juan Delgado.
7	Muchas gracias.	(g)	Al final de la calle.
8	¿Qué hora es?	(h)	A las cuatro y media.
9	¿Dónde está el café?	(i)	Me llamo María.
10	¿A qué hora sale el taxi?	(j)	Soy de Barcelona.

Revision and self-assessment test for Chapters 1–5

Do the full test and mark it, using the mark scheme found at the end of the test. Then revise fully any sections of the material in Chapters 1–5 for which you did not award yourself a good mark.

Section 1

Read the interview or listen to it on the cassette. If you have the cassette *do not read* the interview.

Interview

Hombre: Pase, señorita, pase. Siéntese. ¿Cómo se llama usted?
Mujer: Me llamo Otilia Lázaro.
Hombre: ¿Cómo se escribe su apellido?
Mujer: L-A-Z-A-R-O. Lázaro.
Hombre: Gracias. Y, ¿dónde trabaja usted ahora?
Mujer: Trabajo en Galerías Mateo, la tienda de modas en la calle de Berceo.
Hombre: Y, ¿cómo es el trabajo?
Mujer: Es bastante interesante, pero las horas son muy largas.
Hombre: Pues, esta tienda está abierta desde las nueve de la mañana hasta la una, y luego desde las cuatro hasta las siete y media. ¿Está bien?
Mujer: Está muy bien, señor.
Hombre: Entonces usted empieza a trabajar aquí mañana.
Mujer: Muchas gracias, señor.

Questions

Now write down the answers to the following questions.

1 What does the man invite the woman to do?
2 What does he ask first?
3 How is it spelt?
4 Where does the woman work?
5 What does she think about her job?
6 What is the one disadvantage she mentions?
7 What are the opening hours, of the man's shop, in the morning?
8 And in the afternoon?

9 Does the woman get the job?
10 When does she start?

Section 2

(a) Numbers

Write down the total in words.

1 ¿Cuántos son diez y cuatro?
2 ¿Cuántos son trece y doce?
3 ¿Cuántos son veinticinco y treinta y nueve?
4 ¿Cuántos son ochenta y cuatro y quince?
5 ¿Cuántos son trescientos veinte y doscientos treinta?
6 ¿Cuántos son ciento diez y cincuenta?
7 ¿Cuántos son cuatrocientos cincuenta y quinientos veinte?
8 ¿Cuántos son once y sesenta y dos?
9 ¿Cuántos son doscientos catorce y trescientos dieciocho?
10 ¿Cuántos son quinientos cincuenta y cuatrocientos cincuenta?

(b) Personal identity

Write down the genuine answers to the following questions:

1 ¿Quién es usted?
2 ¿Cómo se escribe?
3 ¿Cuántos años tiene usted?
4 ¿De dónde es usted?
5 ¿Está usted casado (casada)?
6 ¿Dónde está su ciudad?
7 ¿Es usted inglés (inglesa)?
8 ¿Trabaja usted en una oficina?
9 ¿A qué hora va usted a su trabajo?
10 ¿A qué hora termina su trabajo?

Mark Scheme

- *Section 1*
2 marks per correct answer (maximum 20)

- *Section 2(a)*
2 marks per correct answer (maximum 20)

- *Section 2(b)*
2 marks per correct answer (maximum 20)

Maximum total 60

Self-assessment grades

Over 50 excellent
30–50 satisfactory
Under 30 need for careful revision

Answers

Section 1

1 Come in and sit down.
2 Her name.
3 L-A-Z-A-R-O.
4 In a dress shop in Berceo Street.
5 It's quite interesting.
6 The hours are long.
7 9 am–1 pm.
8 4 pm–7.30 pm.
9 Yes.
10 The next day.

Section 2

(a) Numbers

1 Son catorce.
2 Son veinticinco.
3 Son sesenta y cuatro.
4 Son noventa y nueve.
5 Son quinientos cincuenta.
6 Son ciento sesenta.
7 Son novecientos setenta.
8 Son setenta y tres.
9 Son quinientos treinta y dos.
10 Son mil.

(b) Personal identity

1 Soy (+ name).
2 Name spelt.
3 Tengo (+ number) años.
4 Soy de (+ name of town).
5 Estoy casado (casada). No estoy casado (casada).
6 Mi ciudad está en el norte/sur/este/oeste/centro de Inglaterra.
7 Soy inglés (inglesa). No soy inglés (inglesa).
8 Trabajo en una oficina. No trabajo en una oficina.
9 Voy a mi trabajo a las (+ time).
10 Termino mi trabajo a las (+ time).

⟨6⟩ ¿Qué hace usted en sus ratos libres?

Leisure activities

Juego al golf

Dialogues

Dialogue 1

Juan and María López have invited the Robinsons to dinner. After dinner they have coffee in the sitting-room.

Juan: Muy bien. Vamos a sentarnos en la sala de estar y a tomar café. ¿Quiere usted café, Juana?

Joan:	Gracias.
Juan:	¿Solo o con leche?
Joan:	Con leche, por favor.
Juan:	¿Quiere azúcar?
Joan:	No, gracias.
Juan:	¿Cómo quiere usted el café, Roberto?
Robert:	Solo, por favor, y con azúcar.
Juan:	Aquí tiene usted. Y para María, un café cortado. Es decir, mucho café y muy poca leche, ¿verdad, María?
María:	Eso es.
Joan:	Una cena excelente. Muchas gracias, María.
María:	De nada, Juana.
Juan:	¿Quiere un cigarrillo, Juana?
Joan:	Gracias, no fumo.
Juan:	¿Quiere uno, Roberto?
Robert:	Gracias. Ya veo que tiene usted muchos libros, María.
María:	Sí, soy muy aficionada a los libros. Por las tardes, cuando no tengo que trabajar, me siento aquí, escucho uno de mis discos favoritos y leo mis libros.
Robert:	¿Qué clase de libros prefiere usted?
María:	Prefiero novelas románticas. ¿Lee usted mucho, Roberto?
Robert:	No, prefiero los deportes. Soy aficionado al golf. Juego al golf todos los fines de semana.
María:	¿Juega usted al golf con su marido, Juana?
Joan:	No. Si tengo tiempo, doy un paseo por el campo cerca del pueblo, y, si hace mal tiempo, veo la televisión.

Dialogue 2

Juan López decides a brandy would go well with the coffee and offers some to his guests.

Juan:	¿Quiere usted un coñac, Juana?
Joan:	No, gracias, el coñac es muy fuerte.
Juan:	Un anís, entonces. El anís es más suave.
Joan:	Gracias.
Juan:	¿Roberto? ¿Un coñac?
Robert:	Sí, gracias.
Juan:	Dos coñacs y dos anises. Muy bien.
María:	¿Hay teatros en York, Roberto?
Robert:	Sí, hay un teatro y dos cines.
María:	¿Va usted al teatro?
Robert:	No voy mucho porque las entradas son bastante caras, pero voy al cine de vez en cuando si hay una película buena.
Joan:	Hay muchos teatros aquí en Madrid, ¿verdad, María?
María:	Sí, hay muchos, y muchos cines también. Claro que en Madrid hay de todo: teatros, cines, museos, discotecas. ¿Sabe usted lo que se dice de Madrid?

Joan: No.
María: 'De Madrid al cielo' – es decir, Madrid es la mejor ciudad del mundo.

Vocabulary

vamos a	we're going to, let's
sentarse (ie)	to sit down
la sala de estar	sitting-room
querer (ie)	to wish, want, love
¿quiere usted?	do you want?

Hay muchos teatros aquí en Madrid

el azúcar	sugar
el café cortado	nearly-black coffee
decir (i)	to say, tell
es decir	that's to say
poco/a/os/as	little, few
el cigarrillo	cigarette
fumar	to smoke
ya	now, already
el libro	book
ser aficionado a	to be keen on, a fan of
cuando	when
tener que + infinitive	to have to + infinitive
tengo que trabajar	I have to work
me siento	I sit
escuchar	to listen to
escucho	I listen to
el disco	record
favorito/a/os/as	favourite
leer	to read
leo	I read
la clase	class, type
preferir (ie):	to prefer
¿prefiere usted?	do you prefer?
prefiero	I prefer
la novela	novel
romántico/a/os/as	romantic
el deporte	sport
el golf	golf
jugar (ue)	to play
juego al golf	I play golf
el fin de semana	weekend
si	if
el tiempo	time
tengo tiempo	I have time
dar	to give
dar un paseo	to go for a walk
doy un paseo	I go for a walk
el campo	countryside, field
ver la televisión	to watch television
veo la televisión	I watch television
el coñac	cognac, brandy
fuerte	strong
el anís	anisette
suave	smooth, gentle
el teatro	theatre
el cine	cinema
porque	because
la entrada	entrance ticket
caro/a/os/as	dear

la vez	time, occasion
de vez en cuando	from time to time
la película	film
también	also
claro que	of course, it is clear that
de todo	everything
el museo	museum
la discoteca	discotheque
saber	to know
¿sabe usted?	do you know?
lo que	what
se dice	it is said, one says
el cielo	heaven, sky
mejor/es	better, best
el mundo	world

Explanations

(a) Expressing a future intention: Let's ... – grammar ref 9
'Vamos a' + *infinitive expresses your future intention:*

Vamos a tomar café.	Let's have a coffee. (We're going to have a coffee.)
Vamos a ir al cine.	Let's go to the cinema. (We're going to go to the cinema.)

(b) Expressing a wish or a want – grammar ref 7(iv)

The irregular verb 'querer' is used to express a wish or a want and has the following pattern:

Quiero	I want
Quiere	He/she wants
Usted quiere	You want

To ask if someone wants something, you say:

¿Quiere usted un cigarrillo?	Do you want a cigarette?

To ask if someone wants to do something, you say:

¿Quiere usted tomar café?	Do you want to have a coffee?

The answers to such questions are as follows:

Sí, quiero un cigarrillo.	Yes, I want a cigarette.
No, no quiero tomar café.	No, I don't want to have a coffee.

(c) Expressing a preference – grammar ref 7(iv)

The irregular verb 'preferir' is used to express a preference and has the following pattern:

Prefiero	I prefer
Prefiere	He/she prefers
Usted prefiere	You prefer

To ask about someone's preference, you say:

¿Qué prefiere usted, vino o coñac?	Which do you prefer, wine or brandy?
¿Prefiere usted leer o escuchar discos?	Do you prefer to read or listen to records?

The answers to these questions are:

Prefiero vino.	I prefer wine.
Prefiero leer.	I prefer to read.

(d) Expressing a keenness for something

The phrase 'ser aficionado a' is used to express a keenness or liking for something:

Soy aficionado (aficionada) al tenis.	I'm keen on tennis.
Juan es aficionado al golf.	John is keen on golf.
Marta es aficionada al cine.	Martha is keen on the cinema.
¿Es usted aficionado al fútbol?	Are you keen on football?

(e) Expressing an obligation – grammar ref 15

The irregular verb 'tener que' + infinitive is used to express an obligation:

Tengo que trabajar.	I've got to work.
Paco tiene que jugar al golf.	Frank has to play golf.
María tiene que ir al cine.	Mary has to go to the cinema.
Usted tiene que jugar al tenis.	You have to play tennis.

(f) Expressing an ability to do something – grammar ref 13

The verb 'saber' is used to express an ability and has an irregular first person singular:

Sé jugar al golf.	I know how to play golf.
Juan sabe jugar al tenis.	John knows how to play tennis.
Marta no sabe hacer café.	Martha does not know how to make coffee.
¿Sabe usted bailar?	Do you know how to dance?

'Saber' is also used to express knowing facts:

No sé la dirección.	I don't know the address.
¿Sabe usted el número de teléfono?	Do you know the telephone number?

(g) Expressing the time of day when you do something

Spaniards divide their day into three sections: the morning – la mañana; the afternoon and evening – la tarde; and the night – la noche. They introduce each section of their day with the preposition 'por':

Por la mañana voy a la oficina.	In the morning I go to the office.
Por la tarde voy al teatro.	In the evening I go to the theatre.
Por la noche no voy a ningún sitio.	At night I don't go anywhere.

If the activity occurs every morning, afternoon or evening, the noun is put into the plural.

Por las tardes voy al cine.	In the evenings I go to the cinema.

If a precise time is mentioned the preposition 'por' is replaced by 'de':

A las cinco de la tarde voy al teatro.	At five in the afternoon I go to the theatre.

(h) Some leisure activities – grammar refs 7(i), (iv), (v)

<u>Escuchar</u>	*To listen to*
Escucho la radio.	I listen to the radio.

<u>Ver</u>	*To see, watch, look (at television)*
Veo la televisión.	I watch television.
Juan ve la televisión.	John watches television.

<u>Leer</u>	*To read*
Leo novelas románticas.	I read romantic novels.
María lee periódicos.	Mary reads newspapers.

<u>Dar un paseo</u>	*To go for a walk*
Doy un paseo por el campo.	I go for a walk in the country.
Paco da un paseo por la ciudad.	Frank goes for a walk in the city.

<u>Jugar</u>	*To play (sports)*
Juego al golf.	I play golf.
Juan juega al tenis.	John plays tennis.
¿Juega usted al fútbol?	Do you play football?

(i) Comparing one thing with another – grammar ref 2(vi)

The basic word for comparisons is 'más' followed by 'que':

> El tenis es más interesante que el fútbol.
>> Tennis is more interesting than football.
> El coñac es más fuerte que el anís.
>> Brandy is stronger than anisette.

If one thing is better than another the word 'mejor' is used:

> El cine es mejor que el teatro.
>> The cinema is better than the theatre.
> El tenis es mejor que el fútbol.
>> Tennis is better than football.

If you wish to say that something is best you still use 'mejor' but place 'el' or 'la' before it:

> El tenis es el mejor deporte del mundo.
>> Tennis is the best sport in the world.
> Madrid es la mejor ciudad del mundo.
>> Madrid is the best city in the world.

Exercises

● *The key to these exercises begins on p. 304.*

A

Exercise 1   Getting what you want

Play the part of Joan Robinson in the following dialogue.

Juan: ¿Quiere usted café, Juana?
Usted: *(Say thank you.)*
Juan: ¿Solo o con leche?
Usted: *(Say with milk please.)*
Juan: ¿Quiere azúcar?
Usted: *(Say no thank you.)*

How would you change your part to get black coffee with sugar?

Exercise 2   Saying what you do in your leisure time

Play the part of María López in the following dialogue.

Robert: Ya veo que tiene usted muchos libros, María.
Usted: *(Say yes, you are very keen on books. In the evenings when you do not have to work, you sit here, listen to one of your favourite records and read your books.)*

Robert: ¿Qué clase de libros prefiere usted?
Usted: *(Say you prefer romantic novels. Ask Robert if he reads a lot.)*
Robert: No, prefiero los deportes.

Exercise 3   Saying what leisure facilities exist

Play the part of Robert Robinson in the following dialogue.

María: ¿Hay teatros en York, Roberto?
Usted: *(Say yes, there is one theatre and two cinemas.)*
María: ¿Va usted al teatro?
Usted: *(Say you do not go much because the tickets are rather dear, but you go to the cinema from time to time, if there is a good film on.)*

How would you change the dialogue to describe your own town?

Exercise 4   Offering something to someone

Example: ¿Quiere usted un café?

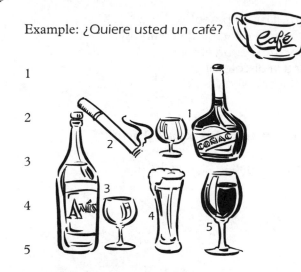

1

2

3

4

5

Exercise 5   Asking if someone wishes to do something

Example: ¿Quiere usted jugar al golf?

1   Jugar al tenis.
2   Dar un paseo.
3   Ir de compras.
4   Ver la televisión.
5   Escuchar un disco.

Exercise 6 Expressing a preference for something

Prefer the thing in brackets.
Example: ¿Quiere usted un vaso de agua? (Un vaso de vino) No, prefiero un vaso de vino.

1 ¿Quiere usted un café solo? (Un café con leche)
2 ¿Quiere usted un coñac? (Un anís)
3 ¿Quiere usted un vaso de vino? (Una cerveza)
4 ¿Quiere usted un té? (Un café)
5 ¿Quiere usted un café con leche? (Un café cortado)

Exercise 7 Expressing a preference for doing something

Prefer the activity in brackets.
Example: ¿Quiere usted ir al cine? (Ir al teatro) No, prefiero ir al teatro.

1 ¿Quiere usted ver la televisión? (Dar un paseo)
2 ¿Quiere usted sentarse en la sala de estar? (Ir de compras)
3 ¿Quiere usted escuchar un disco? (Leer un libro)
4 ¿Quiere usted ir al museo? (Ir a la discoteca)
5 ¿Quiere usted jugar al golf? (Jugar al tenis)

Exercise 8 Expressing a keenness for something

Example: El tenis. Soy aficionado (aficionada) al tenis.

1 Los libros.
2 Los discos.
3 El cine.
4 El teatro.
5 La televisión.

Exercise 9 Do you or don't you?

Answer the following questions genuinely.

1 ¿Lee usted novelas románticas?
2 ¿Juega usted al golf?
3 ¿Va usted al cine?
4 ¿Da usted un paseo por el campo cuando hace buen tiempo?
5 ¿Escucha usted la radio?
6 ¿Juega usted al tenis?
7 ¿Lee usted muchos libros?

8   ¿Sabe usted jugar al fútbol?
9   ¿Qué prefiere usted, el cine o el teatro?
10 ¿Es usted aficionado (aficionada) a la televisión?

B

Exercise 10   What's your opinion?

Give your own opinion.
Example: ¿Qué es más interesante, el cine o el teatro? El cine es más interesante que el teatro.

1   ¿Qué es más fuerte, el vino o el coñac?
2   ¿Qué es más fácil, el inglés o el español?
3   ¿Qué es más grande, Londres o Madrid?
4   ¿Qué es más caro, el teatro o el cine?
5   ¿Qué es más barato, el vino o la cerveza?

Exercise 11   Add the verb

Example: ... la radio. Escucho la radio.

1   ... la televisión.
2   ... al cine.
3   ... al golf.
4   ... un paseo por la ciudad.
5   ... novelas románticas.
6   ... aficionado (aficionada) al tenis.
7   ... muchos libros.
8   ... discos de música clásica.
9   ... al tenis.
10   ... jugar al fútbol.

 ¿Comprende usted el español hablado?

(Listening exercises)

A

Mi tiempo libre

Listen to the tape and write down in English what the Spanish speakers like doing in their spare time.

¿Qué haces en tus ratos libres? (What do you do in your free time?)

Listen to the tape and answer the questions in English.

1 What two things does Marisa like doing in her free time?
2 Which is her favourite sport?
3 Which two other sports does she like? Select the correct ones from the following:
   (a) el boxeo (boxing) (b) los bolos (ten-pin bowling) (c) el billar (billiards) (d) las carreras por carretera (road races) (e) las carreras de caballos (horse racing) (f) las carreras de maratón (marathon races)
4 What does she do when it rains?
5 Which sport does the man play well?
6 What two other things does he like?

¿Comprende usted el español escrito?

(Reading exercises)

A

Multicines

Look at the section of the Entertainments Guide from a Spanish newspaper on the next page, and then answer the questions in English. (You may need to use your dictionary.)

1 Which film is on at the Sala 1?
2 What did science do to this ordinary man?
3 What do you think (M.13) tells you?
4 Which film is on at the Sala 2?
5 What is the most dangerous way of solving a crime according to the advertisement?
6 Who can go to see the film in Sala 5 as indicated by (T.P.)?
7 Which three words are used to describe the film in Sala 6?
8 Which film is on at the Sala 8?
9 Which two words are used to describe it?
10 Who can go to see it as indicated by (M.18)?

SALA 1

Era un hombre corriente, la ciencia
lo convirtió en un dios.

EL CORTADOR DE CESPED

Horario: 4,30, 6,30, 8,30 y 10,30   (M. 13).

SALA 2   2.ª SEMANA

La forma más peligrosa de resolver un crimen...
es convertirse en víctima

ARENAS BLANCAS

Horario: 4,30, 6,30, 8,30 y 10,30   (M. 18)

SALA 3   3.ª SEMANA

La magia ha vuelto otra vez. MEL GIBSON,
DANNY GLOBER y JOE PESCI en

ARMA LETAL III

Horario: 5, 7,30 y 10   (M. 13.)

SALA 4   14.ª SEMANA

Desde «Atracción Fatal», no ha habido una
película de suspense tan excitante como ésta

LA MANO QUE MECE LA CUNA

Horario: 4,30, 6,30, 8,30 y 10,30   (M. 13)

SALA 5   5.ª SEMANA

Se enfrentó a la moderna civilización... Defen-
dió la selva amazónica...

LOS ULTIMOS DIAS DEL EDEN

Horario: 4,30, 6,30, 8,30 y 10,30   (T. P.)

SALA 6   2.ª SEMANA

Clint Eastwood, Gene Hackman, en

SIN PERDON

Clásica, majestuosa, apasionante

Horario: 5, 7,30 y 10   (M. 18)

SALA 7   3.ª SEMANA

En 1977, estaba dentro, en 1986, se marchó
para siempre. En 1992, nuestros peores temo-
res se han hecho realidad. Ha vuelto:

ALIEN-3

Horario: 5, 7,30 y 10   (M. 18)

SALA 8   2.ª SEMANA

Tom Cruise y Nicole Kidman, en

UN HORIZONTE MUY LEJANO

Furia y pasión

Horario: 5, 7,30 y 10   (M. 18)

programación Tlno.: 25 29 96
C/ Solarillo de Gracia, 9

MULTICINES CENTRO

TV/Programación

You are on holiday in Spain and decide to watch television. Look at this TV Guide and answer the questions in English.

CANAL SUR

06,45 Carta de presentación.

07,00 Tele Expo. Programa de servicios.

09,30 Testigos hoy. Programa religioso.

10,00 Festival de Popeye.

11,30 El príncipe impostor.

12,40 Batman. Dibujos animados.

13,00 Amor a primera vista. Programa concurso.

14,00 Dinosaucers. Dibujos animados.

14,30 El diario fin de semana.

15,00 El tiempo.

15,05 Las tortugas Ninja.

15,30 Las grandes aventuras del cine. «El tigre de Esnapur». Alemania, Francia, Italia, 1959, 97 minutos. Director: Fritz Lang. Con Debra Paget, Paul Hubschmid.

17,15 Lifesense.

17,45 Olé tus vídeos.

18,45 Las mejores películas de nuestra vida. «Uno, dos, tres». EE UU, 1961, b/n, 104 minutos. Director: Billy Wilder. Intérpretes: James Cagney, Horst Buchholz.

20,30 El diario.

20,55 El tiempo. Información meteorológica.

Los reporteros. Programa informativo con reportajes de actualidad.

22,00 La jugada. Resumen de la jornada futbolística, con especial atención a los partidos disputados por los equipos andaluces.

23,00 Domingo cine. «Poltergeist». EE UU, 1981, 109 minutos. Director: Tobe Hooper. Intérpretes: Craig T. Nelson, Jobeth Williams, Beatrice Straight.

00,50 La hora de Alfred Hitchcock. Serie de 14 capítulos de 60 minutos de duración cada uno.

01.50 Despedida y cierre de la emisión.

1 What is on *Canal Sur* at 15.30?
2 What do you think 'Olé tus vídeos' at 17.45 will be about?
3 When can you see the Weather Forecast?
4 What will 'Los reporteros' be about?
5 What will you see if you watch TV at 22.00?

Rompecabezas

(Puzzles)

A

Palabras en clave

Crack the codes to work out what these people do in their spare time.

1   María es aficionada al **twnxs**.
2   Pedro prefiere jugar al **gvucpm.**
3   Carolina es aficionada a las **mnudkzr**.
4   Pedro prefiere jugar al **8/16/13/7**.

B

Adivínelo (Guesswork)

Each of these pairs of words has at least one letter in common. Take the correct common letter from each pair and you will make a new word which is a popular leisure activity.

Teatro	Fútbol
Café	Entrada
Libro	Golf
Suave	Fuerte
Favorito	Novela
Disco	Cigarrillo
Anís	Discoteca
Cine	Película
Deporte	Museo
Mundo	Romántico

7 ¿Qué desea?

Obtaining goods and services

Vamos de compras

Dialogues

Dialogue 1

Before leaving Madrid, the Robinsons decide to go shopping to buy clothes for Joan Robinson and shoes for Robert Robinson. They arrive at the ladies' dress shop – la tienda de modas.

Dependienta: Buenos días, señora. ¿Qué desea?
Joan: Quisiera ver algunos vestidos de verano, por favor.

Dependienta: Muy bien, señora. ¿Qué talla, por favor?

Joan: Una treinta y ocho.

Dependienta: Bien. ¿De qué color quiere el vestido?

Joan: Azul, creo, o quizás verde.

Dependienta: ¿Éste, por ejemplo?

Joan: Es muy bonito, pero, ¿no tiene usted otro más claro?

Dependienta: Más claro. Vamos a ver. ¿Éste, entonces?

Joan: ¡Ah, sí! Ése es muy bonito. ¿De qué es? ¿De nilón?

Dependienta: No, señora. Es de algodón ¿Quiere probárselo?

Joan: Sí, por favor.

Dependienta: El probador está por aquí, señora.

(Joan entra en el probador y se pone el vestido. Sale y habla con su marido.)

Joan: ¿Qué te parece, cariño?

Robert: Es muy bonito. ¿Cuánto vale?

Dependienta: Doce mil pesetas, señor.

Joan: Muy bien. Me lo quedo.

Dependienta: Gracias, señora. ¿Quiere pagar en caja? Por aquí.

Dialogue 2

Next the Robinsons head for the shoe shop – la zapatería.

Dependienta: Buenos días, señor. ¿Qué desea?

Robert: Quisiera ver algunos zapatos, por favor.

Dependienta: Muy bien, señor. ¿Qué número gasta usted?

Robert: Un cuarenta y dos.

Dependienta: Y, ¿de qué color?

Robert: Marrones.

Dependienta: Un momento, por favor. Éstos, por ejemplo. Un cuarenta y dos y marrones.

Robert: Sí, son bastante bonitos, pero, ¿no tiene usted otros más oscuros?

Dependienta: Claro que sí. Éstos, entonces. Son muy bonitos y también más oscuros. ¿Quiere probárselos?

Robert: Sí, gracias. ¡Ay, son un poco estrechos! ¿Tiene usted un cuarenta y tres?

Dependienta: Sí, señor. Aquí tiene usted. Un cuarenta y tres.

Robert: ¡Ah, sí! Éstos son mucho más cómodos. ¿Qué te parecen, cariño?

Joan: Son muy bonitos. ¿Cuánto valen?

Dependienta: Valen cinco mil pesetas.

Robert: Muy bien. Éstos, por favor.

Dependienta: Gracias, señor. ¿Quiere pagar en caja?

Vocabulary

la tienda de modas	fashion shop
la dependienta	shop assistant
desear	to wish, want

¿qué desea?	what can I do for you? (what do you want?)
querer (ie)	to wish, want
quisiera	I would like
algunos/as	some
el vestido	dress
la talla	size (of clothing)
azul/es	blue
quizás	perhaps
verde/s	green
por ejemplo	for example
claro/a/os/as	light (of colour)
el nilón	nylon
el algodón	cotton
probarse (ue)	to try on (of clothing)
¿quiere probárselo?	do you wish to try it on?
el probador	fitting-room
entrar	to enter, go in
ponerse	to put on (of clothing)
se pone	he/she puts on
hablar	to speak, talk
habla	he/she speaks
parecer	to seem, appear
¿qué te parece?	how does it seem to you? what do you think?
cariño	darling
valer	to be worth
¿cuánto vale?	how much is it worth? how much is it?
quedarse	to take (of purchases)
me lo quedo	I'll take it (colloquial)
pagar	to pay
la caja	cash desk
los zapatos	shoes
gastar	to take (of shoe sizes)
¿qué número gasta usted?	what size do you take (of shoes)?
oscuro/a/os/as	dark (of colour)
estrecho/a/os/as	tight (of clothing and shoes), narrow (of street, etc.)
cómodo/a/os/as	comfortable

Explanations

(a) Shops and shopping

The opening hours for shops are normally:

9 am–1.30 pm
4.30 pm–7.30 pm

Department stores in major cities usually open from 10 am to 8 pm and most post offices are open from 9 am to 2 pm, with some also opening from 4 pm to 6 pm. Banks are open from 9 am to 2 pm. Tobacco and cigarettes are sold at the state-owned shops called 'estancos' and these shops also sell stamps, stationery and most official forms.

Sizes for clothes are different in Spain:

Clothes

Britain	8	10	12	14	16	18	20	22	24	26
Spain	36	38	40	42	44	46	48	50	52	54

Shoes

Britain	3	4	5	6	7	8	9	10	11	12
Spain	36	37	38	39	40	41	42	43	44	45

Collar

Britain	13	$13^1/_2$	14	$14^1/_2$	15	$15^1/_2$	16
Spain	33	34	35/6	37	38	39	40

There is a simple pattern for recognising shop names:

Product	*Shop*
los zapatos	la zapatería
los libros	la librería
la leche	la lechería

Common exceptions to this pattern are:

el pan	la panadería
la carne	la carnicería

Note

The explanations of grammatical points are divided into two sections in the rest of the book: **A** for those wishing to obtain a simple, 'survival' knowledge; and **B** for those who wish to go further in their study of Spanish.

A

(b) Finding out if a product is available – grammar refs 7(ii), (iv)

Use the phrase '¿tiene usted' + name of product?

¿Tiene usted periódicos ingleses?	Do you have English newspapers?
¿Tiene usted zapatos de ante?	Do you have suede shoes?

(c) Saying what you want – grammar ref 7(iv)

Use the verb 'quiero' + name of product:

Quiero un litro de leche.	I want a litre of milk.
Quiero una botella de vino.	I want a bottle of wine.

(d) Saying what you would like to see

Use the verbal phrase 'quisiera ver' + name of product:

Quisiera ver algunos vestidos de verano.	I'd like to see some summer dresses.
Quisiera ver algunos zapatos.	I'd like to see some shoes.

(e) Giving your size – grammar ref 3

If you are buying most types of clothing the assistant will say:

¿Qué talla, por favor?	What size, please?

and you reply with your size:

Una treinta y ocho.	A thirty-eight.

However, when buying shoes the assistant will probably ask:

¿Qué número gasta usted?	What size do you take?

and you reply with the number of your size:

Un cuarenta y dos.	A forty-two.

(f) Asking to see alternative sizes and styles – grammar ref 2(vi)

If you wish to see smaller or bigger sizes or lighter or darker colours the phrase to use is:

¿No tiene usted otro/otra/otros/otras más + desired quality?	Don't you have any others? which are more + desired quality?
¿No tiene usted otros más baratos?	Don't you have any others which are cheaper?
¿No tiene usted otro más grande?	Don't you have a bigger one?

(g) Establishing the material

Use the phrase '¿De qué es?' or, in the plural, '¿De qué son?'

¿De qué es?	What's it made of?
Es de algodón.	It's cotton.
¿De qué son?	What are they made of?
Son de piel.	They're made of leather.

(h) Asking and expressing an opinion – grammar ref 14

Mrs Robinson asks her husband's opinion of the dress:

¿Qué te parece?
> How does it seem to you? (What do you think of it?)

and he replies:

> Me parece muy bonito.
>> It seems very nice to me. (I think it's very nice.)

Similarly, he asks her opinion of the shoes:

> ¿Qué te parecen?
>> How do they seem to you? (What do you think of them?)

and she answers:

> Me parecen muy bonitos.
>> They seem very nice to me. (I think they're very nice.)

If strangers were speaking the pronoun 'te' would be replaced by 'le':

| ¿Qué le parece? | What do you think of it? |
| Me parece muy grande. | I think it's very big. |

(i) Asking the price – grammar ref 3

When asking the price of a singular object use the phrase '¿cuánto vale?'

| ¿Cuánto vale la falda? | How much is the skirt? |
| Vale seis mil pesetas. | It's 6000 pesetas. |

For a plural object use the phrase '¿cuánto valen?'

| ¿Cuánto valen los zapatos? | How much are the shoes? |
| Valen cinco mil pesetas. | They're 5000 pesetas. |

(j) Concluding the sale – grammar refs 5(i), (ii)

To conclude the sale and convey to the assistant that you wish to purchase the skirt, blouse, tie or whatever, use the phrase 'me lo quedo' – 'lo' is used for a masculine singular noun, 'la' for a feminine singular, 'los' for masculine plurals and 'las' for feminine plurals:

(El bolso) Me lo quedo.	I'll take it.
(La falda) Me la quedo.	I'll take it.
(Los guantes) Me los quedo.	I'll take them.
(Las blusas) Me las quedo.	I'll take them.

B

(k) Expressing opinions using the verb 'parecer' – grammar ref 14

'Me parece' + adjective enables you to express a range of simple opinions:

Me parece muy bonito.	I think it's very nice.
Me parece bastante estrecho.	I think it's fairly tight.
Me parece muy caro.	I think it's very dear.

'Me parecen' + adjective gives you a similar range with plural objects:

Me parecen muy oscuros.	I think they're very dark.
Me parecen bastante baratos.	I think they're fairly cheap.

'¿Qué le parece?' is used to ask someone's opinion of a singular object, with the pronoun changing to 'te' in the familiar form:

¿Qué le (te) parece la habitación?	What do you think of the room?
¿Qué le (te) parece mi sombrero?	What do you think of my hat?

'¿Qué le (te) parecen?' is used to ask opinions about plural objects:

¿Qué le (te) parecen los españoles?	What do you think about the Spanish?
¿Qué le (te) parecen las comidas?	What do you think about the meals?

More complex sentences are formed by using 'me parece que' + phrase:

¿Está el señor González?	Is Mr González in?
Me parece que no está.	I think he's not in.
¿A qué hora sale el tren?	What time does the train leave?
Me parece que sale a las diez.	I think it leaves at ten o'clock.

(l) Further uses of 'valer'

'Vale' and, for plural objects, 'valen' enable you to ask a price, but the verb has further uses:

¿Vale?	OK? (Do you agree?)
Vengo a las diez. ¿Vale?	I'll come at ten o'clock. OK?
Vale aquí, gracias.	Here is fine, thank you. (To a taxi driver.)
Lo siento pero no me vale.	I'm sorry but it's no use to me.
No vale la pena.	It's not worth the trouble.

Exercises

- *The key to these exercises begins on p. 306.*

A

Exercise 1   Saying what you want

Play the part of Joan Robinson in the following dialogue. Ask to see summer dresses, size 38, in blue or green.

Dependienta: Buenos días, señora. ¿Qué desea?
Usted: (*Ask to see some summer dresses, please.*)

Dependienta: Muy bien, señora. ¿Qué talla, por favor?
Usted: (*Say 38.*)
Dependienta: Bien. ¿De qué color quiere el vestido?
Usted: (*Say blue, you think, or perhaps green.*)
Dependienta: ¿Éste, por ejemplo?

Exercise 2 Asking to see other goods and establishing what things are made of

Play the part of Joan Robinson in the following dialogue. Ask to see a lighter colour and find out what the dress is made of.

Dependienta: ¿Éste, por ejemplo?
Usted: (*Say it's very nice, but does she have a lighter one.*)
Dependienta: Más claro. Vamos a ver. ¿Éste, entonces?
Usted: (*Say yes. That one is very nice. Ask what it is made of. Is it nylon?*)
Dependienta: No, señora. Es de algodón. ¿Quiere probárselo?

Exercise 3 Buying shoes

Play the part of Robert Robinson and ask to see brown shoes in size 42.

Dependienta: Buenos días, señor. ¿Qué desea?
Usted: (*Say you would like to see some shoes, please.*)
Dependienta: Muy bien, señor. ¿Qué número gasta usted?
Usted: (*Say 42.*)
Dependienta: Y, ¿de qué color?
Usted: (*Say brown.*)

Exercise 4 Asking if certain goods are available

Find out if the following goods are available.
Example: English newspapers. ¿Tiene usted periódicos ingleses?

1 Summer dresses.
2 Leather handbags.
3 Nylon dresses.
4 Suede shoes.
5 Cotton blouses.

Exercise 5 Saying what you want

Ask for the following things.
Example: Quiero un café solo.

Exercise 6   Saying what you would like to see

Ask to see the following things.
Example: Some summer dresses. *Quisiera ver algunos vestidos de verano.*

1   Some leather shoes.
2   Some cotton dresses.
3   Some cotton skirts.
4   Some leather gloves.
5   Some cotton blouses.

Exercise 7   Giving the size

State what size you want.
Example: *¿Qué talla, por favor?* (44) *Una cuarenta y cuatro.*

1   *¿Qué talla, por favor?* (38)
2   *¿Qué talla, por favor?* (40)
3   *¿Qué talla, por favor?* (50)
4   *¿Qué talla, por favor?* (42)
5   *¿Qué talla, por favor?* (36)

Exercise 8   Understanding the price

Write down what you think the price is and check your answer in the key to the exercises.
Example: *Vale dos mil quinientas pesetas.* It costs 2500 pesetas.
            Valen tres mil cuatrocientas pesetas. They cost 3400 pesetas.

1   *Vale cuatro mil doscientas pesetas.*
2   *Valen cinco mil seiscientas pesetas.*

3   Vale mil setecientas pesetas.
4   Vale seis mil novecientas pesetas.
5   Valen doscientas pesetas.

For further practice of prices work from the key, saying the number aloud in Spanish and checking with the exercise.

Exercise 9   Asking to see alternative goods

Ask to see bigger, smaller, lighter, darker things. Remember that 'otro' and the adjective used must agree with the noun.
Examples: Las blusas/grande. ¿No tiene usted otras más grandes?
           El bolso/barato. ¿No tiene usted otro más barato?

1   Los zapatos/oscuro.
2   La falda/pequeño.
3   El vestido/claro.
4   Los guantes/caro.
5   Las blusas/barato.

Exercise 10   Asking someone's opinion

Ask what someone unfamiliar thinks of what you are wearing.
Examples: Mi blusa. ¿Qué le parece mi blusa?
           Mis zapatos. ¿Qué le parecen mis zapatos?

1   Mi bolso.
2   Mis guantes.
3   Mi falda.
4   Mi vestido.
5   Mi sombrero.

Exercise 11   Concluding a sale

Say you will take the object offered.
Examples: ¿Esta blusa, por ejemplo? Sí, me la quedo.
           ¿Estos zapatos, por ejemplo? Sí, me los quedo.

1   ¿Este bolso, por ejemplo?
2   ¿Esta blusa, por ejemplo?
3   ¿Estos guantes, por ejemplo?
4   ¿Este sombrero, por ejemplo?
5   ¿Esta falda, por ejemplo?

B

Exercise 12   Expressing your opinion

Change the sentence from a statement to an opinion.
Examples: Es muy bonito. Me parece muy bonito.
           Hace mucho calor. Me parece que hace mucho calor.

1   Son muy caros.
2   Sale a las ocho.
3   La señorita Gómez está en casa.
4   Es muy grande.
5   Son muy estrechos.
6   El tren llega a Madrid a las once.
7   Son bastante baratos.
8   Llueve.
9   Es muy cómodo.
10   No llega nunca hasta las diez.

Exercise 13   Obtaining clothes

Ask to see white shirts, give the size as 38, establish what the shirt is made of, ask the price and conclude the sale by filling in the gaps in the following dialogue.

Dependiente: Buenos días, señor (señora). ¿Qué desea?
Usted: ......
Dependiente: ¿Qué talla, por favor?
Usted: ......
Dependiente: ¿De qué color quiere la camisa?
Usted: ......
Dependiente: Muy bien, señor (señora). Ésta es muy bonita.
Usted: ...
Dependiente: Es de algodón.
Usted: ......
Dependiente: Vale nueve mil pesetas.
Usted: ......
Dependiente: Muchas gracias, señor (señora).

¿Comprende usted el español hablado?

(Listening exercises)

A

¿Qué desea?

Listen to the tape and write down what the customer buys, the size and colour, why she wishes to see another one and the price she pays.

B

¿Qué ropa sueles llevar?

Listen to the tape and answer the questions in English.

1   What sort of clothes does the woman wear to go to work?
2   Does she wear a skirt and a blouse or a dress?

3 What does the other woman wear at the weekend?
4 What two things affect her choice of clothes?

¿Comprende usted el español escrito?

(Reading exercises)

A

Look at the photograph on page 84, and write down the three things the shop says it offers, and the proud boast it makes.

B

Look at the following photographs and answer the questions in English. (You may need to use your dictionary.)

REMATE - FIN TEMPORADA
PANTALONES   3.900
CAMISAS   2.500
TRAJES   15.000
AMERICANAS   10.000

(a) Rebajas

(b) Rebajas

(c) Rebajas

(a)
1 What is happening in this shop?
2 What can you buy for 3 900 pesetas?
3 And for 15 000 pesetas?
4 And for 10 000 pesetas?

(b)
1 What is on sale in this shop?
2 At what price?

(c)
1 What is on sale for 500 pesetas?
2 What exactly do you get for that price?

8 ¿Qué va a tomar?

Ordering a meal

Dialogues

Dialogue 1

The Robinsons enjoyed their evening at the home of the Lópezes. Now Joan and Robert Robinson invite the Lópezes to have dinner with them at a restaurant.

Robert: ¿Tiene una mesa libre?
Camarero: ¿Para cuántos?
Robert: Para cuatro.
Camarero: Sí, señor. Por aquí.
Robert: Gracias. Tráigame la carta, por favor.
Camarero: Aquí tiene usted.
Robert: Vamos a ver. Ensalada mixta, ensalada rusa, sopa de pescado, consomé ... ¿Qué va a tomar, María?
María: No tengo mucha hambre. Para mí una ensalada mixta y luego un bistec.
Robert: ¿Con patatas?
María: ¡No, por Dios! Sin patatas.

Dialogue 2

They all select their meal and Robert calls the waiter.

Robert: ¡Camarero!
Camarero: Señor. ¿Qué van a tomar?
Robert: Dos consomés, una ensalada mixta y una sopa de pescado.
Camarero: ¿Y después?
Robert: Un bistec bien hecho, una merluza rebozada con patatas, un pollo asado con patatas y un filete de ternera con una ensalada de lechuga y tomate.
Camarero: Muy bien, señor. ¿Y para beber? ¿Toman vino?
Robert: Sí, dos botellas de vino de la casa.
Camarero: ¿Tinto o blanco?

Robert: Una de tinto y una de blanco.
Joan: Tengo mucha sed. Tráigame una botella de agua mineral también.
Camarero: ¿Con gas o sin gas?
Joan: Con gas.
Camarero: En seguida.

 Dialogue 3

Halfway through the meal they decide they want more bread and mineral water.
Robert calls the waiter.

Robert: ¡Oiga!
Camarero: ¿Señor?
Robert: ¿Quiere traerme más pan y otra botella de agua mineral?
Camarero: Muy bien, señor. ¿Van a tomar postre?
Robert: ¿Qué tiene de postre?
Camarero: Pues, hay tarta helada, flan, queso, fruta ...
Robert: ¿Qué fruta tiene?
Camarero: Hay plátanos, melocotón en almíbar, uvas, manzanas ...
Robert: Muy bien. ¿Qué quieren ustedes?
María: ¿Tiene helado?
Camarero: Sí, señora.
María: Para mí un helado de chocolate.
Joan: Y para mí también.
Robert: Juan, ¿qué quiere?
Juan: Yo quiero queso manchego.
Robert: Luego son dos helados de chocolate y dos de queso.
Camarero: En seguida, señor.

 Dialogue 4

Finally comes the moment to pay and Robert calls the waiter again.

Robert: ¡Oiga! Tráigame la cuenta, por favor.
Camarero: Aquí tiene. ¿Toman café?
Robert: No, gracias. Vamos a ver. Nueve mil doscientas pesetas. Aquí tiene
  usted diez mil. Quédese con la vuelta.
Camarero: Muchas gracias, señor, y muy buenas noches.
Robert: Adiós.

Restaurante 'Los Abetos' – Carta

Grupo 1° Entremeses y sopas   Hors d'oeuvres and soups

Entremeses variados	600	Mixed hors d'oeuvres
Ensalada de lechuga y tomate	300	Lettuce and tomato salad

Ensalada mixta	450	Mixed salad
Ensalada rusa	450	Russian salad
Sopa de pescado	350	Fish soup
Sopa de arroz	350	Rice soup
Consomé	300	Consommé, thin soup

Grupo 2° Huevos y verduras — *Egg and vegetable dishes*

Huevos revueltos con tomate	500	Scrambled eggs with tomato
Tortilla francesa	500	French omelette
Tortilla española	600	Spanish omelette
Judías verdes con tomate	400	Green beans with tomato
Guisantes con jamón	650	Peas with ham
Alcachofas rebozadas	700	Artichoke hearts in batter

Grupo 3° Pescados — *Fish*

Merluza rebozada	1.500	Hake in batter
Calamares a la romana	900	Squid fried in batter
Besugo al horno	1.800	Baked sea bream
Atún con tomate	1.000	Tuna with tomato

Grupo 4° Carnes y aves — *Meat and poultry*

Cordero asado	1.400	Roast lamb
Bistec	1.500	Fillet steak
Pollo asado	750	Roast chicken
Filete de ternera	950	Veal steak
Chuletas de cerdo	950	Pork chops

Grupo 5° Postres — *Desserts*

Tarta helada	400	Ice-cream cake
Flan	300	Caramel custard
Helado	300	Ice-cream
Fruta del tiempo	300	Fresh fruit
Queso manchego	400	Cheese from La Mancha

Vinos y aguas minerales — *Wine and mineral waters*

Vino de la casa (botella)	500	House wine (bottle)
Vino de la casa (media botella)	300	House wine (half bottle)
Agua mineral (botella)	200	Mineral water (bottle)
Café	120	Coffee
Pan	40	Bread

Vocabulary

la mesa	table
traer	to bring
tráigame	bring me
la carta	the menu
el hambre	hunger
tengo hambre	I'm hungry
mí	me (after prepositions)
sin	without
después	afterwards
bien hecho	well done (of meat)
beber	to drink
tinto	red (of wine)
la sed	thirst
tengo mucha sed	I'm very thirsty
también	also
el gas	gas
con gas	fizzy (of mineral water)
el pan	bread
el plátano	banana
el melocotón	peach
el almíbar	syrup
las uvas	grapes
la manzana	apple
el chocolate	chocolate
la cuenta	bill
quédese	keep (imperative)
la noche	night
buenas noches	good night

Explanations

(a) Eating out

Restaurants in Spain are divided into five categories and these categories are indicated by forks. The more forks a restaurant has, the higher will be the quality and the prices. Most restaurants display their menu with prices outside and so it is normally possible to establish what category the restaurant is without going in. Many restaurants offer two types of specialist menus: a fixed meal at a fixed price – Menú del día – and a meal selected from the various groups on the menu – Menú turístico. Lunch is served from around 1.30 pm to 3 pm and dinner from around 8.30 pm to 11 pm, although in some tourist areas restaurants do serve meals slightly earlier. Tipping is universal and 10 per cent would be considered a normal tip.

Many cafeterias and bars also serve meals in the form of a complete meal on one plate – un plato combinado. These meals are often portrayed on the

walls of the cafeteria or in the menu and you can see exactly what the meal is before you order. If the bar or cafeteria serves portions of food you should ask for 'una ración', and 'una ración de tortilla' would be a portion of omelette. Most cafeterias and bars have a two-tier price system: one price for standing at the bar and another for sitting at a table and being served. Therefore, if you order something at the bar and then sit at a table you will probably offend the waiters.

A

(b) Giving orders – grammar ref 11

To ask someone to bring you something use the form 'tráigame' + noun:

Tráigame la carta.	Bring me the menu.
Tráigame la cuenta.	Bring me the bill.
Tráigame una botella de vino tinto.	Bring me a bottle of red wine.

(c) Asking what someone is going to have – grammar ref 9

If only one person is addressed the form is:

¿Qué va a tomar?	What are you going to have?
Voy a tomar un bistec.	I'm going to have a steak.

If several people are addressed the plural form is used:

| ¿Qué van a tomar? | What are you going to have? |
| Vamos a tomar fruta. | We're going to have fruit. |

Notice that the two pronouns 'usted' and 'ustedes' are often omitted when it is quite clear that 'you' is meant rather than 'he/she' or 'they'.

(d) Expressing hunger and thirst – grammar ref 15

Two verbal phrases are used:

Tener hambre	To be hungry
¿Tiene usted hambre?	Are you hungry?
Sí, tengo hambre.	Yes, I'm hungry.

Tener sed	To be thirsty
¿Tiene usted sed?	Are you thirsty?
No, no tengo sed.	No, I'm not thirsty.

Both 'hambre' and 'sed' are feminine nouns and therefore are modified by using 'mucha' to convey the idea of 'very':

| Tengo mucha sed. | I'm very thirsty. |

(e) Ordering dishes with or without certain other things

The two key words are 'con' and 'sin':

| Un bistec con patatas. | A steak with chips. |
| Un bistec sin patatas. | A steak without chips. |

(f) Making polite requests – grammar ref 7(iv)

The form to use is '¿quiere' + infinitive?

| ¿Quiere traerme la cuenta? | Will you bring me the bill? |

Notice the pronoun 'me' is placed on the end of the infinitive:

| ¿Quiere decirme la hora? | Will you tell me the time? |

(g) Obtaining more of something – grammar ref 2(vi)

To obtain more water, bread, wine and so on you use the word 'más':

| ¿Quiere traerme más agua? | Will you bring me some more water? |
| Tráigame más pan, por favor. | Bring me some more bread, please. |

(h) Addressing more than one person

The third person plural of all Spanish verbs ends in '-n':

¿Es usted español?	Are you Spanish? (sing.)
¿Son ustedes españoles?	Are you Spanish? (pl.)
Los ingleses beben té.	The English drink tea.
Los madrileños viven en Madrid.	Madrilenians live in Madrid.

B

(i) Giving orders – grammar ref 11

The imperative is used to give orders and has two forms, one used with 'usted' to address one person and another used with 'ustedes' to address more than one person. Most verbs form their imperative from the first person singular and follow this pattern:

mirar	to look, watch
miro (first person singular)	I look
mire (imperative singular)	look (sing.)
miren (imperative plural)	look (pl.)
comer	to eat
como	I eat
coma	eat (sing.)
coman	eat (pl.)
escribir	to write
escribo	I write
escriba	write (sing.)
escriban	write (pl.)

If the first person singular is irregular, so is the imperative:

poner	to put, place
pongo	I put, place
ponga	put (sing.)
pongan	put (pl.)
venir	to come
vengo	I come
venga	come (sing.)
vengan	come (pl.)
salir	to leave, go out
salgo	I leave
salga	leave (sing.)
salgan	leave (pl.)
dar	to give
doy	I give
dé	give (sing.) (The accent distinguishes the verb from the preposition 'de'.)
den	give (pl.)

Only one common verb fails to follow this pattern:

ir	to go
voy	I go
vaya	go (sing.)
vayan	go (pl.)

Pronouns are placed on the end of the imperative:

Mírelo.	Look at it.
Coma la sopa. Cómala.	Eat the soup. Eat it.
Escriba el precio. Escríbalo.	Write the price. Write it.
Póngame veinte litros.	Give (put) me 20 litres.
Déme dos sellos de cuarenta y cinco pesetas.	Give me two 45-peseta stamps.

(j) Indicating that something is for someone

To show that something is for someone you use 'para' + the person's name or a pronoun:

La sopa es para la señora García.	The soup is for Mrs Garcia.
Esta carta es para usted.	This letter is for you.
¿Hay recados para mí?	Are there any messages for me?
Tengo un recado para él.	I have a message for him.
El vestido es para ella.	The dress is for her.

(k) Indicating future intentions – grammar ref 9

To indicate what you intend to do you use the verb 'ir a' + infinitive:

Voy a comprar pan.	I'm going to buy bread.
¿Qué vas a hacer?	What are you going to do? (familiar)
Usted va a visitar Toledo.	You're going to visit Toledo. (polite)
Juan va a tomar sopa.	John is going to have soup.

(l) Indicating other conditions using the verb 'tener' – grammar ref 15

Tener frío	To be cold
Tengo mucho frío.	I'm very cold.

Tener calor	To be hot
María tiene calor.	Mary is hot.

Tener sueño	To be tired, sleepy
¿Tiene usted sueño?	Are you tired?

Exercises

● *The key to these exercises begins on p. 309.*

A

Exercise 1   Obtaining a table and the menu

Play the part of Robert Robinson in the following dialogue and obtain a table for four and the menu.

Usted: (*Ask if he has a table free.*)
Camarero: ¿Para cuántos?
Usted: (*Say for four.*)
Camarero: Sí, señor. Por aquí.
Usted: (*Thank him. Ask for the menu.*)
Camarero: Aquí tiene usted.

Exercise 2   Ordering a meal

Order the following meal: fish soup, steak and chips, a bottle of red wine and ice cream.

Camarero: ¿Qué va a tomar?
Usted: (*Order fish soup.*)
Camarero: ¿Y después?
Usted: (*Order steak and chips.*)
Camarero: ¿Y para beber? ¿Toma vino?
Usted: (*Order a bottle of red wine.*)
Camarero: ¿Toma postre?
Usted: (*Order an ice-cream.*)

Exercise 3   Polite requests

Ask the waiter to bring you the following things.
Example: A bottle of white wine. ¿Quiere traerme una botella de vino blanco?

1   A mixed salad.
2   Peas with ham.
3   Roast chicken with chips.
4   Ice-cream cake.
5   A bottle of mineral water.
6   Some more bread.
7   Some more wine.
8   A black coffee.
9   A brandy.
10   The bill.

Exercise 4 Explaining what you are going to have

Example: ¿Qué va a tomar? (Scrambled eggs with tomato) Voy a tomar huevos revueltos con tomate.

1 ¿Qué va a tomar? (Russian Salad)
2 ¿Qué va a tomar? (A French omelette and chips)
3 ¿Qué va a tomar? (Squid in batter)
4 ¿Qué va a tomar? (Pork chops with chips)
5 ¿Qué va a tomar? (A caramel custard)
6 ¿Qué va a tomar? (A banana)
7 ¿Qué va a tomar? (Cheese from La Mancha)
8 ¿Qué va a tomar? (White coffee)
9 ¿Qué va a tomar? (Peaches in syrup)
10 ¿Qué va a tomar? (An apple)

Exercise 5 Getting exactly what you want

Correct the waiter. If he offers you something *with*, order it *without* and vice versa.
Example: Una tortilla con patatas, ¿verdad? No, una tortilla sin patatas.

1 Agua mineral con gas, ¿verdad?
2 Un bistec con patatas, ¿verdad?
3 Agua mineral sin gas, ¿verdad?
4 Pollo asado con patatas, ¿verdad?
5 Merluza rebozada sin patatas, ¿verdad?

Exercise 6 Simple orders

Give simple orders to the waiter.
Example: ¿Qué le traigo? (Mixed hors d'oeuvres) Tráigame entremeses variados.

1 ¿Qué le traigo? (Consommé)
2 ¿Qué le traigo? (Green beans with tomato)
3 ¿Qué le traigo? (Artichoke hearts in batter)
4 ¿Qué le traigo? (Hake in batter)
5 ¿Qué le traigo? (Baked sea bream)
6 ¿Qué le traigo? (Roast lamb)
7 ¿Qué le traigo? (Caramel custard)
8 ¿Qué le traigo? (A bottle of red wine)
9 ¿Qué le traigo? (A black coffee and a brandy)
10 ¿Qué le traigo? (The bill)

B

Exercise 7 Giving orders

Answer the following questions with polite orders.
Example: ¿Le pongo veinte litros? Sí, póngame veinte litros.

1   ¿Le traigo la cuenta?
2   ¿Le doy la dirección?
3   ¿Le escribo el precio?
4   ¿Le sirvo la sopa?
5   ¿Le digo el número de teléfono?

Exercise 8   Saying what you are going to do

Example: ¿Qué va usted a comprar?
Voy a comprar un vestido.

1   ¿Qué va usted a tomar?

2   ¿Qué va usted a beber?

3   ¿Qué va usted a visitar?

4   ¿Qué va usted a ver?

5   ¿Qué va usted a leer?

Exercise 9   Saying how you feel

Answer the following questions in three ways.
Example: ¿Tiene usted sed?   Sí, tengo sed.
                              Sí, tengo mucha sed.
                              No, no tengo sed.

1   ¿Tiene usted hambre?
2   ¿Tiene usted calor?
3   ¿Tiene usted frío?
4   ¿Tiene usted sueño?
5   ¿Tiene usted sed?

¿Comprende usted el español hablado?

(Listening exercises)

A

¿Qué va a tomar?

You are a Spanish waiter. Look at the menu on pages 99–100, listen to the tape and write down what the customers order to eat and drink.

B

¿Qué comes?

Listen to the tape and answer the questions in English. Mark the following statements as 'true', 'false' or 'do not know'.

1 Manolo's favourite food is fish.
2 He likes a good wine with his food.
3 He prefers a young, white wine.
4 His friend prefers prawns.
5 He likes prawns cooked in batter.
6 Neither of the two has an afternoon snack.
7 Manolo's friend sometimes has a sandwich in mid-afternoon.

¿Comprende usted el español escrito?

(Reading exercises)

A

Look at the menu on page 102 and write answers to the following questions.

1 Name the first courses.
2 Name the desserts.
3 What is slightly odd about the hamburgers?
4 What is included in the price as well as two courses and a dessert?

B

Look at this page from a Spanish waiter's note-pad and the menu on pages 99–100. What would you tell the cook to prepare if you were the waiter? (Give your answers in English.)

```
2 Sopas de p.
2 Ensal. mix.
3 Tort. Fran.
1 Atún con t.
2 Cord. asado.
2 F. de tern.
1 Vino tinto
1 agua min. con g.
```

Rompecabezas

(Puzzles)

A

Can you unravel the anagrams to make sense of the following dialogue and write out the scrambled words correctly? Check your answers on page 319.

Camarero: Buenos días, señora. ¿Qué va a **romat**?
Usted: **Megatria** la carta, por favor.
Camarero: Aquí tiene usted.
Usted: Vamos a ver. **Semonoc,** sopa de **daspoce, mealsarca a la manaro**. ¿Qué recomienda usted?
Camarero: La **zularem** es muy buena hoy, señor.
Usted: Muy bien. Voy a tomar una ensalada de **gachule y meatot** y luego la **zularem.**
Camarero: En seguida, señor.

B

¿Verdad o mentira ? (True or false)

Mark these Spanish dishes as being correct or incorrect, and correct the incorrect ones.

Una ensalada de lechuga y pescado.
Una tortilla francesa.
Una tortilla alemana.
Huevos revueltos con guisantes.
Besugo al horno.
Calamares en almíbar.
Queso manchego.
Sopa rusa.
Atún con tomate.
Tarta del tiempo.

¿Adónde vamos ?

Obtaining services – 1

🔊 Dialogues

Dialogue 1

The Robinsons decide to travel on to Toledo, an ancient city some 80 kilometres south of Madrid. They leave their hotel and approach the taxi rank – *la parada de taxis*.

Robert: ¿Está libre?
Taxista: Sí, señor. ¿Adónde les llevo?
Robert: A la estación de Atocha, por favor.
Taxista: Muy bien. Suban ustedes. ¿Tienen ustedes prisa?
Robert: No. Vamos a Toledo, pero no sé a qué hora sale el tren.
Taxista: Bueno. Vamos a la estación entonces.

Dialogue 2

They arrive at Atocha Station and Mr Robinson goes to the ticket office–el despacho de billetes.

Robert: ¿A qué hora sale el próximo tren para Toledo?
Taquillera: Sale a las once y media.
Robert: Dos billetes, por favor.
Taquillera: ¿De ida y vuelta o sólo de ida?
Robert: De ida y vuelta.
Taquillera: ¿De qué clase, primera o segunda?
Robert: De segunda.
Taquillera: Muy bien. Dos billetes de ida y vuelta segunda clase para Toledo son novecientas pesetas.
Robert: ¿Tiene cambio de cinco mil pesetas?
Taquillera: Sí, claro. Cien son mil; más cuatro mil, son cinco mil.
Robert: Gracias. ¿De dónde sale el tren?
Taquillera: Andén número doce. Por allí y a la derecha.

Dialogue 3

On the train the ticket collector – el revisor – arrives.

Revisor: Billetes, por favor.
Robert: Aquí tiene usted.
Revisor: Gracias, señor.
Robert: ¿A qué hora llega el tren a Toledo?
Revisor: A la una menos cuarto, señor.
Robert: Y, ¿se puede tomar café en el tren?
Revisor: Lo siento, señor, pero en este tren no hay coche comedor.

Dialogue 4

The Robinsons arrive in Toledo at lunchtime and there are no taxis on the taxi rank. Mr Robinson approaches a porter – un mozo.

Robert: Perdón, señor. No hay taxis libres. ¿Qué hago para llegar al centro de la ciudad?
Mozo: ¿Adónde quiere usted ir?
Robert: No lo sé exactamente. Al centro de la ciudad.
Mozo: Pues, coja usted el autobús número tres, que sale de delante de la estación, y baje en la Plaza de Zocodover, que está en el centro de la ciudad.
Robert: Gracias. ¿Conoce usted un buen hotel en Toledo?
Mozo: Sí. El Hotel Suizo es muy bueno y muy barato.
Robert: Y, ¿dónde está el Hotel Suizo?
Mozo: Está en la Plaza de Zocodover, número doce, señor.
Robert: Muchas gracias.
Mozo: De nada, señor.

Vocabulary

¿adónde?	where to?
les	you (plural object pronoun)
llevar	to take (of people), to wear (of clothing)
llevo	I take
la estación	station
subir	to get in, go up
suban ustedes	get in (plural imperative)
la prisa	hurry, haste
tener prisa	to be in a hurry
¿tienen ustedes prisa?	are you in a hurry?
próximo/a/os/as	next
el tren	train
el billete	ticket
de ida	one way/single
de ida y vuelta	return
sólo	only
segundo/a/os/as	second
el cambio	change
¿tiene cambio?	do you have change?
el andén	platform
allí	there
por allí	over there
poder (ue)	to be able, can
¿se puede?	can one? is it possible?
sentir (ie)	to feel
lo siento	I'm sorry (I feel it)
el coche comedor	dining car
lo	it (object pronoun)
exactamente	exactly
el autobús	bus
delante de	in front of
bajar	to get out, go down
la plaza	square
conocer	to know, be familiar with
¿conoce usted?	do you know?

Explanations

(a) Transport

The Spanish nationalised *railway* system is called 'la Renfe' (Red Nacional de los Ferrocarriles Españoles). Trains have different names and you pay different prices to travel on them with the highest prices being charged to travel on the fastest trains.

SALIDAS

TREN	DESTINO	HORA	VIA
		14 0 0	6
TALGO	MALAGA	14 3 0	
TALGO	SEVILLA - CADIZ	15 0 0	
TALGO	GRANADA - ALMERIA	15 0 5	
TER	BADAJOZ CIUDAD REAL		
TRANVIA	ARANJUEZ	13 0 5	2
TRANVIA	FUENLABRADA	13 2 0	
FERROBUS	CUENCA	13 2 5	6
TRANVIA	PARLA	13 3 0	

The principal trains are:

Intercity – Similar to the British train.
AVE – the high speed train similar to the French TGV.
Talgo – a fast, air-conditioned train and among the best found in Spain.
TER (Tren Español Rápido) – a fast, air-conditioned, diesel-electric train.
Electrotren – a fast, air-conditioned, electric train.
Rápido, expreso – a long-distance, stopping train.
Tranvía – a stopping train covering short distances only. Similar to suburban commuter trains.

For long journeys it is advisable to book a ticket and a seat in advance because, when all the seats are sold, no more tickets are issued for that train. To book a seat you go to a Renfe office (oficina de viajes Renfe) or a travel agent (agencia de viajes). In some stations special ticket offices (taquillas) issue reserved seats and tickets and announce this with a special notice, 'Venta anticipada'. When you arrive at the station to take your train, two boards labelled 'Llegadas' (Arrivals) and 'Salidas' (Departures) will help you find out where and when your train leaves. A time will be given together with reference to track (vía) or platform (andén) and, at the head of the platform, you will probably find a board which gives you full information:

> Vía 5
> Tren: TER
> Destino: Sevilla
> Salida: 12.30

Taxis in Spain are easily recognised because they have a broad coloured stripe along the side. In Madrid this stripe is red, but it varies from city to city. They also carry a sign 'Libre' when they are free and 'Ocupado' when they are engaged by day, and a green or red light at night.

Buses are easy to use because they normally have a fixed fare for all journeys. On a one-man bus you pay the driver as you get on, but on some buses the conductor (cobrador) takes your fare. (He does not come around the bus collecting fares and so you must pay before you sit down.) The bus stop (la parada de autobús) is usually clearly marked with the number of the bus which stops there and the main points in the city which the route serves. All stops are request stops and the bus will stop only if you signal. If you are on the bus and wish to get off, you also give a signal to the driver by either pressing a bell or pulling a cord. In some cities, such as Madrid, there is a 'microbús' service of small buses which are particularly fast.

A

(b) Asking where things are – grammar ref 8

Position

¿Dónde está la parada de autobús?	Where is the bus stop?

Direction towards

¿Adónde va usted?	Where are you going?

Direction from

¿De dónde es usted?	Where are you from?

(c) Saying you are in a hurry – grammar ref 15

You use the phrase 'tener prisa' to tell someone you are in a hurry:

Tengo prisa.	I'm in a hurry.
¿Tiene usted prisa?	Are you in a hurry?

'La prisa' is a feminine noun and is therefore modified with 'mucha':

Tengo mucha prisa.	I'm in a great hurry.

(d) Saying that you know something – grammar ref 13

The verb 'saber' is slightly irregular and has an irregular first person singular:

No sé a qué hora sale el tren.	I don't know what time the train leaves.

The rest of the verb is regular:

¿Sabe usted la dirección?	Do you know the address?

(e) Expressing 'next' in a series

'Próximo' is used to express 'next':

¿A qué hora sale el tren?	What time does the train leave?
¿A qué hora sale el próximo tren?	What time does the next train leave?
Vive en la próxima calle.	He lives in the next street.

(f) Expressing the destination of something

If something is destined for somewhere or someone you use the word 'para' to express this idea:

Este recado es para usted.	This message is for you.
¿Es éste el tren para Toledo?	Is this the train for Toledo?

Do not say '¿Es éste el tren de Toledo?' for that may be taken to mean the train coming from Toledo rather than the one going to Toledo.

(g) Asking for single and return tickets

Un billete de ida, por favor.	A single ticket, please.
Un billete de ida y vuelta, por favor.	A return ticket, please.

(h) Asking for change

'El cambio' is 'change' and to ask if someone has change you say '¿Tiene cambio de' + the amount?

¿Tiene cambio de cinco mil pesetas?	Have you got change for 5000 pesetas?

'Cambio' is also the sign over banks or travel agents where money can be changed.

(i) Establishing departure and arrival times – grammar ref 3

¿A qué hora sale el tren?	What time does the train leave?
¿A qué hora llega el autobús?	What time does the bus arrive?

(j) Asking if something is possible – grammar ref 7(iii)

'Se puede' + infinitive is the basic way of asking if something is possible or permitted:

¿Se puede tomar café en el tren?	Is it possible to get coffee on the train?
¿Se puede aparcar en esta calle?	Is parking allowed in this street?

(k) Expressing regret – grammar ref 7(iv)

'Sentir' means 'to feel' and is used to express regret in the phrase 'lo siento':

¿Está el señor Posada?	Is Mr Posada in?
Lo siento, pero no está.	I'm sorry, but he's not in.

An expression of extreme regret is achieved by adding 'mucho' after the phrase:

Lo siento mucho, pero no sé la dirección.	I'm very sorry, but I don't know the address.

(l) Asking what you should do

Necesito sellos. ¿Qué hago?	I need some stamps. What do I do?
El banco está cerrado.	The bank is shut.
¿Qué hago?	What do I do?

'Hago' is the first person singular of the verb 'hacer' and is irregular.

(m) Saying that you are familiar with or know of something – grammar ref 13

The verb 'saber', seen earlier, is used to say you know a fact. The verb 'conocer' is used to say you know of something – that is, you are familiar with it. This verb also has an irregular first person singular, 'conozco':

¿Conoce usted la ciudad?	Do you know (are you familiar with) the city?
Sí, conozco la ciudad bastante bien.	Yes, I know the city fairly well.

B

(n) Saying what you wear

'Llevar' is used to mean 'to take' people somewhere, but is also used to express what you wear:

Siempre llevo un traje cuando voy a la oficina.	I always wear a suit when I go to the office.

(o) Personal pronouns – grammar ref 5(i)

The following pronouns are used to refer to people:

Me	*Me*
Me mira.	He looks at me.
Te	*You (singular, familiar – family and friends)*
Te quiero.	I love you.

| Le | Him |
| Le miran. | They look at him. |

| La | *Her* |
| La ve. | He sees her. |

| Le | *You (polite – replacing the 'usted' pronoun, masc.)* |
| Le creo. | I believe you. |

| La | *You (polite – replacing the 'usted' pronoun, fem.)* |
| La escucho. | I listen to you. |

(p) Saying you can do something – grammar ref 13

Two verbs are used to express 'can do something'. 'Poder' is used to express 'can' in the sense of having permission to, and has the following forms:

Puedo fumar en la oficina.	I can smoke in the office.
No puedes dormir aquí.	You can't sleep here.
Marta no puede venir.	Martha cannot come.
Usted puede entrar ahora.	You can go in now.
¿Puede usted decirme la hora?	Can you tell me the time?

'Saber' is used to express 'can' in the sense of knowing how to, and has the following forms:

No sé bailar muy bien.	I can't (don't know how to) dance very well.
¿Sabes hablar francés?	Can you speak French?
Juan sabe hacer una paella.	John can make a paella.
¿Sabe usted jugar al tenis?	Can you play tennis?

(q) Expressing that things are made, sold, etc. – grammar ref 7(iii)

The pronoun 'se' is used with almost any verb to express the passive form of the verb (is made, are sold, etc.):

¿Dónde se vende el pan?	Where is bread sold? (Literally where does bread sell itself?)
¿Dónde se compran los bolsos?	Where are handbags bought?
El vino se bebe mucho en España.	Wine is drunk a lot in Spain.
Los billetes se sacan en la taquilla.	Tickets are obtained at the ticket office.

(r) Adjectives which have a short form

Three common adjectives shorten before masculine singular nouns. They are 'bueno', 'primero' and 'tercero':

Es un buen vino, ¿verdad?	It's a good wine, isn't it?
Está en el primer piso.	It's on the first floor.
Vaya usted al tercer piso.	Go to the third floor.

Exercises

- *The key to these exercise begins on p. 311.*

A

Exercise 1   Obtaining a taxi and stating the destination

Play the part of Robert Robinson in the following dialogue.

Usted: (*Ask if he is free.*)
Taxista: Sí, señor. ¿Adónde les llevo?
Usted: (*Say to Atocha Station, please.*)
Taxista: Muy bien. Suban ustedes.

Now repeat the exercise, but ask the taxi driver to take you to the Plaza Mayor and you are in a hurry.

Usted: (*Ask if he is free.*)
Taxista: Sí señor. ¿Adónde les llevo?
Usted: (*Say to the Plaza Mayor.*)
Taxista: Muy bien. Suban ustedes. ¿Tienen ustedes prisa?
Usted: (*Say yes, you are in a hurry.*)

Exercise 2   Finding out train times and booking tickets

Play the part of Robert Robinson in the following dialogue.

Usted: (*Ask when the next train leaves for Toledo.*)
Taquillera: Sale a las once y media.
Usted: (*Ask for two tickets, please.*)
Taquillera: ¿De ida y vuelta o sólo de ida?
Usted: (*Ask for return tickets.*)
Taquillera: ¿De qué clase, primera o segunda?
Usted: (*Say second-class.*)
Taquillera: Muy bien.

Now repeat the exercise and book a first-class single ticket to Barcelona, having first found out when the next train leaves.

Exercise 3   Asking for change

Ask if the ticket-office clerk has change for the following.
Example: 1000 pesetas. ¿Tiene cambio de mil pesetas?

1 500 pesetas.
2 100 pesetas.
3 5000 pesetas.
4 50 pesetas.
5 2000 pesetas.

Exercise 4 Asking arrival times

Example: Train/Toledo. ¿A qué hora llega el tren a Toledo?

1 Train/Madrid.
2 Bus/city centre.
3 Taxi/hotel.
4 Train/coast.
5 Bus/museum.

Exercise 5 Asking if something is possible or permitted

Example: Have coffee/here. ¿Se puede tomar café aquí?

1 Park/here.
2 Smoke/in this room.
3 Eat/now.
4 Go into/the museum.
5 Try on/this dress.

Exercise 6 Stating that something is or is not permitted

Examples: ¿Se puede fumar en el teatro en España? (No) No se puede fumar
          en el teatro en España.
          ¿Se puede fumar en un bar en Inglaterra? (Sí) Sí, se puede fumar
          en un bar en Inglaterra.

1 ¿Se puede aparcar en esta calle? (No)
2 ¿Se puede tomar vino con la comida? (Sí)
3 ¿Se puede jugar al golf aquí? (Sí)
4 ¿Se puede hacer café en la habitación? (No)
5 ¿Se puede comer más tarde? (Sí)

Exercise 7 Asking if someone knows of certain places

Example: Un buen hotel. ¿Conoce usted un buen hotel por aquí?

1 Un buen café.
2 Una buena discoteca.
3 Una buena tienda de modas.
4 Un buen restaurante.
5 Una buena farmacia.

Exercise 8   Can you or can't you?

Answer the following questions in two ways.
Example: ¿Sabe usted nadar? Sí, sé nadar.
         No, no sé nadar.

1   ¿Sabe usted hablar francés?
2   ¿Sabe usted bailar?
3   ¿Sabe usted hacer café?
4   ¿Sabe usted jugar al golf?
5   ¿Sabe usted hablar inglés?

Now repeat the exercise and give genuine answers.

Exercise 9   Do you know them or don't you?

Example: ¿Conoce usted a este señor? (No) No, no le conozco.

1   ¿Conoce usted a mi mujer? (Sí)
2   ¿Conoce usted a mis primos? (No)
3   ¿Conoce usted a esta señora? (No)
4   ¿Conoce usted a estos señores? (No)
5   ¿Conoce usted la ciudad? (Sí)

Exercise 10   Asking where things are sold, made, bought, etc.

Example: Los zapatos/vender. ¿Dónde se venden los zapatos?

1   Los cigarrillos/comprar.
2   Los relojes/vender.
3   Las camisas/hacer.
4   El vino/vender.
5   Los trajes/hacer.

¿Comprende usted el español hablado?

(Listening exercises)

A

En la taquilla

Listen to the tape and write down in English where the traveller wishes to go, at what time she wants to arrive and what type and class of ticket she wants.

MADRID-ALICANTE R8

	RAPIDO	ELECTRO.	ESTRELLA	TALGO	INTERCITY	EXPRESO	EXPRESO
	(1)	(2)	(3)	(4)	(5)	(6)	(7)
MADRID-Chamartín	8,45	12,30	15,30	16,15	18,30	23,35	23,45
MADRID-Mediodía	8,57	12,41		16,26	18,41		
ALBACETE	12,11	14,59	18,22	18,44	20,59	4,40	4,40
Villena	13,18		19,23	19,42		6,33	6,33
Elda-Petrel	13,32		19,36	19,53	22,06	6,58	6,58
ALICANTE	13,58	16,26	20,05	20,15	22,29	7,45	7,45

(1) RAPIDO. Suplem. E. 1.ª, 2.ª (Madrid-Alicante). Cafetería. Guardería. Autocares entre Alicante-Benidorm/Torrevieja/Campello/Villajoyosa y Campoamor.
(2) ELECTROTREN. Suplem. B. 1.ª, 2.ª (Madrid-Alicante). Cafetería.
(3) ESTRELLA «NARANCO». Suplem. D. Circula los sábados y además los miércoles, entre el 6-VII al 14-IX-88. 2.ª (Gijón-Alicante). Cafetería. Rail Club. Servicio combinado autocares entre Alicante y Benidorm/Campello/Villajoyosa/Torrevieja y Campoamor.
(4) TALGO. Suplem. A. 1.ª, 2.ª (Madrid-Alicante). Cafetería y vídeo. Servicio combinado autocares entre Alicante y Benidorm/Campello/Villajoyosa/Torrevieja y Campoamor.
(5) INTERCITY. Suplem. B. 1.ª, 2.ª (Madrid-Alicante). Cafetería.
(6) EXPRESO. No circula del 24-VI al 17-IX. 1.ª, 2.ª, camas, literas. Autoexpreso (Madrid-Alicante).
(7) EXPRESO «COSTA BLANCA». Circula del 24-VI al 17-IX. 1.ª, 2.ª, camas, literas. Autoexpreso (Madrid-Alicante). Servicio combinado de autocares entre Alicante y Benidorm/Campello/Villajoyosa/Torrevieja y Campoamor.

42

¿Qué coges?

Listen to the tape and answer the questions in English. You may find you need to look up in your dictionary two or three forms of transport, but see if you can guess them first.

1 How does the woman like to travel?
2 How does the man usually travel?
3 What does he do if he cannot use that means of transport?
4 How does the man travel to work?
5 Why?
6 How does the woman travel to work?
7 How does she travel when on holiday?
8 How does the man describe this means of transport?
9 What does she say about it?

¿Comprende usted el español escrito?

(Reading exercises)

A

Look at the page from the RENFE timetable opposite and answer the questions in English.

1 What is meant by 'Suplem.' in the footnotes?
2 What facilities are available on the Rápido?
3 On which days does the Estrella 'Naranco' run?
4 What facilities are available on the Expreso?
5 Is the Expreso a daily service?
6 How do you reach Benidorm/Campello/Villajoyosa etc. if you travel on the Talgo?

Rompecabezas

(Puzzles)

En la agencia de viajes

Can you put this conversation in the right order?

- Todo depende del precio. ¿Cuánto vale en tren?
- En tren es más caro – dos mil quinientas pesetas – pero es más rápido y más cómodo, claro.
- A las tres y media de la tarde.
- Buenos días. ¿Qué desea?
- Pues deme un billete en tren para mañana.
- ¿Cómo quiere ir, en tren o en autocar?
- Muy bien, señorita.
- Quisiera ir a Barcelona.
- ¿Y en autocar?
- ¿A qué hora sale el tren?
- En autocar son mil trescientas pesetas, ida y vuelta.

10 ¿Tiene una habitación libre?

Obtaining services – 2

Dialogues

Dialogue 1

The Robinsons arrive at the Hotel Suizo. They go in and approach the reception desk – recepción – where a young lady greets them.

Recepcionista: Buenas tardes. ¿En qué puedo servirle?
Robert: Buenas tardes. ¿Tiene una habitación libre?
Recepcionista: ¿Individual o doble?
Robert: Doble, por favor.
Recepcionista: ¿Con cuarto de baño?
Robert: Sí.
Recepcionista: Vamos a ver. Doble con cuarto de baño. Sí, la quince está libre. ¿Para cuántos días?
Robert: Para tres días; hasta el viernes.
Recepcionista: Muy bien.
Robert: ¿Cuánto vale la habitación?
Recepcionista: La habitación vale ocho mil pesetas por día. Luego tiene usted las comidas.
Robert: ¿Cuánto valen las comidas?
Recepcionista: El desayuno vale cuatrocientas pesetas, el almuerzo y la cena valen dos mil pesetas cada uno.
Robert: Doce mil cuatrocientas pesetas por día entonces.
Recepcionista: No, señor. La pensión completa vale un poco menos: doce mil pesetas por día. ¿Quiere usted la pensión completa?
Robert: Sí, por favor.
Recepcionista: Ustedes son ingleses, ¿verdad?
Robert: Eso es.
Recepcionista: ¿Quiere rellenar este impreso, por favor?
Robert: Sí. ¿Qué piso es?
Recepcionista: Segundo piso. Aquí tiene usted la llave.
Robert: Gracias.

Dialogue 2

After a brief examination of the room Joan Robinson is not entirely satisfied and calls the porter – el portero.

Joan: ¡Oiga! ¿Quiere venir un momento?
Portero: Sí, señora.
Joan: Me parece que esta toalla no está limpia, y la luz en el cuarto de baño no funciona.
Portero: ¡Perdone usted, señora! Voy a cambiar la toalla en seguida y a arreglar la luz en el cuarto de baño.
Joan: Gracias.

Dialogue 3

The Robinsons decide to go out for a walk before dinner and ask for a town plan at the receptionist's.

Joan: Señorita, ¿tiene usted un plano de la ciudad?
Recepcionista: Sí, señora. Aquí tiene usted.

El Alcázar

Joan: Gracias. ¿Por dónde se va al Alcázar?

Recepcionista: Salga usted del hotel, tuerza a la derecha y siga todo derecho. El Alcázar es el edificio muy grande al final de la calle.

Joan: Gracias. ¿A qué hora se sirve la cena?

Recepcionista: A partir de las ocho y media hasta las once, señora.

Joan: Gracias. Adiós.

Recepcionista: Adiós.

Vocabulary

servir (i)	to help, serve
¿en qué puedo servirle?	how can I help you?
¿a qué hora se sirve ...?	at what time is ... served?
le/la	you (polite)
individual	single
doble	double
el cuarto de baño	bathroom
viernes	Friday
por día	per day, a day
el desayuno	breakfast
el almuerzo	lunch
cada	each
cada uno/a	each one
la pensión completa	full board
un poco	a little
rellenar	to fill in

el impreso	form
el portero	porter (in hotel)
la toalla	towel
limpio/a/os/as	clean
la luz	light
funcionar	to work (of lights, machines, etc.)
perdonar	to forgive
¡perdone usted!	forgive me
cambiar	to change
arreglar	to repair, fix
el plano	plan, map (of a city)
salir	to leave, go out
salga usted	go out (imperative)
torcer (ue)	to turn, twist
tuerza	turn (imperative)
seguir (i)	to carry on, follow
siga	carry on (imperative)
todo derecho	straight ahead
el edificio	building
a partir de	from (of time or money)

Explanations

(a) Hotels

Hotels in Spain, as in many other countries, indicate their category with stars, with five stars indicating an expensive, luxury hotel and one star indicating a cheap, simple hotel. A 'hostal' will be slightly cheaper than a hotel with the same star-rating and a 'pensión' will be a simple boarding-house. All hotels are controlled by the 'Ministerio de Comercio y Turismo' and all must display a price list (tarifa de precios) in every room. The 'tarifa de precios' will tell you the price of the rooms, with a maximum price charged for meals and other services provided by the hotel. 'Paradores' are a state-owned chain of hotels many of which are converted castles which have been beautifully restored to their previous splendour. A list of the 'paradores' can be obtained from the Spanish Tourist Office (see page 358 for the address). The tourist office (oficina de información y turismo) in any city can provide a list of the hotels in that city together with the prices they charge.

A

(b) Asking for a room

You ask if the hotel has a room with the phrase:

¿Tiene una habitación libre?   Have you got a room available?

You make known your detailed requirements by using the following words:

| ¿Individual o doble? | Single or double? |
| Doble, por favor. | Double, please. |

If you require a twin-bedded room, you say:

Con dos camas.	With two beds.
¿Con cuarto de baño o con ducha?	With a bath or a shower?
Con ducha.	With a shower.

(c) Days of the week

These are as follows:

lunes	Monday
martes	Tuesday
miércoles	Wednesday
jueves	Thursday
viernes	Friday
sábado	Saturday
domingo	Sunday

The days of the week are always written with a small initial letter and 'on + day of the week' is expressed by 'el + day of the week':

| El martes voy a Granada. | On Tuesday I'm going to Granada. |

To express a regular habit you use 'los' with the day:

| Los miércoles no trabajo. | On Wednesday I don't work. |

Saturday and Sunday are the only two days which have a plural form:

| Los sábados voy al cine. | On Saturdays I go to the cinema. |
| Los domingos juego al golf. | On Sundays I play golf. |

(d) Expressing how much per hour, day, week, month, etc. – grammar ref 3

You simply place 'por' in front of the relevant noun:

Doscientas pesetas por hora.	200 pesetas an hour.
Mil pesetas por día.	1000 pesetas a day.
Cinco mil pesetas por semana.	5000 pesetas a week.
Diez mil pesetas por mes.	10 000 pesetas a month.

(e) Expressing opinions – grammar ref 14

One way to do this is to use 'creo que' + phrase. Simple opinions can then be expressed as follows:

| Creo que sí. | I think so. |
| Creo que no. | I think not. |

Creo que está en Nueva York.	I think he's in New York.

Another way is to use 'me parece' + adjective or 'me parece' + phrase:

¿Qué le parece la habitación?	What do you think of the room?
Me parece muy bonita.	I think it's very nice. (It seems very nice to me.)
¿Llueve?	Is it raining?
Me parece que no llueve.	I think it's not raining. (It seems to me that it is not raining.)

(f) Making complaints and getting things put right – grammar ref 8

(i) Clean and dirty

¿Está limpio el cuarto de baño?	Is the bathroom clean?
Esta toalla está sucia.	This towel is dirty.

'Estar' is used with these two adjectives because being clean or dirty is a temporary condition.

(ii) Getting things changed or repaired

If something does not work, the phrase you use is:

No funciona.	It does not work.
La luz no funciona.	The light does not work.
El teléfono no funciona.	The telephone does not work.

To ask for something to be changed, you say:

¿Quiere cambiar ...?	Will you change ...?
¿Quiere cambiar las toallas?	Will you change the towels?

To ask for something to be repaired, you say:

¿Puede arreglar ...?	Can you repair ...?
¿Puede arreglar la luz?	Can you repair the light?
¿Puede arreglar estos zapatos?	Can you repair these shoes?

(g) More ways of finding your way about – grammar ref 11

In Chapter 4 you learned some basic ways of finding your way about a town and you should revise them before tackling these new ways:

Salga del hotel.	Leave the hotel.
Tuerza a la derecha.	Turn right.
Tuerza a la izquierda.	Turn left.
Siga todo derecho.	Carry on straight ahead. (Note the difference between 'todo derecho' and 'a la derecha'.)

(h) Finding out when something happens – grammar ref 7(iii)

By placing the pronoun 'se' in front of many third person singular or plural verbs you can find out when or how things are done:

¿A qué hora se sirve la cena?
>What time is dinner served? (What time does dinner serve itself?)

¿A qué hora se abre el banco?
>What time is the bank open? (What time does the bank open itself?)

¿Dónde se vende el tabaco?
>Where is tobacco sold? (Where does tobacco sell itself?)

B

(i) Radical-changing verbs – grammar ref 7(iv)

Most verbs have a stem which does not change and an ending which does. For example:

Como mucho.	I eat a lot.
Comes poco.	You eat little.
Come demasiado.	He eats too much.

Some verbs change both the stem and the ending and can be grouped into three types.

(i) Verbs which change '-e-' into '-ie-' in the stem

● *The change is underlined.*

Empezar	*To begin*
Empiezo a las siete.	I begin at seven o'clock.
Empiezas más tarde.	You begin later.
Empieza a la una.	He begins at one o'clock.

The change affects the first, second and third persons singular and the third person plural. Verbs which change in the same way are as follows:

Preferir	*To prefer*
Prefiero las rubias.	I prefer blondes.
Querer	*To wish, want, love*
Te quiero mucho.	I love you very much.
Sentarse	*To sit down*
Me siento en la sala de estar.	I sit down in the living-room.
Sentir	*To feel, regret*
Lo siento mucho.	I'm very sorry. (I feel it a lot.)
Tener	*To have (Note: 'tengo' = I have)*
¿Qué tiene usted?	What have you got?
Venir	*To come (Note: 'vengo' = I come)*
¿A qué hora viene el autobús?	What time does the bus come?

Nevar | To snow
Ni**e**va mucho en los Pirineos. | It snows a lot in the Pyrenees.

Verbs which change in this way are indicated in the vocabularies as follows:

Empezar (ie) | To begin

(ii) Verbs which change '-u-' or '-o-' into '-ue-' in the stem

● *The change is underlined.*

Jugar | *To play*
J**ue**go al golf. | I play golf.

Poder | *To be able, can*
¿P**ue**de usted decirme? | Can you tell me?

Dormir | *To sleep*
Mi marido d**ue**rme mal. | My husband sleeps badly.

Acostarse | *To go to bed*
Me ac**ue**sto tarde los sábados. | I go to bed late on Saturdays.

Llover | *To rain*
Ll**ue**ve mucho en Inglaterra, ¿verdad? | It rains a lot in England, doesn't it?

Probarse | *To try on (of clothing)*
Marta se pr**ue**ba la falda. | Martha tries the skirt on.

Verbs which change in this way are indicated in the vocabularies as follows:

Jugar (ue) | To play
Poder (ue) | To be able, can

(iii) Verbs which change '-e-' into '-i-' in the stem

● *All of these verbs belong to the '-ir' category. The change is underlined.*

Pedir | *To ask for*
¿Qué p**i**de usted? | What are you asking for?

Servir | *To serve, help, be used for*
¿Para qué s**i**rve? | What's it used for?

Seguir | *To follow, carry on (Note: 'sigo' = I follow)*

Pedro s**i**gue por la calle. | Peter carries on along the street.

Verbs which change in this way are indicated in the vocabularies as follows:

Pedir (i) | To ask for

(j) *Expressing needs – grammar ref 14*

This can be done by using the verb 'quiero', I want:

Quiero un café.	I want a coffee.

However, two other ways are as follows:

<u>Necesitar</u>

Necesito una toalla limpia.

To need

I need a clean towel.

<u>Hacer falta</u>

Me hace falta un plano de la
   ciudad.

Me hacen falta unos zapatos.

To need, lack

I need a plan of the city ('hace'
   because 'plano' is singular).

I need some shoes ('hacen' because
   'zapatos' is plural).

Exercises

● *The key to these exercises begins on p. 314.*

A

Exercise 1   Booking a room

Play the part of Robert Robinson in the following dialogue; book yourself a
double room with bath.

Recepcionista: Buenas tardes. ¿En qué puedo servirle?
Usted: (*Say good afternoon. Ask if they have a room free.*)
Recepcionista: ¿Individual o doble?
Usted: (*Say double, please.*)
Recepcionista: ¿Con cuarto de baño o con ducha?
Usted: (*Say with a bath.*)

Now repeat the exercise and book a single room with a shower.

Exercise 2   Finding out the price

Establish the price charged for the room and meals and accept the terms.

Usted: (*Ask how much the room costs.*)
Recepcionista: La habitación vale ocho mil pesetas por día. Luego tiene usted
   las comidas.
Usted: (*Ask how much the meals cost.*)
Recepcionista: El desayuno vale cuatrocientas pesetas, el almuerzo y la cena
   valen dos mil pesetas cada uno.
Usted: (*Suggest that full board costs 12,400 pesetas per day.*)
Recepcionista: No. La pensión completa vale un poco menos: doce mil
   pesetas por día. ¿Quiere usted la pensión completa?
Usted: (*Say yes, please.*)

Exercise 3 Making complaints

Complain that the towel is not clean and the light does not work in the bathroom.

Usted: (*Say that it seems to you that this towel is dirty and the light in the bathroom does not work.*)

Portero: ¡Perdone usted!

Now repeat the exercise and complain that the bed is dirty and the telephone does not work.

Exercise 4 Saying when you do things

Example: ¿Qué día juega usted al golf? (Monday) Juego al golf el lunes.

1 ¿Qué día va usted a Sevilla? (Wednesday)
2 ¿Qué día empieza usted su trabajo? (Friday)
3 ¿Qué día sale usted para Córdoba? (Thursday)
4 ¿Qué día llega usted a Barcelona? (Tuesday)
5 ¿Qué día está usted libre? (Saturday)

Exercise 5 Understanding what things cost

Explain to a friend, who does not speak Spanish, what things cost.
Example: Vale doscientas pesetas por hora. It costs 200 pesetas an hour.

1 Vale dos mil pesetas por día.
2 Vale siete mil pesetas por semana.
3 Vale treinta mil pesetas por mes.
4 Vale tres mil pesetas por hora.
5 Vale cien pesetas por día.

Exercise 6 Expressing opinions

Express an opinion about the following.
Example: ¿Qué le parece la habitación? (Very nice) Me parece muy bonita.

1 ¿Qué le parece el hotel? (Excellent)
2 ¿Qué le parece esta señorita? (Very nice)
3 ¿Qué le parece la comida? (Rather expensive)
4 ¿Qué le parece la ciudad? (Very romantic)
5 ¿Qué le parece el bolso? (Cheap)

Exercise 7 Asking when and where things happen

The following are the answers. What were the questions?
Example: El tabaco se vende en el estanco. ¿Dónde se vende el tabaco?

1 La cena se sirve a las nueve.
2 Las aspirinas se venden en la farmacia.

3   El banco se abre a las diez.
4   Se puede aparcar en la plaza.
5   La fruta se vende en la frutería.

B

Exercise 8   Answering questions

Answer the following questions.

1   ¿A qué hora empieza usted su trabajo por la mañana?
2   ¿Qué prefiere usted, el vino o la cerveza?
3   ¿Quiere usted ser rico (rica)?
4   ¿Dónde se sienta usted para ver la televisión?
5   ¿Tiene usted hermanos?
6   ¿Cómo viene usted a su trabajo?
7   ¿Nieva mucho en su ciudad?
8   ¿Juega usted al golf?
9   ¿Duerme usted bien o mal?
10   ¿A qué hora se acuesta usted los sábados?
11   ¿Llueve mucho en su región?
12   ¿Sirve usted vino con la comida los domingos?

Exercise 9   Expressing a need

Change the following and use 'me hace/hacen falta'.
Example: Necesito más tiempo. Me hace falta más tiempo.
          Necesito unos zapatos nuevos. Me hacen falta unos zapatos
          nuevos.

1   Necesito una toalla limpia.
2   Necesito una chaqueta de piel.
3   Necesito unos calcetines.
4   Necesito un reloj de oro.
5   Necesito una cartera nueva.

¿Comprende usted el español hablado?

(Listening exercises)

A

En la recepción

Listen to the tape and write down exactly what the tourist wants, and the price
of the room.

B

¿Quiere venir un momento?

Listen to the tape and write down what the client is complaining about.

C

¿ En qué puedo servirle?

Listen to the tape and answer the questions in English.

1 Why has the woman come to the Reception Desk?
2 What two things are wrong with her room?
3 When was the room cleaned?
4 What is her room number?

¿Comprende usted el español escrito?

(Reading exercises)

A

Look at the photographs on page 125. Which notice would you pay attention to if you:

1 Wanted to find a room for the night with no other facilities?
2 Were looking for the swimming pool in the hotel?
3 Wanted a room with a bath and central heating?
4 Wanted to rent a flat in the town centre?

B

Read the descriptions of the three hotels and their facilities on the next page, and then select the hotel from the ones given.

1 You wish to organise a business conference in the north of Spain in a hotel with good conference facilities.
2 You want to take your whole family for a holiday with all kinds of sporting facilities available.
3 You are something of a gourmet and eating well is important to you.
4 You want to be able to explore the capital of Spain with a good hotel to return to in the evening.

HOTEL MIRAMAR

Carretera de Granada, 23

Situado en el mejor lugar de la Costa del Sol, en el centro de Almería, al lado del mar, aislado de ruido, con extensos jardines – tenis, piscina, deportes náuticos, extensa playa, campo de golf a 2 kilómetros, parking gratuito, piscina para niños.

132 habitaciones, todas con cuarto de baño, televisión, teléfono y calefacción central. Aire acondicionado en el restaurante y bar. Abierto todo el año.

HOTEL GUZMÁN

Plaza de Colón, 15, León

Situación: En zona céntrica y cerca de la estación de ferrocarril.

Habitaciones: 150 con baño, calefacción, teléfono, mini-bar y televisión.

Complementos: Amplios salones y excelente cocina regional e internacional, sala de conferencias, sala de fiestas y servicio médico.

HOTEL CATALÁN

Calle Velázquez, 145, Madrid

Categoría 4 estrellas ****

80 habitaciones todas con cuarto de baño completo o ducha, televisión, mini-bar, aire acondicionado. Hotel de reciente construcción situado cerca del Paseo de la Castellana y del centro de la capital.

Rompecabezas

(Puzzles)

En el hotel

Look at the picture of the hotel reception and list all the words which contain the letter 'e'. For example 'perro' (dog).

Revision and self-assessment test for Chapters 6–10

Administer the test and mark it in the manner outlined for the earlier test (see pages 66–68).

Section 1

Read the interview or listen to it on the cassette. If you have the cassette *do not read* the interview.

Interview

Hombre: Buenos días, señora. ¿Qué desea?
Mujer: Quisiera ver algunos zapatos, por favor.
Hombre: Muy bien, señora. ¿Qué número gasta usted?
Mujer: Un treinta y ocho.
Hombre: Y, ¿de qué color?
Mujer: Negros.
Hombre: ¿Éstos, por ejemplo?
Mujer: Vamos a ver. ¡Ay! Son un poco estrechos. ¿Tiene usted un número treinta y nueve?
Hombre: Creo que sí. Un momento, por favor. Sí, señora, aquí tiene usted un treinta y nueve.
Mujer: ¿De qué son? ¿De piel o de plástico?
Hombre: Son de piel, señora. Todos los zapatos en esta tienda son de piel.
Mujer: Sí. Éstos son mucho más cómodos. ¿Cuánto valen?
Hombre: Valen cinco mil seiscienientas pesetas, señora.
Mujer: Muy bien. Éstos, por favor.
Hombre: Gracias, señora. ¿Quiere pagar en caja? Por aquí.

Questions

Now write down the answers to the following questions.

1   What does the woman want?
2   What size does she take?
3   What colour does she want?
4   What is wrong with the first pair she tries?

5   What does she ask for?
6   What does she want to know about them?
7   What are they made of?
8   What are the other shoes in the shop made of?
9   What does she say about the second pair?
10 How much do they cost?

Section 2

(a) Getting a meal

Write down what you would say in answer to the waiter's questions to get yourself a meal of a mixed salad, roast chicken with chips, ice-cream and a bottle of red wine.

Camarero: ¿Qué va a tomar de primer plato?
Usted: (*Ask for a mixed salad.*)
Camarero: ¿Y después?
Usted: (*Ask for roast chicken and chips.*)
Camarero: ¿Toma postre?
Usted: (*Say yes, an ice-cream.*)
Camarero: ¿Y para beber?
Usted: (*Ask for a bottle of red wine.*)

(b) Finding out about trains

Write down what you would say to obtain the following information in a railway station.

1   The time of the next train to Barcelona.
2   The price of a return ticket.
3   The place the train leaves from.
4   Whether meals are served on the train.
5   The arrival time in Barcelona.

(c) Booking a room in a hotel

Write down what you would say to the receptionist in a hotel to obtain a double room with bath for ten days. Also find out about the price of the room.

Recepcionista: Buenos días. ¿En qué puedo servirle?
Usted: (*Ask if he has a room free.*)
Recepcionista: ¿Individual o doble?
Usted: (*Say double, please.*)
Recepcionista: ¿Con cuarto de baño?
Usted: (*Say yes, with a bathroom.*)
Recepcionista: ¿Para cuántos días?

Usted: (*Say for ten days.*)
Recepcionista: Muy bien.
Usted: (*Ask how much the room costs.*)

Mark scheme

- *Section 1*
2 marks per correct answer (maximum 20)

- *Section 2(a)*
3 marks per correct sentence (maximum 12)

- *Section 2(b)*
4 marks per correct sentence (maximum 20)

- *Section 2(c)*
4 marks per correct sentence (maximum 20)

Maximum total 72

Self-assessment grades

Over 60   excellent
40–60   satisfactory
Under 40   need for careful revision

Answers

Section 1

1   Some shoes.
2   Size 38.
3   Black.
4   They are rather tight.
5   A size 39.
6   If they are made of leather or plastic.
7   Leather.
8   Leather.
9   They are much more comfortable.
10   5600 pesetas.

Section 2

(a) Getting a meal

   Voy a tomar una ensalada mixta.

Pollo asado con patatas.
Sí, un helado.
Una botella de vino tinto.

(b) Finding out about trains

1 ¿A qué hora sale el próximo tren para Barcelona?
2 ¿Cuánto vale un billete de ida y vuelta?
3 ¿De dónde sale el tren?
4 ¿Se puede comer en el tren?
5 ¿A qué hora llega el tren a Barcelona?

(c) Booking a room in a hotel

¿Tiene una habitación libre?
Doble, por favor.
Sí, con cuarto de baño.
Para diez días.
¿Cuánto vale la habitación?

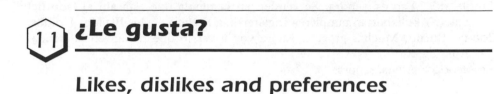

¿Le gusta?

Likes, dislikes and preferences

Toledo

Dialogues

Dialogue 1

Mr Robinson's professional interest in souvenir shops takes him and his wife to a handicraft shop and factory in Toledo: Artesanía Española, Calle de Samuel Levi, 4. They go first to the workshops.

Joan: ¿Con qué se fabrica todo esto?

Empleado: Con oro y acero, señora. Es el arte típico de Toledo y se llama arte damasquinado. ¿Le gusta?

Joan: Sí, me gusta mucho. ¿Qué se fabrica aquí exactamente?

Empleado: Aquí se fabrica de todo, señora: broches, collares, pendientes, espadas . . . Esto, por ejemplo, es un broche. ¿Le gusta?

Joan: Sí, es muy bonito. ¿Y todas estas cosas se venden aquí?

Empleado: Eso es, señora. Se venden en la tienda que está ahí al lado del taller. Y se exportan también a Inglaterra, a Francia y a los Estados Unidos.

Joan: Bueno. Muchas gracias. Ahora voy a ver lo que tienen en la tienda. Adiós.

Empleado: Adiós, señora.

Dialogue 2

Joan finds her husband, who is already in the shop. He is choosing presents for friends back home.

Robert: ¡Hola, cariño! Este broche es para Isabel, la hermana de Bill. ¿Te gusta?

Joan: Sí, me gusta mucho. Es muy bonito. ¿Cuánto vale?

Dependienta: Vale dos mil pesetas, señora.

Robert: Y unos pendientes para Dolores. Le gustan los pendientes a Dolores, ¿verdad?

Joan: Sí, creo que sí. ¿Tiene usted pendientes?

Dependienta: Claro que sí, señora. Éstos son muy bonitos, ¿no?

Joan: Sí, son bastante bonitos, pero me gustan más aquéllos.

Dependienta: ¿Éstos, señora?

Joan: Sí. ¿No te gustan, cariño?

Robert: Sí, me gustan mucho. ¿Son caros?

Dependienta: No, señor. Sólo mil ochocientas pesetas.

Joan: Éstos, entonces.

Robert: Y ahora, un regalo para ti. ¿Qué quieres?

Joan: Me gustan mucho los collares que tienen. Mira. Ése me encanta.

Dependienta: ¿Éste, señora?

Joan: Sí. Es precioso.

Robert: Muy bien. El broche, los pendientes y ese collar, por favor.

Dependienta: Gracias, señor. ¿Quiere pagar en caja? Por aquí.

Dialogue 3

Sightseeing is always a tiring business and, eventually, Joan calls a halt.

Joan: Vamos a tomar café aquí. Ya sabes que no me gusta andar todo el día. Estoy cansada.

Robert: Muy bien, cariño. ¡Oiga, camarero!

Camarero: Buenos días, señor. ¿Qué van a tomar?

Robert: Un café con leche para mí. ¿Qué quieres, cariño?

Joan: Me gustaría tomar algo frío. ¿Qué tiene?

Camarero: Pues hay batidos, horchata, limón natural, cerveza . . .

Joan: Un limón natural, por favor.

Camarero: Muy bien. ¿Algo más?

Robert: ¿Hay churros? Me gustan mucho los churros.

Camarero: Sí, hay churros, señor. ¿Y para la señora?

Joan: Una ensaimada.

Camarero: Muy bien. Un café con leche, un limón natural, una ración de churros y una ensaimada.

Robert: Eso es.

Vocabulary

fabricar	to make, manufacture
se fabrica	(it) is made, manufactured
esto	this (neither masculine nor feminine)
el oro	gold
el acero	steel
el arte	art
típico/a/os/as	typical
damasquinado/a/os/as	damascened (steel inlaid with gold)
gusta	to like (literally, to please)
me gusta	I like (it pleases me)
me gustan	I like (they please me)
te gusta	you like (familiar)
le gusta	you like (polite)
le gusta	she likes
me gustan más	I prefer (they please me more)
me gustaría	I would like (it would please me)
el broche	brooch
el collar	necklace
los pendientes	earrings
la espada	sword
ahí	there

el taller	workshop
exportar	to export
se exportan	(they) are exported
Francia	France
los Estados Unidos	USA
la hermana	sister
aquél, aquélla/os/as	that, those (over there) (pronoun)
el regalo	present, gift
ti	you (familiar, object pronoun)
encantar	to delight, please very much
me encanta	I love it (it delights me)
precioso/a/os/as	beautiful, adorable
ya	already
andar	to walk
cansado/a/os/as	tired
algo frío	something cold (to drink)
el batido	milk-shake
la horchata	refreshing drink made from almonds
el limón natural	pure lemon juice
los churros	batter fritter
la ensaimada	sugared bun
la ración	portion

Explanations

A

(a) Saying you like something – grammar ref 14

Likes and dislikes are expressed using the verb 'gustar', but this verb means 'to please'. Therefore the English sentence is reversed:

Me gusta el vino.	I like wine.
(El vino me gusta.)	(Wine pleases me.)

The verb is third person singular because the thing that pleases you is third person singular. If what pleases you is plural, the verb is plural:

Me gustan las uvas.	I like grapes.
(Las uvas me gustan.)	(Grapes please me.)

(b) Saying you like doing something – grammar ref 14

The same form is used and the verb is always singular:

Me gusta jugar al golf.	I like to play golf. (Playing golf pleases me.)

(c) Saying you do not like something or doing something – grammar ref 14

The verb is made negative:

No me gusta el vino.	I do not like wine.
(El vino no me gusta.)	(Wine does not please me.)
No me gustan las uvas.	I do not like grapes.
(Las uvas no me gustan.)	(Grapes do not please me.)
No me gusta jugar al golf.	I do not like to play golf. (Playing golf does not please me.)

(d) Saying how much you like something or doing something – grammar ref 14

The basic sentence is modified in the following ways:

Me gusta el vino.	I like wine.
Me gusta bastante el vino.	I quite like wine.
Me gusta mucho el vino.	I like wine very much.
No me gusta el vino.	I do not like wine.
No me gusta nada el vino.	I do not like wine at all.

(e) Expressing a preference for something or doing something – grammar ref 14

The basic sentence is modified by the addition of the word 'más' after the verb.

¿Qué le gusta más, el vino o la cerveza?	Which do you prefer, wine or beer?
Me gusta más la cerveza.	I prefer beer.
¿Qué le gusta más, ver la televisión o leer?	Which do you prefer, watching television or reading?
Me gusta más leer.	I prefer reading.
¿Qué le gustan más, las rubias o las morenas?	Which do you prefer, blondes or brunettes?
Me gustan más las rubias.	I prefer blondes.

(f) Saying what others like or dislike – grammar ref 14

(i) Talking to a friend

¿Te gusta el cine?	Do you like the cinema?
¿Te gustan las novelas románticas?	Do you like romantic novels?
¿Te gusta fumar?	Do you like smoking?

(ii) Talking to others

Le gusta el teatro.	You like the theatre.

Le gustan los guisantes.	You like peas.
Le gusta beber.	You like drinking.
Le gusta jugar al golf.	He likes playing golf.
Le gusta jugar al tenis.	She likes playing tennis.

The pronoun 'le' has now been used to mean 'you', 'he' and 'she'. If any doubt occurs, a short phrase is added:

Le gusta a usted el teatro.	You like the theatre.
Le gusta a él jugar al golf.	He likes playing golf.
Le gusta a ella jugar al tenis.	She likes playing tennis.

If the person is named, the sentence is as follows:

| Le gusta a Pablo el coñac. | Paul likes brandy. |

The word order of these sentences is very flexible and all the following are quite correct:

Le gusta a Pablo el coñac.	Paul likes brandy.
A Pablo le gusta el coñac.	
El coñac le gusta a Pablo.	

If the plural form is required, the pronoun used is 'les':

| Les gusta la ciudad. | They like the city. |
| Les gustan los broches. | You like the brooches. |

(g) Saying that you like something very much – grammar ref 14

The verb 'gustar' is simply replaced by the verb 'encantar':

Me encanta su vestido.	I like your dress very much.
Me encantan sus pendientes.	I like your earrings very much.
Me encanta bailar.	I like dancing very much.

All other persons follow exactly the same pattern as with 'gustar'.

(h) Saying that you would like to do something – grammar ref 14

The verb 'gustar' is used in the form 'gustaría' to express 'would like':

| Me gustaría visitar el museo. | I'd like to visit the museum. |
| ¿Le gustaría bailar? | Would you like to dance? |

(i) Making lists

When you list things, you miss out the definite article:

| Hay batidos, cerveza, café. | There are milk-shakes, beer, coffee. |
| Broches, collares, pendientes . . . | Brooches, necklaces, earrings . . . |

(j) Pointing things out – grammar ref 2(v)

You have seen that 'este' is used to express 'this':

Esta carta es para usted.   This letter is for you.

Spanish has two other adjectives used to point things out:

Ese	*That (near to the person spoken to)*
Ese broche es muy bonito.	That brooch is very nice.
Esa casa es muy antigua.	That house is very old.
Esos collares son de oro.	Those necklaces are made of gold.
Esas faldas son de lana.	Those skirts are made of wool.

Aquel	*That (over there – not near the speaker or the person spoken to)*
Aquel hombre es mi marido.	That man (over there) is my husband.
Aquella mujer es mi abuela.	That woman (over there) is my grandmother.
Aquellos chicos son simpáticos.	Those boys (over there) are nice.
Aquellas señoritas son muy guapas.	Those young ladies (over there) are very pretty.

(k) Talking to friends, members of your family, etc.

Joan Robinson addresses her husband in the familiar form – the second person singular of the verb. This form always ends in '-s':

Fumas demasiado.	You smoke too much.
No comes mucho.	You don't eat a lot.
¿Vives aquí en esta casa?	Do you live here in this house?
¿Qué quieres?	What do you want?

B

(i) Expressing other opinions – grammar ref 14

A number of other verbs are used in the same way as 'gustar' to express a whole range of opinions (some you have seen already in Chapters 7 and 10):

Aburrir	*To bore*
Me aburre el arte moderno.	Modern art bores me.
Me aburren los hombres tontos.	Stupid men bore me.

Interesar	*To interest*
Me interesa la música clásica.	I'm interested in classical music.
No me interesan las películas del oeste.	I'm not interested in Western films.

Quedar	To have left
Me queda una peseta.	I've got one peseta left.
Me quedan doscientas pesetas.	I've got 200 pesetas left.

Decir	To say
Se dice que no está en Toledo.	It is said that he's not in Toledo.

Creer	To believe
Se cree que está en Madrid.	It is believed that he's in Madrid.

Exercises

● *The key to these exercises begins on p. 316.*

A

Exercise 1 Finding out what things are made of

Play the part of Joan Robinson in the following dialogue; ask what things are made of.

Usted: (*Ask what everything is made of.*)
Empleado: Con oro y acero, señora. Es el arte típico de Toledo y se llama arte damasquinado. ¿Le gusta?
Usted: (*Say yes, you like it a lot. Ask what exactly is made here.*)
Empleado: Aquí se fabrica de todo, señora: broches, collares, pendientes, espadas . . .

Exercise 2 Selecting a gift

Play the part of Joan Robinson in the following dialogue; choose some earrings.

Robert: Y unos pendientes para Dolores. Le gustan los pendientes a Dolores, ¿verdad?
Usted: (*Say yes, you think so. Ask the assistant if she has earrings.*)
Dependienta: Claro que sí, señora. Éstos son muy bonitos, ¿no?
Usted: (*Say yes, they're quite nice, but you prefer those over there.*)
Dependienta: ¿Éstos, señora?
Usted: (*Say yes. Don't you like them, darling?*)
Robert: Sí, me gustan mucho. ¿Son caros?
Dependienta: No, señor. Sólo mil ochocientas pesetas.
Usted: (*Say these, then.*)

Exercise 3 Getting a drink

Play the part of Joan Robinson in the following dialogue; ask for cold drinks and select a lemon juice.

Robert: Un café con leche para mí. ¿Qué quieres, cariño?

Usted: (*Say you would like to have something cold. Ask the waiter what he has.*)

Camerero: Pues hay batidos, horchata, limón natural, cerveza . . .

Usted: (*Say a fresh lemon juice, please.*)

Exercise 4   Saying what you like

Say whether you like the things offered, taking your cue from the faces.

Examples: ¿Le gusta el café solo? 😊 Sí, me gusta.

¿Le gustan las patatas fritas? 😠 No, no me gustan.

1   ¿Le gusta el café con leche?   😊

2   ¿Le gusta el vino tinto?   😊

3   ¿Le gusta la cerveza?   😠

4   ¿Le gustan las patatas fritas?   😠

5   ¿Le gusta el coñac?   😊

6   ¿Le gustan los plátanos?   😊

7   ¿Le gusta la paella?   😠

8   ¿Le gustan las chuletas de cerdo?   😊

9   ¿Le gusta el pescado?   😠

10   ¿Le gustan las uvas?   😊

Now repeat the exercise, but this time give genuine answers.

Exercise 5   Saying what you like doing

Say what you like doing in your spare time, taking your cue from the faces.

Examples: ¿Le gusta bailar? 😊 Sí, me gusta bailar.

¿Le gusta leer? 😠 No, no me gusta leer.

1   ¿Le gusta arreglar el coche?   😠

2   ¿Le gusta ver la televisión?   😊

3   ¿Le gusta trabajar?   😠

4   ¿Le gusta comer bien?   😊

5   ¿Le gusta ir de compras?   😊

6   ¿Le gusta estudiar el español?   😊

7   ¿Le gusta jugar al tenis?   😠

8   ¿Le gusta beber vino?   😠

9   ¿Le gusta escuchar discos?   😊

10   ¿Le gusta dar un paseo?   😠

Now repeat the exercise, but this time give genuine answers.

Exercise 6 Talking for others

Your companion does not speak Spanish. Explain his or her likes and dislikes, taking your cue from the faces.

Examples: ¿Le gusta el vino a su marido? 😖 No, no le gusta el vino.
¿Le gustan a su marido las uvas? 😃 Sí, le gustan las uvas.

1   ¿Le gusta a su marido el coñac?   😖

2   ¿Le gustan a su marido las rubias?   😃

3   ¿Le gusta a su mujer el calor?   😖

4   ¿Le gusta a su mujer el café solo?   😃

5   ¿Le gustan a su mujer los museos?   😃

6   ¿Le gusta a su hijo la Coca Cola?   😖

7   ¿Le gustan a su hijo los churros?   😃

8   ¿Le gusta a su amigo el sol?   😖

9   ¿Le gustan a su amigo las vacaciones?   😃

10 ¿Le gusta a su padre el frío?   😖

Exercise 7 Saying how much you like things or doing things

Answer the following questions and use the cues as follows:

$\sqrt{}$ = quite like
$\sqrt{}\sqrt{}$ = like a lot
× = dislike
× × = profoundly dislike

Example: ¿Le gusta lavar el coche? × × No, no me gusta nada lavar el coche.

1   ¿Le gusta escuchar discos? × ×
2   ¿Le gusta bailar? $\sqrt{}$
3   ¿Le gusta trabajar? ×
4   ¿Le gusta España? $\sqrt{}\sqrt{}$
5   ¿Le gustan los churros? $\sqrt{}$
6   ¿Le gusta la cerveza española? × ×
7   ¿Le gusta la comida española? $\sqrt{}\sqrt{}$
8   ¿Le gustan los españoles? $\sqrt{}$
9   ¿Le gusta el tabaco español? ×
10 ¿Le gustan las chicas españolas? $\sqrt{}\sqrt{}$

Exercise 8 Accepting an invitation willingly or rejecting it

Answer the following questions, taking your cue from the tick or the cross.
Example: ¿Le gustaría jugar al golf? $\sqrt{}$ Sí, me gustaría mucho.

1   ¿Le gustaría tomar café? √
2   ¿Le gustaría venir a mi casa? √
3   ¿Le gustaría ver la televisión? ✗
4   ¿Le gustaría ir de compras? √
5   ¿Le gustaría ir al cine? ✗

Exercise 9   Flatter the speaker

Say how much you like things.
Example: ¿Qué le parece mi casa? Me encanta su casa.

1   ¿Qué le parece mi vestido?
2   ¿Qué le parecen mis hijos?
3   ¿Qué le parece mi ciudad?
4   ¿Qué le parece mi mujer?
5   ¿Qué le parecen mis pendientes?

B

Exercise 10   Giving your opinion of things

Give your opinion, taking your cue from the word in brackets.
Example: ¿Qué le parece esa mujer? (Delightful) Me encanta esa mujer.

1   ¿Qué le parece la ciudad? (Boring)
2   ¿Qué le parecen esos hombres? (Interesting)
3   ¿Qué le parece la comida? (Quite likeable)
4   ¿Qué le parecen las revistas? (Boring)
5   ¿Qué le parece el programa? (Interesting)

Exercise 11   Saying how much money you have left

Example: Usted tiene dos mil pesetas y compra un regalo que vale mil quinientas pesetas. ¿Cuánto le queda? Me quedan quinientas pesetas.

1   Usted tiene tres mil pesetas y compra un collar que vale mil pesetas. ¿Cuánto le queda?
2   Usted tiene cien pesetas y compra una revista que vale sesenta pesetas. ¿Cuánto le queda?
3   Usted tiene diez mil pesetas y toma una comida que vale dos mil pesetas. ¿Cuánto le queda?
4   Usted tiene doscientas pesetas y compra un periódico que vale veinte pesetas. ¿Cuánto le queda?
5   Usted tiene quinientas pesetas y compra unos cigarrillos que valen ochenta pesetas. ¿Cuánto le queda?

¿Comprende usted el español hablado?

(Listening exercises)

A

¿Qué se fabrica ahí?

Look at the map of Spain on page 28 (Chapter 3). Listen to the tape and write down in English where various products are made, crops are grown, etc. in Spain.

B

Listen again to the tape and write down what Ana and Paco like doing given certain weather conditions.

C

¿Qué te interesa?

Mark the following statements as 'true', 'false' or 'do not know'.

(a) The man likes weight-lifting.
(b) He plays tennis occasionally.
(c) The woman loves to play tennis.
(d) She has won prizes playing tennis.
(e) The man suggests that the woman teach him to play tennis.
(f) The woman is fascinated by politics.
(g) They agree to play tennis.

¿Comprende usted el español escrito?

(Reading exercises)

Otra carta de Lola

Read this letter from Lola, and answer the questions on the next page in English. (You may need to use your dictionary.)

> Madrid, 27 de Septiembre
>
> Querido amigo:
>
> En esta carta te voy a contar cuáles son mis pasatiempos.
> Cuando hace buen tiempo en el verano, me gusta salir por ahí
> con mis amigas, ir al campo o a la playa, tomar el sol y
> bañarme en la piscina o en el mar. En el invierno, cuando
> hace bastante frío aquí en Madrid, me gusta mucho ir al
> teatro o al cine porque, como ya sabes, hay muchos teatros
> y muchos cines muy buenos en la capital.
> También me gusta quedarme en casa y leer un libro
> interesante. Me gustan mucho las biografías y leo
> muchas, sobre todo las biografías de gente importante
> en la historia de España.
> No me gustan nada los deportes y, para mí, el tenis,
> el fútbol y el baloncesto son todos muy aburridos.
> Escríbeme pronto y cuéntame lo que te gusta hacer en
> tus ratos libres.
> Un abrazo,
> Lola Losada.

1 Write down the three things that Lola likes to do when the weather is fine.
2 What is the weather like in Madrid in winter?
3 Where does Lola go when the weather is cold?
4 What does she do if she stays at home?
5 What type of reading does she particularly like?
6 What leisure activity does she not like at all?
7 Why?
8 What does she want you to write to her about?

Rompecabezas

(Puzzles)

A

¿Qué le gusta hacer?

Follow the lines and find out what each person likes to eat or do. Example:
A María le gusta tomar el sol.

Doña Rosa

Don Juan

Carolina

María

Mateo

Paco

B

Mensaje secreto

Start with the letter set in bold and, moving from letter to letter in any direction, find the message.

```
    A
   ET
  ELN
 SMA
 PEC
 AEN
 ÑOL
```

12 ¿Por qué no vamos al cine?

Planning social activities

Dialogues

Dialogue 1

In Madrid the Lópezes are planning their evening's activities.

Juan: ¿Qué quieres hacer esta tarde?
María: ¿Por qué no vamos al cine?
Juan: ¿Qué ponen?
María: No sé. ¿Dónde está el periódico?
Juan: Ahí está, en la mesa.
María: ¿En qué página está la guía de espectáculos?
Juan: No lo sé seguro. En la página diez u once.
María: Ah, sí. Aquí está. Vamos a ver, pues. En el cine Rialto ponen *Cómo eliminar a su jefe*, en el cine Infantas ponen *Roma, città aperta* de Roberto Rosselini ...
Juan: ¡Una película italiana! Ya sabes que no me gustan las películas italianas.
María: Un momento. En el cine Palace ponen *Bodas de sangre*, una película española.
Juan: Estupendo. Vamos al cine Palace. ¿A qué hora empieza?
María: La sesión de la tarde empieza a las siete, y la sesión de la noche a las once. ¿Qué hora es ahora?
Juan: Son las seis y media, pero no importa. Cogemos un taxi y llegamos al cine en diez minutos. ¡Vamos!

Dialogue 2

The couple arrive at the cinema and go up to the ticket office – la taquilla.

Juan: Quiero dos butacas por favor.
Taquillera: ¿Para la sesión de la tarde o de la noche?
Juan: De la tarde, por favor.

Taquillera: Aquí tiene usted. Dos butacas en la fila veinte.
Juan: ¿Cuánto valen?

En el cine Palace ponen *Bodas de sangre*

Taquillera: Mil doscientas pesetas.
Juan: Aquí tiene. ¿A qué hora termina la sesión?
Taquillera: A las diez y cuarto, señor.
Juan: Gracias.
Taquillera: A usted, señor.

 ### Dialogue 3

After leaving the cinema the Lópezes decide what to do for the rest of the evening.

Juan: ¿Volvemos a casa a pie o cogemos un taxi?
María: ¿Por qué no tomamos un aperitivo en aquel bar? Vamos; te invito.
Juan: ¡Qué amable! ¿Por qué me invitas?
María: Porque eres muy guapo y te quiero mucho.
Juan: Muy bien. Y después vamos a cenar en aquel restaurante gallego de la calle de la Montera. ¿De acuerdo?
María: Estoy perfectamente de acuerdo, pero primero, el aperitivo ...

Vocabulary

¿por qué	why?
el periódico	newspaper
la página	page
la guía	guide
el espectáculo	entertainment
seguro/a/os/as	sure, certain
u	or (before a following 'o-' or 'ho-')
eliminar	to eliminate

el jefe	boss
italiano/a/os/as	Italian
la boda	wedding
la sangre	blood
la sesión	session, performance
importar	to matter
no importa	it doesn't matter
el taxi	taxi
la butaca	stall (seat in cinema or theatre)
la fila	row (in cinema or theatre)
el pie	foot
a pie	on foot, walking
el aperitivo	aperitif
invitar	to invite
¡qué + adjective!	how + adjective!
¡qué amable!	how nice!
gallego/a/os/as	Galician, from Galicia
guapo/a/os/as	pretty, handsome
¿de acuerdo?	OK?, do you agree?
estar de acuerdo	to agree, be in agreement
perfectamente	perfectly

Explanations

(a) Entertainments

The 'guía de espectáculos' (entertainments guide) in the local paper will tell you what is on in the town. The guide will normally be divided into various sections: 'cines' for cinemas, 'teatros' for theatres, 'discotecas' for discotheques, 'salas de fiestas' for dance-halls and 'clubs nocturnos' for nightclubs. Cinemas will either be 'sesión continua', which means they have continuous showings, or indicate in their advertisement the times for the two sessions, the evening session – de la tarde – and the late-night session – de la noche. In cinemas and theatres it is normal to tip the usher or usherette who shows you to your seat.

A

(b) Asking 'why' and explaining 'because'

You use two words which are remarkably similar in appearance, the difference being in the spelling and accentuation:

¿Por qué? Porque	*Why? Because*
¿Por qué fuma usted?	Why do you smoke?
Porque me gusta.	Because I like it.

(c) Making a suggestion for an activity

¿Por qué no vamos al cine?	Why don't we go to the cinema?
¿Por qué no tomamos un aperitivo?	Why don't we have an aperitif?

(d) Asking what is on at the cinema or theatre

You simply use the phrase:

¿Qué ponen?	What's on?
¿Qué ponen en el cine Luna?	What's on at the Luna Cinema?
¿Qué ponen en el teatro Martín?	What's on at the Martin Theatre?

(e) Saying you do not know – grammar ref 7(ii)

You use the verb 'saber', which has an irregular first person singular 'sé', and the pronoun 'lo':

¿Cómo se llama?	What's his name?
No lo sé.	I don't know.

Notice how the verb 'sé' has a stress mark to distinguish it from the pronoun 'se'.

(f) Saying that something is not important – grammar ref 14

The verb 'importar' is used in the third person singular:

El banco está cerrado.	The bank is shut.
No importa.	It doesn't matter.

(g) Expressing ways of getting about

If the means of transport is mechanical, it is often preceded by the preposition 'en':

Voy en coche.	I'm going by car.
Vamos en autobús.	We're going by bus.
Van en tren.	They're going by train.
Va en avión.	He's going by air.

If the means of transport is non-mechanical, the preposition 'a' is found:

Voy a pie.	I'm going on foot.
Vamos a caballo.	We're going by horse.

(h) Expressing exclamatory opinions

You use '¡Qué' + adjective!, and an exclamation mark opens and closes the utterance:

¡Qué caro!	How dear!
¡Qué bonito!	How nice!
¡Qué amable es usted!	How kind you are!

(i) Expressing agreement

The short expression to indicate that you agree is 'de acuerdo':

Vamos al cine.	Let's go to the cinema.
De acuerdo.	OK.

To express more fully your agreement, you use 'estar de acuerdo':

Juan es muy guapo, ¿verdad?	John's very handsome, isn't he?
No estoy de acuerdo.	I don't agree.
María es muy guapa.	Mary's very pretty.
¿Está usted de acuerdo?	Do you agree?

B

(j) Further uses of the verb 'poner' – grammar ref 7(ii)

The first person singular of 'poner' is irregular, and is 'pongo' – I put:

Pongo la cartera en la mesa.	I put the brief-case on the table.
Juan pone la radio en la mesa.	John puts the radio on the table.

As a reflexive verb 'ponerse' can have three meanings:

Me pongo la chaqueta cuando hace frío.
    I put on my jacket when it's cold.
Me pongo rojo cuando hace mucho sol.
    I become red when it's very sunny.
Me pongo a trabajar a las nueve.
    I begin to work at 9 o'clock.

(k) Finding out precise details

To establish the precise location of something, use '¿en qué' + noun + verb?

¿En qué página está?	Which page is it on?
¿En qué habitación está?	Which room is he in?
¿En qué calle vive usted?	Which street do you live in?

(l) Saying that something does not matter – grammar ref 14

'No importa' conveys the general idea of 'it doesn't matter', but the verb can be used in the same way as 'gustar', 'aburrir', 'interesar', etc., as seen in Chapter 11:

No me importa.	It doesn't matter to me.
No me importa el precio.	The price doesn't matter to me.
No me importan los gastos.	The expenses do not matter to me.
¿Le importa el retraso?	Does the delay matter to you?

(m) The formation of adverbs – grammar ref 6

Most adverbs are formed by adding '-mente' to the feminine form:

rápido – rápida + mente = rápidamente
total – total + mente = totalmente

Usted trabaja muy rápidamente.	You work very quickly.
Estoy totalmente de acuerdo.	I am totally in agreement.

Common irregular adverbs are as follows:

Deprisa	_Quickly_
Vamos deprisa.	Let's go quickly.

Despacio	_Slowly_
Hable despacio, por favor.	Speak slowly, please.

Bien	_Well_
Usted habla bien el español.	You speak Spanish well.

Mal	_Badly_
Juego muy mal al golf.	I play golf very badly.

Exercises

● _The key to these exercises begins on p. 319._

A

Exercise 1   Planning an outing

Play the part of María in the following dialogue; express a wish to go to the cinema, then find the newspaper and the entertainments guide.

Juan: ¿Qué quieres hacer esta tarde?
Usted: (_Ask why you don't go to the cinema._)
Juan: ¿Qué ponen?
Usted: (_Say you don't know. Ask where the newspaper is._)

Juan: Ahí está, en la mesa.
Usted: (*Ask on which page is the Entertainments Guide.*)
Juan: No lo sé seguro. En la página diez u once.
Usted: (*Say ah, yes, here it is.*)

Exercise 2 Making suggestions

Suggest you visit various places.
Example: ¿Por qué no vamos a la costa?

Exercise 3 Obtaining tickets or seats

Play the part of Juan in the following dialogue; obtain two seats in the stalls for the evening performance.

Taquillera: Buenas tardes. ¿Qué desea?
Usted: (*Say good evening. Ask for two seats.*)
Taquillera: ¿Para la sesión de la tarde o de la noche?
Usted: (*Say the evening performance please.*)
Taquillera: Aquí tiene usted. Dos butacas en la fila veinte.

Usted: (*Ask how much they cost.*)
Taquillera: Mil doscientas pesetas.

Now repeat the exercise, but obtain four seats for the late-night performance.

Exercise 4   Inviting someone to have a drink

Play the part of María in the following dialogue; invite your companion to have a drink in a nearby bar.

Usted: (*Ask why you don't have an aperitif in that bar.*)
Juan: ¡Qué amable! ¿Por qué me invitas?
Usted: (*Say because he is very handsome and you love him very much.*)
Juan: Muy bien.

Exercise 5   Explaining why you are not doing something and that you prefer something else

Example: ¿Por qué no toma usted un café solo?   Porque me gusta más la cerveza.

1   ¿Por qué no toma usted una tortilla?

2   ¿Por qué no juega usted al golf?

3   ¿Por qué no va usted al teatro?

4   ¿Por qué no da usted un paseo?

5   ¿Por qué no vive usted en la ciudad?

Exercise 6   Saying that you do not know and that your companion does not know either

Example: ¿Sabe usted el número de teléfono? No, no lo sé.
         ¿Y su marido? No, no lo sabe.

1   ¿Sabe usted la hora? ¿Y su amiga?
2   ¿Sabe usted la dirección? ¿Y su mujer?
3   ¿Sabe usted cómo se llama? ¿Y sus hijos?
4   ¿Sabe usted en qué calle vive? ¿Y sus amigos?
5   ¿Sabe usted dónde está el hotel? ¿Y su hija?

Exercise 7 Saying how you intend to get there

Example: ¿Cómo va usted al cine? Voy en taxi.

1 ¿Cómo va usted a Sevilla?

2 ¿Cómo va usted a la costa?

3 ¿Cómo van ustedes al centro?

4 ¿Cómo va usted a Madrid?

5 ¿Cómo van ustedes al teatro?

Exercise 8 Do you agree or don't you?

Example: Madrid es la capital de España. ¿Está usted de acuerdo? Sí, estoy de acuerdo.

1 Londres es la capital de Inglaterra. ¿Está usted de acuerdo?
2 Veinte y treinta son sesenta. ¿Está usted de acuerdo?
3 Hace mucho sol en España. ¿Está usted de acuerdo?
4 Llueve bastante en Inglaterra. ¿Está usted de acuerdo?
5 Madrid está en la costa. ¿Está usted de acuerdo?

Exercise 9 Describing things in an exclamatory way

Example: Este señor es muy amable. ¡Qué amable es este señor!

1 Esta señorita es muy guapa.
2 La habitación es muy grande.
3 Este bolso es muy bonito.
4 Este vestido es muy barato.
5 Este coñac es muy fuerte.

B

Exercise 10 Saying when you and your companion begin to do things

Example: ¿A qué hora se pone usted a trabajar? Me pongo a trabajar a las nueve.
¿Y su marido? Se pone a trabajar a las diez.

1   ¿A qué hora se pone usted a trabajar?

    ¿Y su mujer?

2   ¿A qué hora se pone usted a estudiar?

    ¿Y su hijo?

3   ¿A qué hora se pone usted a preparar la cena?

    ¿Y su amiga?

4   ¿A qué hora se pone usted a jugar al golf?

    ¿Y su mujer?

Exercise 11   Finding out exactly where things are

Example: Calle/museo. ¿En qué calle está el museo?

1   Piso/oficina.
2   Pueblo/castillo.
3   Andén/tren.
4   Dirección/playa.
5   Calle/piscina.
6   Ciudad/camping.
7   Parte/teatro.
8   Plaza/supermercado.
9   Calle/taller.
10 Pueblo/hospital.

Exercise 12   Expressing a lack of concern

Example: The price. No me importa el precio.

1   The time.
2   The weather.
3   The journey.
4   The heat.
5   The cold.
6   The delay.
7   The work.
8   The colour.
9   The fog.
10 The programme.

Exercise 13 Saying how you do things

Answer the following questions, giving genuine answers.
Example: ¿Trabaja usted mucho o poco?   Trabajo mucho.
                                                                        Trabajo poco.

1   ¿Trabaja usted rápidamente o lentamente?
2   ¿Duerme usted bien o mal?
3   ¿Habla usted el español fácilmente o difícilmente?
4   ¿Juega usted al tenis bien o mal?
5   ¿Desayuna usted deprisa o despacio?

¿Comprende usted el español hablado?

(Listening exercises)

A

¿Estás libre?

Listen to the tapes, write down what the speakers are being invited to do and whether they accept or not.

B

¿Esterás libre mañana por la tarde?

Listen to the tape and answer the questions in English. (You will need the word 'Cartel' – Entertainments Guide).

1   What are the speakers discussing?
2   What does the man suggest?
3   Why does this not appeal to the woman?
4   What is the 'splendid' film called?
5   How does the woman react to this?
6   Why does the man recommend it?
7   When do they agree to meet?
8   Where do they agree to meet? Select the street name from the three given:
    (a) La Calle de Alcalá   (b) La Calle de Atocha   (c) La Calle de Goya

(Reading exercises)

Tiempo libre

Look at these advertisements for restaurants in Spain and decide which one you would visit if:
1 you wanted to try Catalan cooking?
2 you fancied an Italian meal?
3 you wished to eat seafood but needed to park your car easily?
4 you wanted to try French cooking?
5 you wished to eat home cooking?
6 you decided to try Peruvian cuisine?
7 you wished to eat food typical of Madrid?
8 you wanted to eat roast lamb in the Segovian style?

Rompecabezas

(Puzzles)

¿Qué significa?

Match up the sentence with the meaning below, writing down the number of the sentence and the letter of the meaning.

1   ¿Qué quieres hacer mañana?
2   ¿A qué hora empieza?
3   ¿Por qué no cogemos un taxi?
4   No lo sé seguro.
5   No importa.
6   ¿Por qué no vamos a la playa?
7   Estoy de acuerdo.
8   ¡Qué amable!
9   Te quiero mucho.
10   ¿A qué hora termina?

(a)   Why don't we go to the beach?
(b)   It doesn't matter.
(c)   At what time does it end?
(d)   How nice!
(e)   At what time does it start?
(f)   What do you want to do tomorrow?
(g)   I love you a lot.
(h)   Why don't we take a taxi?
(i)   I don't know for sure.
(j)   I agree.

13 ¿Cuánto vale?

Obtaining goods and services in a strange town

Correos de Madrid

Dialogues

Dialogue 1

In Toledo Mr and Mrs Robinson wish to buy postcards for their friends in England and go to the newspaper kiosk – el quiosco.

Joan: Buenos días. ¿Tiene usted tarjetas postales de Toledo?
Vendedor: Sí, ahí están, señora, al lado de las revistas.
Joan: ¿Cuánto valen?

Vendedor: Las grandes valen cuarenta y cinco pesetas y las pequeñas treinta pesetas, señora.

Joan: Éstas seis, por favor. Tengo cuatro grandes y dos pequeñas.

Vendedor: Son doscientas cuarenta pesetas, señora.

Joan: Aquí tiene usted trescientas pesetas.

Vendedor: Sesenta pesetas de vuelta.

Joan: ¿Tiene usted periódicos ingleses?

Vendedor: No, señora. La prensa extranjera llega a las cuatro de la tarde. Sólo tengo el *Times,* pero es de ayer.

Joan: No, gracias. ¿Tiene sellos para las tarjetas?

Vendedor: No, señora. Los sellos se compran en Correos.

Joan: ¿En qué calle está Correos?

Vendedor: Está en esta misma calle. Siga usted todo derecho unos doscientos metros y Correos está a la derecha.

Joan: Gracias. Adiós.

Vendedor: Adiós, señora.

Dialogue 2

The Robinsons go into the Post Office – la Oficina de Correos – and Mr Robinson approaches the counter.

Robert: Buenos días. ¿Cuánto vale mandar una tarjeta postal a Inglaterra?

Dependienta: Vale cuarenta y cinco pesetas.

Robert: ¿Y una carta?

Dependienta: Una carta vale lo mismo, cuarenta y cinco pesetas.

Robert: Bueno. Déme seis sellos de cuarenta y cinco pesetas.

Dependienta: Aquí tiene usted. Son doscientas setenta pesetas.

Robert: Gracias. ¿Dónde está el buzón, por favor?

Dependienta: Ahí está, señor, en el rincón.
Robert: Gracias.

Dialogue 3

The Robinsons wish to have a picnic lunch and decide to buy ham, cheese, bread, butter and wine. They find an indoor market and go to the pork butcher's – la charcutería.

Vendedor: Buenos días, señora. ¿Qué desea?
Joan: Póngame un cuarto de kilo de jamón.
Vendedor: ¿Jamón serrano o jamón de York?
Joan: Jamón de York.
Vendedor: Aquí tiene. ¿Algo más?
Joan: Sí, un cuarto de kilo de ese queso manchego.
Vendedor: Muy bien. ¿Eso es todo?
Joan: ¿Tiene mantequilla?
Vendedor: Sí, señora. ¿Cuánta quiere?
Joan: ¿Tiene un paquete de cien gramos?
Vendedor: Sí, señora. ¿Algo más?
Joan: No, gracias. ¿Cuánto es todo?
Vendedor: El jamón, trescientas pesetas, el queso, cuatrocientas pesetas y la mantequilla, cien pesetas. Son ochocientas pesetas en total.
Joan: Aquí tiene usted. Adiós.
Vendedor: Adiós, señora, y muchas gracias.

Vocabulary

el quiosco	newspaper kiosk
la tarjeta postal	postcard
la revista	magazine
el duro	five-peseta coin
la prensa	press
extranjero/a/os/as	foreign
ayer	yesterday
comprar	to buy
Correos	Post Office
mismo/a/os/as	same
mandar	to send (of things), order
dar	to give
deme	give me
el buzón	post-box
el rincón	corner
un cuarto de kilo	a quarter of a kilo
el jamón serrano	smoked, cured ham
el jamón de York	York ham
¿eso es todo?	is that all?

la mantequilla	butter
el paquete	packet
el gramo	gram

Explanations

(a) Quantities in shops

Spain uses the metric system of measurement and therefore quantities in shops and elsewhere are expressed in 'kilos' for weight and 'litros' for liquid measure:

Póngame un kilo de manzanas.	Give me a kilo of apples (about 2.2 lb).
Quiero medio kilo de merluza.	I want half a kilo of hake (about 1.1 lb).
Deme un cuarto de kilo de queso.	Give me a quarter of a kilo of cheese.
Quiero cien gramos de mantequilla.	I want 100 grams of butter.
Póngame veinte litros de gasolina.	Give me 20 litres of petrol (4.4 gallons).

Other quantities found are as follows:

¿Tiene un paquete de té?	Have you a packet of tea?
Quiero una lata de guisantes.	I want a tin of peas.
Deme un tubo de crema.	Give me a tube of cream.
¿Tiene una caja de cerillas?	Have you a box of matches.
Deme una barra de pan.	Give me a loaf of bread.

A

(b) Referring briefly to things

It is possible to refer briefly to things by simply leaving out the noun:

Full version
¿La casa grande o la casa pequeña? The big house or the small house?

Brief version
¿La grande o la pequeña?   The big one or the small one?

Naturally, the definite article and the adjective continue to agree with the noun left out:

¿Qué libro quiere, el azul o el verde?
    Which book do you want, the blue one or the green one?
¿Qué zapatos son de usted, los negros o los marrones?
    Which shoes are yours, the black ones or the brown ones?

(c) Saying that you are foreign or a stranger

'Extranjero' is used to describe things or people from another country:

La prensa extranjera llega a las cuatro.	The foreign press arrives at 4 o'clock.
Soy extranjero (extranjera).	I'm a foreigner.

(d) Finding out where you buy things – grammar ref 7 (iii)

The verb 'comprar' (to buy) is used in the form 'se compra' with singular nouns:

¿Dónde se compra el pan?
> Where is bread bought? (Where does one buy bread?)

For plural nouns the form becomes 'se compran':

¿Dónde se compran los sellos?
> Where are stamps bought? (Where does one buy stamps?)

(e) Finding out how much it costs to do something

The basic phrase for establishing a price is '¿Cuánto vale?', and this form is used to find out the cost of doing something:

¿Cuánto vale mandar una carta a Inglaterra?
> How much does it cost to send a letter to England?
¿Cuánto vale entrar?
> How much does it cost to go in?

(f) Basic orders for shopping – grammar ref 11

Four basic orders are used in shopping and ordering food and drink. They are as follows:

<u>Deme</u>	*Give me*
Deme un paquete de azúcar.	Give me a packet of sugar.
<u>Tráigame</u>	*Bring me*
Tráigame un té con limón.	Bring me a tea with lemon.
<u>Póngame</u>	*Give me*
Póngame un kilo de uvas.	Give me a kilo of grapes.

This form is used of things which have to be measured and means literally 'put me' – that is, 'put on to the scales and weigh for me'. It is also used for liquids such as petrol:

Póngame veinte litros.	Give me 20 litres. (Put 20 litres into the tank.)

And for ordering drinks in a bar:

Póngame tres cervezas.	Give me three beers. (Put them on to the bar.)
<u>Dígame</u>	*Tell me*
Dígame, ¿cuánto es todo?	Tell me, how much is it all?
Dígame, ¿a qué hora sale el tren?	Tell me, what time does the train leave?

(g) Finding out exactly where things are

The form to use is '¿En qué' + noun + verb?:

¿En qué calle está Correos?	In which street is the Post Office?
¿En qué casa vive?	In which house does he live?

B

(h) Other forms in which the noun is omitted

(i) Él libro de Juan es interesante.	John's book is interesting.
El de Juan es interesante.	John's is interesting.
Mi mujer y la mujer de Pablo.	My wife and Paul's wife.
Mi mujer y la de Pablo.	My wife and Paul's.
Los periódicos ingleses y los periódicos españoles.	The English papers and the Spanish papers.
Los periódicos ingleses y los españoles.	The English papers and the Spanish ones.
Las chicas de Madrid y las chicas de Sevilla.	The girls from Madrid and the girls from Seville.
Las chicas de Madrid y las de Sevilla.	The girls from Madrid and those from Seville.
(ii) El chico que está ahí.	The boy who is there.
El que está ahí.	The one who is there.
La tienda que está en la plaza.	The shop that's in the square.
La que está en la plaza.	The one that's in the square.
Los hombres que veo allí.	The men that I see over there.
Los que veo allí.	Those that I see over there.
Las chicas que me gustan.	The girls that I like.
Las que me gustan.	Those that I like.

(i) Indicating which one you are referring to – grammar ref 2(v)

You can refer to things without using the noun:

> ¿Qué bolso quiere usted, éste o ése? Ése por favor.
> Which handbag do you want, this one or that one? That one, please.

¿En qué casa vive, en ésta o en aquélla?
Which house does he live in, this one or that one over there?

'Éste' refers to things near the speaker, 'ése' to things near the person addressed, and 'aquél' to things distant from both the speaker and the person addressed – 'that over there'. These forms are distinguished from the ones used with nouns by having a stress mark on them.

(j) Asking for other services in a Post Office

¿Cuánto vale mandar un telegrama a Londres?
How much is it to send a telegram to London?

¿Cuánto vale llamar por teléfono a Paris?
How much is it to telephone Paris?

¿Cuánto vale poner un télex a Nueva York?
How much is it to telex New York?

(k) Expressing how much you require

The interrogative '¿cuánto?' agrees with the noun:

¿Tiene merluza? Sí. ¿Cuánta quiere?
Do you have hake? Yes. How much do you want?

¿Tiene sellos? Sí. ¿Cuántos quiere?
Do you have stamps? Yes. How many do you want?

Exercises

- *The key to these exercises begins on p. 321.*

A

Exercise 1   Obtaining postcards

Play the part of Joan Robinson in the following dialogue; find out if the shop has postcards, establish the price and select six, four large and two small ones.

Usted: (*Say good morning. Ask the salesman if he has postcards of Toledo.*)
Vendedor: Sí, ahí están, señora, al lado de las revistas.
Usted: (*Ask how much they cost.*)
Vendedor: Las grandes valen cuarenta y cinco pesetas y las pequeñas treinta pesetas, señora.
Usted: (*Say these six please. Say you have four large ones and two small ones.*)

Exercise 2 Asking about newspapers and stamps

Play the part of Joan Robinson; ask about English papers and stamps.

Usted: (*Ask the salesman if he has English newspapers.*)
Vendedor: No, señora. La prensa extranjera llega a las cuatro de la tarde. Sólo tengo el *Times,* pero es de ayer.
Usted: (*Say no thank you. Ask if he has stamps for the postcards.*)
Vendedor: No, señora. Los sellos se compran en Correos.

Exercise 3 Asking prices and obtaining stamps

Play the part of Robert Robinson; find out the cost of sending postcards and letters to England and ask for six 45-peseta stamps.

Usted: (*Say good morning. Ask how much it costs to send a postcard to England.*)
Dependienta: Vale cuarenta y cinco pesetas.
Usted: (*Ask how much for a letter.*)
Dependienta: Una carta vale lo mismo, cuarenta y cinco pesetas.
Usted: (*Say good. Ask for six 45-peseta stamps.*)

Exercise 4 Buying food for a picnic

Play the part of Joan Robinson; buy a quarter of a kilo of York ham, a similar amount of Manchego cheese and 100 grams of butter.

Vendedor: Buenos días, señora. ¿Qué desea?
Usted: (*Ask for a quarter of a kilo of ham.*)
Vendedor: ¿Jamón serrano o jamón de York?
Usted: (*Say York ham.*)
Vendedor: Aquí tiene. ¿Algo más?
Usted: (*Say yes. A quarter of a kilo of that Manchegan cheese.*)
Vendedor: Muy bien. ¿Eso es todo?
Usted: (*Ask if he has butter.*)
Vendedor: Sí, señora. ¿Cuánta quiere?
Usted: (*Ask if he has a packet of 100 grams.*)

Exercise 5 Asking about reading matter

Find out if the salesman has the following reading matter.
Example: English newspapers. ¿Tiene usted periódicos ingleses?

1 English novels.
2 Spanish magazines.
3 French newspapers.
4 English books.
5 Italian newspapers.

Exercise 6 Buying things

Use 'póngame' to buy the following.
Example: Quarter of a kilo of ham. Póngame un cuarto de kilo de jamón.

1 Two kilos of apples.
2 Half a kilo of cheese.
3 One kilo of peaches.
4 Quarter of a kilo of butter.
5 30 litres of petrol.

Exercise 7 Buying things

Use 'deme' to buy the following.
Example: Five 45-peseta stamps. Deme cinco sellos de cuarenta y cinco pesetas.

1 A tin of peas.
2 A box of matches.
3 A loaf of bread.
4 Six 30-peseta stamps.
5 *The Times.*

Exercise 8 Finding out where to buy things

Ask where the following things may be bought.
Example: Bread. ¿Dónde se compra el pan?

1 Milk.
2 Sugar.
3 Stamps.
4 English newspapers.
5 Postcards.

Exercise 9 Selecting something

Select according to the cue in brackets.
Example: ¿Qué uvas quiere, las verdes o las negras? (Black) Las negras, por favor.

1 ¿Qué periódico quiere, el español o el inglés? (English)
2 ¿Qué vino quiere, el tinto o el blanco? (Red)
3 ¿Qué cigarrillos quiere, los ingleses o los españoles? (Spanish)
4 ¿Qué zapatos quiere, los negros o los marrones? (Black)
5 ¿Qué habitación quiere, la grande o la pequeña? (Small)

Exercise 10 Finding out how much it costs to do something

Example: Go in. ¿Cuánto vale entrar?

1 Send a letter to England.
2 Send a postcard to the United States.
3 Park.
4 Play tennis.
5 Go in the museum.

Exercise 11 Pointing out what something is like

Example: ¿Cómo es el coche de Juan? (Big) El de Juan es grande.

1 ¿Cómo es la mujer de Pablo? (Pretty)
2 ¿Cómo son los hijos de Juan? (Tall)
3 ¿De qué color es el bolso de Marta? (Green)
4 ¿Cómo es la habitación de Paco? (Small)

Exercise 12 Pointing out which one you want

Example: ¿Qué collar quiere, éste o ése? (That one) Ése, por favor.

1 ¿Qué pendientes quiere, éstos o aquéllos? (Those over there).
2 ¿Qué reloj quiere, ése o aquél? (That one).
3 ¿Qué chaqueta quiere, ésta o ésa? (This one).
4 ¿Qué calcetines quiere, éstos o ésos? (These).
5 ¿Qué camisas quiere, ésas o aquéllas? (Those over there).

¿Comprende usted el español hablado?

(Listening exercises)

A

En el mercado (1)

Listen to the tape and write down what the customer buys and how much of each.

1 En el puesto de charcutería.
2 En el puesto de fruta.

B

En el mercado (2)

Listen to the tape and select the correct shopping list from the three given. You will hear a new word 'salchichón' – sausage. Don't be put off by the expression 'en lonchas'. It simply means 'in slices'.

Lista de compras 1

1/2 kilo ham	4000
1/4 kilo sausage	150
1/2 kilo cheese	625
Total	4775

Lista de compras 2

1/2 kilo ham	2500
1/2 kilo sausage	500
1/4 kilo cheese	250
Total	2750

Lista de compras 3

1/2 kilo sausage	2000
1/4 kilo Manchego cheese	500
1/2 kilo York ham	700
Total	3200

¿Comprende usted el español escrito?

(Reading exercises)

¿Qué receta es?

Read the following recipe for a typical Spanish dish taken from a genuine Spanish cookbook, and then decide which one it is from the selection given below. (You may need to use your dictionary.)

Ingredientes y cantidades	Modo de hacerlo
• Patatas – $1^1/_4$ kilos • Huevos – 6 • Sal • Aceite – 1 decilitro • Cebolla – 1	**1.** Se pelan las patatas, se lavan y se cortan muy finas. Se pica la cebolla muy fina también. **2.** En una sartén se pone el aceite, y cuando esté caliente se echa la cebolla. Se empieza a cocer y en seguida se echan las patatas, a las que se añade sal y se tapan, moviéndolas de vez en cuando, hasta que estén tiernas. **3.** Se baten los huevos con un poco de sal y se hacen dos tortillas a buena lumbre, dándoles la vuelta en seguida para que se cuajen por un lado. Se sirven en una fuente grande, una al lado de otra.

Which dish is it?

1 Onion soup?
2 Spanish omelette?
3 Scrambled eggs?

Rompecabezas

(Puzzles)

¡Qué despistada!

Conchita has been shopping at the market and you can see what she bought in the picture. Compare her shopping list with the shopping and make a list of the things she forgot to buy.

Queso; Huevos; Periódico; Vino;
Dos vasos; Pescado; Coca Cola; Carne;
Pan; Pasteles; Manzanas; Peras; Uvas.

⑭ ¿En qué puedo servirle?

Finding out what is possible

ALQUILER DE VEHICULOS Y MINIBUSES
CON Y SIN CONDUCTOR

Dialogues

Dialogue 1

The Robinsons decide to leave Toledo and visit the famous windmills at Campo de Criptana, about 70 kilometres to the south-west. To do this they have to hire a car, and Mr Robinson goes to the reception desk in the hotel to enquire how to do this.

Recepcionista: Buenos días, señor Robinson. ¿En qué puedo serivirle?
Robert: ¿Es posible alquilar un coche en Toledo?

Los molinos de Campo de Criptana

Recepcionista: Sí, señor. Puede usted alquilar un coche en la Agencia Nacional, en la calle de Alfonso XII.

Robert: ¿Está lejos?

Recepcionista: No, señor. Está muy cerca; a unos quinientos metros del hotel.

Robert: Gracias.

Dialogue 2

The Robinsons make their way to the car-hire agency.

Robert: Buenos días. Aquí puedo alquilar un coche, ¿verdad?

Empleado: Eso es. ¿Para cuántos días?

Robert: Sólo para hoy. Quiero visitar los molinos de Campo de Criptana.

Empleado: Muy bien, señor. ¿Para cuántas personas?

Robert: Para dos; mi mujer y yo. ¿Tiene un coche económico?

Empleado: Sí, señor. El Renault 5 es muy bueno y muy económico. Sólo vale cuatro mil seiscientas pesetas por día, más treinta y cinco pesetas por kilómetro.

Robert: Muy bien. Un Renault 5, por favor. ¿Puedo conducir en España con un carnet de conducir inglés?

Empleado: Creo que sí. ¿Tiene también el carnet de conducir internacional?

Robert: Sí.

Empleado: Entonces puede usted conducir en España, señor. ¿Quiere sentarse? Su coche va a estar listo dentro de diez minutos.

Robert: Gracias.

Dialogue 3

The Robinsons arrive in Campo de Criptana and look for a place to park the car. Mrs Robinson approaches a policeman.

Guardia: Buenas tardes, señora. ¿En qué puedo ayudarla?
Joan: ¿Se puede aparcar el coche en esta calle?
Guardia: Sí, señora. Está prohibido aparcar en la plaza, pero el coche está bien aquí. No se preocupe.
Joan: Gracias. ¿Es posible ir en el coche hasta los molinos?
Guardia: No, señora. Lo mejor que puede hacer es dejar el coche aquí y subir andando. No está muy lejos.
Joan: Gracias.
Guardia: De nada, señora.

Dialogue 4

On the way back to Toledo, the Robinsons stop for petrol.

Empleado: Buenas tardes. ¿Qué le pongo?
Robert: Póngame veinte litros, por favor.
Empleado: ¿Súper, sin plomo o corriente?
Robert: Súper.
Empleado: Ya está. ¿Algo más?
Robert: No, gracias. ¿Cuánto es?
Empleado: Dos mil pesetas.
Robert: Aquí tiene. ¿Qué hago para volver a Toledo?
Empleado: Coja usted la carretera número cuatrocientos uno. Va directamente a Toledo.
Robert: Gracias. Adiós.
Empleado: Adiós, y buen viaje.

Vocabulary

posible	possible
alquilar	to hire, rent
el metro	metre
visitar	to visit
el molino	windmill
económico/a/os/as	economical
conducir	to drive
el carnet de conducir	driving licence
internacional/es	international
listo/a/os/as	ready
dentro de	within
prohibido/a/os/as	prohibited, forbidden
preocuparse	to worry

lo mejor	the best
dejar	to leave
subir andando	to walk up (go up walking)
súper	top grade (of petrol)
sin plomo	unleaded (of petrol)
corriente	normal grade (of petrol)
para	in order to
para volver	in order to return
coger	to catch, take
coja	take (imperative)
la carretera	road
directamente	directly

Explanations

(a) Driving

In Spain you drive on the right-hand side of the road. Main roads are called 'carreteras nacionales' and are numbered from one to six. They appear in red on road maps with the numbers N1 to NV1. Motorways are being built to carry the heaviest traffic and these are labelled 'A' on maps for 'autopista'. Distances are measured in kilometres and, since one kilometre is five-eighths of a mile, to convert from kilometres to miles you divide by eight and multiply by five. Petrol is called 'gasolina' and the petrol station 'la gasolinera'. Both petrol and oil (el aceite) are sold by the litre and there are two basic grades of petrol, 'súper', the top grade, and 'corriente' or 'normal', the lower grade. Unleaded (sin plomo) is also available. Petrol stations are not so common in Spain as in some other countries and you need to take care on long journeys that you do not run out of petrol.

A

(b) Finding out what is possible

You use the phrase '¿es posible' + the infinitive?:

¿Es posible alquilar un coche?	Is it possible to hire a car?
¿Es posible comprar sellos aquí?	Is it possible to buy stamps here?

(c) Finding out if you can do something – grammar ref 7 (iv)

The verb 'poder' (to be able, can) is irregular and singular forms are as follows:

poder	*to be able, can*
puedo	I can
puedes	you can (familiar)
puede	he/she can
usted puede	you can (polite)

¿Puedo entrar?	Can I come in?
No puedo venir hoy.	I cannot come today.
Juan no puede conducir.	John cannot drive.
Usted puede comprar pan aquí.	You can buy bread here.
¿Puede usted decirme la hora?	Can you tell me the time?

You saw in Chapter 9 that 'se puede' is used to say that something is permitted or allowed:

¿Se puede aparcar aquí?	Is parking allowed here? (Can one park here?)

(d) Expressing 'per' or 'a, an' in quantities – grammar ref 3

You use the word 'por' to express the following ideas:

Dos mil pesetas por día.	2000 pesetas per day (a day).
Cien pesetas por persona.	100 pesetas per person.
Cuarenta pesetas por hora.	40 pesetas an hour.

(e) Saying that something or someone is ready – grammar ref 8

The adjective 'listo/a/os/as' is used with the verb 'estar':

¿Está lista la cena?	Is dinner ready?
¿Están listos mis zapatos?	Are my shoes ready?
María no está lista.	Mary isn't ready.
¿Está usted listo?	Are you ready?

(f) Indicating that something is prohibited

The adjectives 'prohibido/a/os/as' is used by itself in notices and with the verb 'estar' in speech:

Prohibido bañarse.	Swimming prohibited.
Prohibida la entrada.	No entry.
Prohibido acampar.	No camping.
¿Se puede fumar en el teatro?	Is smoking allowed in the theatre?
No, está prohibido.	No, it's forbidden.

(g) Expressing what is the best thing to do – grammar ref 2 (vii)

The form used is as follows:

Lo mejor que puede hacer ...	The best thing you can do ...
Lo mejor que puede hacer es ir a Correos.	The best thing you can do is go to the Post Office.
Lo mejor que puede hacer es volver a Madrid.	The best thing you can do is return to Madrid.

(h) Saying how you do something

The action is expressed by a verb and the manner by another verb in the '-ing' form:

Subo andando.	I walk up. (I go up walking.)
Sale corriendo.	He runs out. (He goes out running.)

B

(i) Further uses of the impersonal form 'se' – grammar ref 7 (iii)

You saw in Chapters 9 and 11 some examples of this form:

Se dice que no está en casa.   It is said that he's not at home.

By adding the pronoun 'me', the form becomes personal:

Se me dice que no está en casa.   I'm told that he's not at home.

(j) Expressing possibility and impossibility

The two adjectives 'posible' and 'imposible' express these two ideas:

¿Es posible hablar con el director?	Is it possible to speak to the manager?
Es imposible aparcar en el centro de Madrid.	It's impossible to park in the centre of Madrid.

(k) Quantity expressed by the definite article

When in English the indefinite article 'a' or 'an' is used, Spanish prefers the definite article:

Ochenta pesetas la botella.	80 pesetas a bottle.
Cien pesetas el metro.	100 pesetas a metre.
Cuarenta pesetas la pieza.	40 pesetas a piece.
Diez pesetas el paquete.	10 pesetas a packet.

(l) Buying petrol – grammar ref 11

There are three ways of asking for petrol:

Lléneme el depósito, por favor.	Fill the tank, please.
Póngame treinta litros.	Give me 30 litres.
Mil pesetas, por favor.	1000 pesetas' worth, please.

(m) More negatives – grammar ref 4

In formal speech thanks are often answered with the phrase 'de nada' (not at all) and the negative 'nada' is used to express 'nothing':

| ¿Qué quiere usted? | What do you want? |
| Nada. | Nothing. |

It can be placed before the verb:

| Nada comprendo de este libro. | I understand nothing in this book. |

or after the verb with 'no' before the verb:

| No quiero nada. | I want nothing. (I don't want any-thing.) |

Similarly, the negative 'nunca' (never) can be placed before or after the verb and used as a single-word answer:

¿Fuma usted?	Do you smoke?
Nunca.	Never.
Nunca voy al cine.	I never go to the cinema.
No voy nunca al teatro.	I never go to the theatre.

(n) Nouns formed from adjectives – grammar ref 2 (vii)

Many adjectives can be turned into nouns by placing 'lo' before the masculine singular of the adjective:

Lo mejor es ir a Correos.
    The best (thing) is to go to the Post Office.
Lo difícil es la gramática.
    The difficult (part) is the grammar.
Lo interesante es el baile.
    The interesting (part) is the dance.

(o) Further uses of 'dejar'

In Dialogue 3, the policeman says:

Lo mejor que puede hacer es dejar el coche aquí.
    The best thing to do is to leave the car here.

But the verb 'dejar' is also used to express 'leave, let, allow, lend':

¡Déjeme en paz!	Leave me in peace!
Mi mujer no me deja beber coñac.	My wife does not let me drink brandy.
El jefe no me deja fumar.	The boss does not allow me to smoke.
¿Me puede dejar mil pesetas?	Can you lend me 1000 pesetas?

Exercises

- *The key to these exercises begins on p. 324.*

A

Exercise 1 Asking what is possible

Find out if the following are possible.
Example: Hire a car in Toledo. ¿Es posible alquilar un coche en Toledo?

1 Buy cigarettes in the hotel.
2 Have lunch at 1 o'clock.
3 Change traveller's cheques in this bank.
4 Try on the dress.
5 See some leather handbags.

Exercise 2 Hiring a car

Play the part of Robert Robinson in the following dialogue; find out whether or not you can hire a car, say it is for one day, for two people and you want an economical car.

Usted: (*Say good morning. Ask if you can hire a car here.*)
Empleado: Eso es. ¿Para cuántos días?
Usted: (*Say only for today. Say you want to visit the windmills at Campo de Criptana.*)
Empleado: Muy bien, señor. ¿Para cuántas personas?
Usted: (*Say for two; your wife and you. Ask if he has an economical car.*)

Exercise 3 Parking the car

Play the part of Joan Robinson in the following dialogue; find out whether you can park in this street and whether you can take the car up to the windmills.

Guardia: Buenas tardes, señora. ¿En qué puedo ayudarla?
Usted: (*Ask if you can park in this street.*)
Guardia: Sí, señora. Está prohibido aparcar en la plaza, pero el coche está bien aquí. No se preocupe.
Usted: (*Say thank you. Ask if it is possible to go in the car as far as the windmills.*)
Guardia: No, señora.

Exercise 4 Buying petrol

Play the part of Robert Robinson in the following dialogue; buy 20 litres of top-grade petrol and find out the cost.

Empleado: Buenas tardes. ¿Qué le pongo?
Usted: (*Ask for 20 litres, please.*)
Empleado: Súper, sin plomo o normal?

Usted: (*Say, super.*)
Empleado: Ya está. ¿Algo más?
Usted: (*Say no thank you. Ask how much it is.*)
Empleado: Dos mil pesetas.

Exercise 5   Finding out if you can or cannot do something

Example: Come in ¿Puedo entrar?

1   Smoke.
2   Leave now.
3   Park here.
4   Talk to the boss.
5   Watch television.

Exercise 6   Understanding prices and quantities

What is the employee saying to you?

1   Cinco mil pesetas por día, señor.
2   Mil quinientas pesetas por persona, señor.
3   Veinte mil pesetas por semana, señor.
4   Cien pesetas por media hora, señor.
5   Ciento cincuenta pesetas por minuto, señor.

Exercise 7   Finding out if something or someone is ready

Example: Dinner. ¿Está lista la cena?

1   Breakfast.
2   Lunch.
3   Car.
4   Shoes.
5   Your wife.

Exercise 8   Understanding notices

Explain to your companion, who does not speak Spanish, what the
following notices mean.

1   Prohibido fumar.
2   Prohibida la entrada.
3   Prohibido bañarse.
4   Prohibido aparcar en la plaza.
5   Prohibido el paso.

Exercise 9   Explaining what is allowed in England to a Spanish friend by answering his questions

Example: ¿Se puede comprar vino en los cafés en Inglaterra? No, no
se puede.

1 Se puede aparcar en todas las calles en Inglaterra?
2 Se puede fumar en los autobuses en Inglaterra?
3 Se puede comprar cigarrillos en la calle en Inglaterra?
4 Se puede tomar cerveza en un pub en Inglaterra?
5 Se puede jugar al golf en Inglaterra?

B

Exercise 10 Understanding prices and quantities

How much does the salesman want?

1 Veinticinco pesetas el litro.
2 Vale seiscientas pesetas el metro.
3 Vale cuarenta pesetas la pieza.
4 El par vale diez mil pesetas.
5 Son ochenta pesetas la ración.

Exercise 11 Saying 'nothing'

Example: ¿Qué hay en la habitación? No hay nada.

1 ¿Qué quiere usted?
2 ¿Qué ve usted en la calle?
3 ¿Qué toma usted?
4 ¿Qué estudia usted?
5 ¿Qué hace usted los domingos?

Exercise 12 Saying you never do something

Example: ¿Va usted mucho al cine? No, no voy nunca al cine.

1 ¿Bebe usted mucho vino?
2 ¿Fuma usted?
3 ¿Duerme usted en la oficina?
4 ¿Visita usted museos?
5 ¿Toma usted mucho el sol?

Exercise 13 What are you allowed to do?

Example: ¿Puede usted fumar en la cama? (Mujer) No, mi mujer no me deja fumar en la cama.

1 ¿Puede usted dormir en la oficina? (Jefe)
2 ¿Puede usted estudiar en casa? (Hijos)
3 ¿Puede usted beber coñac? (Doctor)
4 ¿Puede usted salir con rubias? (Mujer)
5 ¿Puede usted ir al bar? (Marido)

¿Comprende usted el español hablado?

(Listening exercises)

A

Por las carreteras de España

Listen to the tape and write down as numbers the distances given between Spanish towns.

B

¿Se puede o no?

Listen to the tape and write down what is or is not allowed.

C

Quiero alquilar un coche

Listen to the tape and select the correct answer from the ones supplied.

1 The car-hire company is called:
   (a) Fast Cars   (b) Reliable Cars   (c) Madrid car-hire

2 The woman would like to hire a car for:
   (a) 10 days   (b) 2 weeks   (c) 3 days

3 In the woman's party there are:
   (a) 4 people   (b) 3 people   (c) 5 people

4 The car-hire agency has:
   (a) Renault, Seat and Ford cars   (b) Seat, Ford and BMW cars
   (c) Ford, Mercedes and Seat cars

5 The woman insists that the car be:
   (a) Fast   (b) Comfortable   (c) Spanish

6 She intends to go:
   (a) To the north of Spain   (b) To the south of Spain   (c) To France

7 The Mercedes costs per day:
   (a) 5700 pesetas   (b) 5900 pesetas   (c) 5500 pesetas

8 The car-hire agency is open until:
   (a) 5.00   (b) 5.30   (c) 6.30

(Reading exercises)

A

Por las carreteras de España

Look at these roadsigns seen in Spain, and write down what you think they mean. (You may need to use your dictionary.)

1. NO APARCAR AVISAMOS GRUA

2. PEATON PRECAUCION EN EL PUENTE CIRCULEN EN HILERA POR SU IZQUIERDA

3. ZONA PEATONAL CARGA Y DESCARGA De 8 a 12 h.

4. 60 ¡PRECAUCION! FIRME PROVISIONAL AGUSTI & MASOLIVER, S.A.

5. ATENCION CARRIL BUS A SU DERECHA

6. centro ciudad
   correos
   oficina turismo
   museo
   basílica Sta. María

7

8

9

10

Rompecabezas

(Puzzles)

A

¿Cómo se dice 'battery' en español?

Se dice 'la batería'.

Look at the picture of the car below and try to match up the letter on the car to the Spanish words given in the list on the next page. (You may need to use your dictionary.)

(a) Tyre
(b) Steering wheel
(c) Windscreen
(d) Bumper (fender)
(e) Boot (trunk)

(f) Exhaust pipe
(g) Bonnet (hood)
(h) Windscreen wiper
(i) Headlamp
(j) Headrest

Vocabulary as follows:

1 El tubo de escape
2 El limpiaparabrisas
3 El reposacabezas
4 El volante
5 El neumático
6 El parabrisas
7 El parachoques
8 El maletero
9 El capó
10 El faro

¿Qué vas a hacer?

Making plans

El Rastro

Dialogues

Dialogue 1

The Robinsons are back in Madrid, and Joan Robinson is planning an outing with María López. Now that they know each other fairly well, they have decided to use the familiar form of address.

María: ¿Qué vas a hacer el domingo por la mañana, Juana?

Joan: Me gustaría visitar el Rastro, ese mercado grande que hay aquí en Madrid. ¿Puedes ir conmigo?

María: Sí, con mucho gusto. Suelo ir a misa a las ocho pero estoy libre a partir de las nueve y media. ¿Dónde nos vemos?
Joan: Delante de mi hotel a las nueve y media. ¿Te parece bien?
María: Me parece estupendo. Hasta el domingo entonces.
Joan: Adiós. Hasta el domingo.

Dialogue 2

Robert Robinson rings Juan López at his office.

Secretaria: Dígame.
Robert: Oiga. ¿Está el señor López?
Secretaria: ¿De parte de quién, por favor?
Robert: Soy el señor Robinson.
Secretaria: ¡Ah, señor Robinson! Sí, el señor López está. Un momento, por favor. Ahora le pongo.
Juan: Hola, Roberto. ¿Qué tal lo pasaste en Toledo?
Robert: Muy bien, gracias. Oye, Juan, ¿estás libre mañana por la tarde?
Juan: Sí, creo que sí. Tengo que trabajar hasta la una, pero entonces estoy libre. ¿Por qué?
Robert: ¿Por qué no jugamos un partido de golf?
Juan: Muy bien. ¿A qué hora quedamos?
Robert: A las tres, si te va bien. Te espero delante de mi hotel, si quieres.
Juan: Vale, hasta mañana entonces.
Robert: Adiós, hasta mañana.

Dialogue 3

After the excursion of Joan and María to the Rastro, the Robinsons and the Lópezes meet up for lunchtime drinks.

Juan: ¿Qué otras ciudades vais a visitar?
Robert: Pues yo tengo que volver a Inglaterra la semana que viene.
María: Hay que visitar las ciudades del sur; Sevilla, Granada, Córdoba. Son todas muy hermosas.
Joan: Sí, me gustaría mucho visitar Granada. Muchos turistas van a Granada, ¿verdad?
Juan: Sí, sobre todo en los meses de julio y agosto, pero no te preocupes, Juana, hay muchos hoteles muy buenos en Granada y es una ciudad muy grande.
Robert: Muy bien. Vamos a ir a Granada, entonces.
Joan: Y luego vamos a volver a Madrid y os lo vamos a contar todo antes de volver a Inglaterra.
María: Un brindis por nuestros amigos ingleses: salud, amor y pesetas ... y buen viaje a Granada.

Ministerio de Información y Turismo

Vocabulary

la mañana	morning
gustar	to please, like
me gustaría	I'd like
el mercado	market
conmigo	with me
con mucho gusto	with great pleasure
soler (ue)	to be accustomed to
suelo ir	I'm accustomed to going, I usually go
la misa	Mass
ver	to see
¿dónde nos vemos?	where shall we meet? (where shall we see each other?)
estupendo/a/os/as	fine, great
decir (i)	to say, tell
dígame	hello (answering the phone)
oír	to hear
oiga	hear, hello (when speaking on phone)
¿de parte de quién?	who's calling
poner	to put
le pongo	I'll put you through
pasar	to spend time, pass
¿lo pasó ...?	did you enjoy (spend your time) ...?

mañana	tomorrow
tener que	to have to
tengo que trabajar	I have to work
el partido	game, round (of golf)
¿a qué hora quedamos?	when shall we meet?
ir	to go
te va bien	it suits you (it goes well with you)
la semana que viene	next week
hay que	it is necessary, you, one must, ought to
el sur	south
hermoso/a/os/as	beautiful
el/la turista	tourist
sobre todo	above all
julio	July
agosto	August
os	you (familiar plural pronoun)
contar (ue)	to tell, relate
antes de	before
el brindis	toast, drink to someone's health
nuestro/a/os/as	our
la salud	health
el amor	love

Explanations

(a) Using the telephone

Using a private telephone in Spain is exactly the same as in any other country and you simply dial the number you require. Telephone kiosks in the street are marked 'Teléfonos' and in some towns there are telephone centres which are similarly marked. Some kiosks are for local calls only and these are marked 'Conferencias urbanas': others, for long-distance calls, are marked 'Conferencias interurbanas'; and those for all types of calls, including international ones, are marked 'Conferencias internacionales'. The dialling tone is a continuous buzz, the ringing tone is a single continuous note and the engaged tone is a single, repeated note. When answering a phone, you normally say 'Dígame' and the speaker will reply 'Oiga' and may identify himself with the phrase 'Soy yo, Paco Martínez', for example. If you have to identify yourself the person answering will ask: '¿De parte de quién?' and you answer this by saying 'De parte del' and your name.

A

(b) Expressing future intentions – grammar ref 9

You indicate your future plans by using the verb 'ir a' + infinitive. The parts of the verb included here are:

Voy a visitar Sevilla.	I'm going to visit Seville.
Vas a comprar un sombrero.	You're going to buy a hat.
Juan va a llegar a las tres.	John's going to arrive at 3 o'clock.
Usted va a salir mañana.	You're going to leave tomorrow.
Vamos a visitar Granada.	We're going to visit Granada.
Vais a visitar Inglaterra.	You're going to visit England.

(c) Talking to friends – grammar ref 7(i)

The second person singular or plural of the verb is used to talk to friends, members of your family and children. The singular form always ends in '-s':

¿Fumas mucho?	Do you smoke a lot?
Comes demasiado.	You eat too much.
¿A qué hora sales de casa?	What time do you leave home?

The plural form always ends in '-is':

¿Fumáis mucho?	Do you smoke a lot?
Coméis demasiado.	You eat too much.
¿A qué hora salís de casa?	What time do you leave home?

(d) Saying what you would like to do – grammar ref 14

The verb 'gustar' is used in the form 'me gustaría' – I would like to (it would please me):

¿Quiere usted visitar el museo?	Do you want to visit the museum?
Sí, me gustaría mucho.	Yes, I'd like to.
Me gustaría bailar.	I'd like to dance.

(e) Asking someone to accompany you.

'Con' joins with 'mi' to form the word 'conmigo':

¿Quiere usted ir conmigo?	Do you want to go with me?

(f) Saying what you usually do

You can express your habits by using 'por lo general':

Por lo general como a la una.	Usually I have lunch at 1 o'clock.

A more elegant way is to use the verb 'soler', which changes to 'suelo', etc. in the singular forms and is followed by the infinitive:

Suelo comer a la una.
> I usually have lunch at 1 o'clock.

¿A qué hora suele llegar el tren?
> What time does the train usually arrive?

No sueles beber vino, ¿verdad?
You don't usually drink wine, do you?

(g) Arranging to meet

To establish the place use the phrase '¿Dónde nos vemos?':

| ¿Dónde nos vemos? | Where shall we meet? |
| Delante del hotel. | In front of the hotel. |

To establish the time use the phrase '¿A qué hora quedamos?':

| ¿A qué hora quedamos? | What time shall we meet? |
| A las tres y media. | At 3.30. |

(h) Expressing an opinion about the arrangements – grammar ref 14

To ask a friend's opinion of the time and place you say '¿Te parece bien?':

A las dos en el hotel.	At 2 o'clock in the hotel.
¿Te parece bien?	Do you agree?
Me parece bien.	I agree.

With strangers, the pronoun used is 'le':

| A las tres en mi oficina. | At 3 o'clock in my office. |
| ¿Le parece bien? | Do you agree? |

You can ask and answer these questions with the verb 'valer':

| A las siete en el bar. ¿Vale? | At 7 o'clock in the bar. OK? |
| Sí, vale. | Yes, OK. |

(i) Asking if someone had a good time – grammar ref 16(i)

The past tense of the verb 'pasar' (to spend) is used with the pronoun 'lo':

| ¿Lo pasaste bien en Toledo? | Did you have a good time in Toledo? (Did you spend it (time) well in Toledo?) |
| Sí, lo pasé muy bien. | Yes, I had a very good time. |

(j) Saying what you have to do – grammar ref 15

You use the verb 'tener que' + infinitive:

Esta mañana tengo que trabajar.	This morning I have to work.
¿Tienes que ir a casa?	Do you have to go home?
Juan tiene que estudiar esta tarde.	John has to study this evening.
Usted tiene que volver a las dos.	You have to come back at 2 o'clock.

(k) Saying what it is necessary to do or what one ought to do – grammar ref 10

You use the form 'hay que' + infinitive:

Hay que conocer Sevilla.	One ought to know Seville.
Hay que salir a las tres.	It is necessary to leave at 3 o'clock.

(l) Months of the year

enero	julio	January	July
febrero	agosto	February	August
marzo	setiembre	March	September
abril	octubre	April	October
mayo	noviembre	May	November
junio	diciembre	June	December

Months are written with a small initial letter. 'El primero' may be used to express 'the first', but all other dates are expressed with cardinal numbers:

El primero de mayo voy a París.
    On the first of May I'm going to Paris.

(Note that 'on' is never translated in a date.)

El tres de abril voy a Roma.
    On the third of April I'm going to Rome.

(m) Referring to next week, month, year, etc.

The verbal phrase 'que viene' can be used to express 'next' in time (but not in place):

El lunes que viene voy a Madrid.
    Next Monday I'm going to Madrid.
La semana que viene vamos a París.
    Next week we're going to Paris.
El verano que viene voy a España.
    Next summer I'm going to Spain.

(n) Expressing 'before' in time

You use 'antes de' + infinitive:

Quiero ver Sevilla antes de volver a Inglaterra.
    I want to see Seville before returning to England.

(o) Our – grammar ref 2(iv)

The possessive adjective 'nuestro' has four forms:

Nuestro coche es amarillo.	Our car is yellow.
Nuestra habitación es muy bonita.	Our room is very nice.
Nuestros amigos son muy simpáticos.	Our friends are very nice.
¿Dónde están nuestras maletas?	Where are our suitcases?

B

(p) Talking about the future

You can use the future tense to talk about the future. This is formed from the infinitive with the following endings in the singular:

Llegaré el lunes que viene.	I'll arrive next Monday.
Llegarás a las dos.	You'll arrive at 2 o'clock.
Juan llegará más tarde.	John will arrive later.
Usted llegará a las cinco.	You'll arrive at 5 o'clock.

Some verbs are irregular, with a change in the stem:

Salir
Saldré a las cuatro.	I'll leave at 4 o'clock.

Venir
Vendré el martes que viene.	I'll come next Tuesday.

Poder
No podré venir.	I shan't be able to come.

Saber
Lo sabré mañana.	I'll know tomorrow.

Poner
Pondré la maleta en la habitación.	I'll put the suitcase in the room.

Tener
Tendré que trabajar mañana.	I shall have to work tomorrow.

Decir
Lo diré a Paco mañana.	I'll tell Frank tomorrow.

Exercises

- *The key to these exercises begins on p. 326.*

A

Exercise 1 Making plans

Play the part of Joan Robinson in the following dialogue; say you would like to visit the Rastro and arrange to meet in front of the hotel at 9.30.

María: ¿Qué vas a hacer el domingo por la mañana, Juana?
Usted: (*Say you would like to visit the Rastro, that big market that there is here in Madrid. Do you want to come with me?*)
María: Con mucho gusto. ¿Dónde nos vemos?
Usted: (*Say in front of your hotel at 9.30. Ask if that is all right.*)
María: Me parece estupendo.

Exercise 2 Arranging to meet

Play the part of Robert Robinson in the following dialogue; find out if Juan is free tomorrow afternoon and arrange to play golf at 3 o'clock.

Usted: (*Say listen Juan, are you free tomorrow afternoon?*)
Juan: Sí, creo que sí. ¿Por qué?
Usted: (*Ask why you don't play a game of golf.*)
Juan: Muy bien. ¿A qué hora quedamos?
Usted: (*Say at 3 pm if that's all right. Say you will wait for him in front of your hotel, if he wishes.*)

Exercise 3 Finding out what people intend to do

Ask your friend what he is going to do.
Example: Friday morning. ¿Qué vas a hacer el viernes por la mañana?

1 Saturday evening.
2 Sunday morning.
3 Thursday afternoon.
4 Next week.
5 Next Monday afternoon.

Exercise 4 Saying what you would like to do

Answer the following questions, taking your cue from the ticks and crosses, as shown in the example.
Example: ¿Le gustaría vivir en España?   √ Sí, me gustaría.
                                          √√ Sí, me gustaría mucho.
                                          × No, no me gustaría.
                                          × × No, no me gustaría nada.

1 ¿Le gustaría visitar Toledo? √
2 ¿Le gustaría ser dentista? ×
3 ¿Le gustaría ver la televisión? √√

4   ¿Le gustaría ir al cine? ✗ ✗
5   ¿Le gustaría escuchar un disco? ✓

Exercise 5   Saying what you usually do

Example: Por lo general como en casa. Suelo comer en casa.

1   Por lo general ceno a las seis.
2   Por lo general llego a casa a las diez.
3   Por lo general no salgo por la tarde.
4   Por lo general cojo el autobús.
5   Por lo general trabajo mucho.

Exercise 6   Saying what you have to do

Explain that you cannot join in with the proposed activity, giving as your reason the cue in brackets.
Example: ¿Vamos al cine? (Work) No puedo porque tengo que trabajar.

1   ¿Vamos al bar? (Study)
2   ¿Vamos al cine? (Go back to the office)
3   ¿Vamos al teatro? (See your wife)
4   ¿Vamos a la discoteca? (Write a letter)
5   ¿Vamos de compras? (Wait for your son)

Exercise 7   Saying what one ought to do

Example: Visit the cities of the south. Hay que visitar las ciudades del sur.

1   Visit Toledo.
2   Buy bread.
3   Go shopping.
4   Get to know Madrid.
5   Change some traveller's cheques.

Exercise 8   Dates from your diary

Example: 12 March – dinner with John. El doce de marzo voy a cenar con Juan.

1   14 February – visit Toledo.
2   10 August – work at home.
3   25 March – disco with Mary.
4   1 May – dinner with Martha.
5   11 October – buy a car.

Exercise 9   When are you going to do it?

Example: ¿Cuándo va usted a visitar Francia? (Next year) Voy a visitar Francia el año que viene.

1 ¿Cuándo va usted a comprar el coche? (Next month)
2 ¿Cuándo va usted a visitar el museo? (Next Wednesday)
3 ¿Cuándo va usted a ver a don Alfonso? (Next week)
4 ¿Cuándo va usted a terminar el trabajo? (Next Friday)
5 ¿Cuándo va usted a ir de compras? (Next Saturday)

B

Exercise 10 Talking about the future

Example: ¿Cuándo llegará usted a Madrid? (Next Friday) Llegaré a Madrid el viernes que viene.

1 ¿Qué día vendrá usted a cenar conmigo? (Next Thursday)
2 ¿Cuándo visitará usted mi casa en Granada? (Next summer)
3 ¿Cuándo sabrá usted el precio? (Tomorrow afternoon)
4 ¿Cuándo podrá usted arreglar el coche? (Next Tuesday)
5 ¿Cuándo comprará usted el tocadiscos? (Next Monday)

Exercise 11 Talking about the future

Example: Voy a charlar con mis amigos. Charlaré con mis amigos.

1 Voy a aprender el francés.
2 Vas a ver la televisión.
3 Juan va a ayudar a su mujer.
4 Usted va a tomar el sol en la playa.
5 Voy a reservar una habitación para quince días.

¿Comprende usted el español hablado?

(Listening exercises)

A

¿Qué quieres hacer?

Listen to the tape and write down what the speakers are planning to do by answering the questions in English.

1 Which day of the week are they talking about?
2 Are they making plans for the morning or the afternoon?
3 Where do they arrange to go?
4 What is that exactly?
5 When is one of the speakers free?
6 Where and when will they meet?

¿Qué te gustaría hacer?

Listen to the tape and answer the questions in English.

1 Which day are the speakers talking about?
2 What concerns the woman?
3 What does she suggest because of this?
4 Where might they go?
5 What will the water be like? Select the word she uses from the following.
   (a) fría (cold)   (b) fenomenal (terrific)   (c) fresquísima (very fresh)
6 Which famous Spanish monastery does the man suggest they visit?
7 At what time do they agree to meet?
8 Where do they agree to meet?

¿Comprende usted el español escrito?

(Reading exercises)

Una carta de Lola

Read Lola's letter and answer the questions in English.

Madrid, 12 de Septiembre

Querido amigo:

Te escribo hoy para decirte lo que me gustaría hacer en mi visita a tu país. Saldré de aquí a las dos de la tarde del 20 de septiembre, y llegaré a Londres a las cuatro y diez. Vendrás a buscarme al aeropuerto, ¿verdad?.

Podré pasar unos quince días contigo en la capital de Inglaterra y me gustaría visitar todos los sitios de interés en Londres - la Torre de Londres, el Palacio de Buckingham, el Museo Británico y la Plaza de Trafalgar.

Como ya sabes, no suelo beber mucho, pero me gustaría mucho tomar una cerveza en uno de esos famosos 'pubs' que tienes en Inglaterra. Sé que lo pasaré muy bien contigo y me hace mucha ilusión pensar que muy pronto estaré en el país de los 'pérfidos anglosajones'.

Un abrazo muy fuerte,
Lola

1 When and at what time will Lola leave Spain?
2 At what time will she reach London?
3 What does she hope you will do?
4 How long can she stay with you?
5 Name the places she would like to visit.
6 What does she not usually do very much?
7 What would she like to do and where?
8 How does she jokingly describe the English?

Rompecabezas

(Puzzles)

A

Cada oveja con su pareja

Match up a phrase from the first column with one from the second to make a reasonable sentence.

1	Si hace buen tiempo	(a)	iré al cine.
2	Si llueve	(b)	tomaré el sol en el jardín.
3	Si hace frío	(c)	pero hoy tomaré un coñac.
4	Si hace sol	(d)	saldré al campo con mi amigo.
5	No suelo beber mucho	(e)	vendré a buscarte en mi coche.
6	Si me llamas por teléfono	(f)	me pondré el abrigo.

B

¿Conoces España?

All of these places have been named so far in the book, but where are they?

1 ¿Está Toledo en el centro de España o en el norte?
2 ¿En qué ciudad está el Metro?
3 ¿En qué ciudad hay un Alcázar famoso?
4 ¿Dónde hay unos molinos famosos?
5 ¿En qué ciudad está el Rastro?
6 ¿En qué parte de España están Granada, Sevilla y Córdoba?

Revision and self-assessment test for Chapters 11–15

Administer the test and mark it in the manner outlined for earlier tests (see pages 66–68).

Section 1

Read the interview or listen to it on the cassette. If you have the cassette *do not read* the interview.

Interview

Hombre: ¿Qué te gusta hacer los fines de semana?

Mujer: Todo depende del tiempo. Si hace buen tiempo me gusta dar un paseo por el campo, pero si hace frío, me gusta ir al cine o al teatro.

Hombre: ¿Por qué no vamos al cine el sábado que viene?

Mujer: ¿Qué ponen?

Hombre: No sé. Voy a mirar la guía de espectáculos. Mira; hay una película estupenda en el cine Capitol. ¿Quieres ir?

Mujer: ¿A qué hora empieza?

Hombre: La sesión de la tarde empieza a las siete y la de la noche a las once. ¿Qué sesión prefieres?

Mujer: La de la tarde. No me gusta ir a la cama tarde.

Hombre: Muy bien. La sesión de la tarde, entonces. ¿Dónde nos vemos, y a qué hora?

Mujer: Delante del cine a las siete menos cuarto. ¿Te parece bien?

Hombre: Me parece muy bien. Hasta el sábado, entonces.

Mujer: Adiós. Hasta el sábado.

Questions

Now write down the answers to the following questions.

1 What does the man want to know?
2 What affects the woman's leisure activities?
3 What does she do if the weather is fine?
4 And if it's cold?
5 What does the man suggest?

6 How does he find out what is on?
7 What are the times of the two performances?
8 Which one does the woman choose and why?
9 Where will they meet?
10 When will they meet?

Section 2

(a) At the Post Office

Write down what you would say to find out how much postcards and letters cost to post to England and to obtain ten 45-peseta stamps.

Dependienta: Buenos días. ¿Qué desea?
Usted: (*Ask how much it costs to send a postcard to England.*)
Dependienta: Una tarjeta postal vale cuarenta y cinco pesetas.
Usted: (*Ask how much a letter costs.*)
Dependienta: Una carta vale cuarenta y cinco pesetas.
Usted: (*Ask for ten 45-peseta stamps.*)

(b) Hiring a car

Write down what you would say to find out if you could hire a car, to hire one for a week and to find out how much it will cost.

Empleado: Buenos días. ¿En qué puedo servirle?
Usted: (*Ask if you can hire a car here.*)
Empleado: Sí. ¿Para cuántos días?
Usted: (*Say for a week. Ask how much it costs per day.*)
Empleado: Vale cuatro mil seiscientas pesetas por día, más treinta y cinco pesetas por kilómetro.

(c) Likes, dislikes and preferences

Write down genuine answers to the following questions.

1 ¿Le gusta a usted el vino?
2 ¿Le gustan a usted los calamares?
3 ¿Qué le gusta más, el vino o la cerveza?
4 ¿Le gusta visitar museos?
5 ¿Dónde le gusta pasar sus vacaciones?
6 ¿Le gusta a su marido (mujer) el calor?
7 ¿Le gusta a su marido (mujer) ir de compras?
8 ¿Qué le gusta más a su marido (mujer), tomar el sol o dar un paseo?
9 ¿Le gustaría vivir en España?
10 ¿Qué le gustaría más, visitar un museo o ir al teatro?

Mark Scheme

- *Section 1*
  2 marks per correct answer (maximum 20)

- *Section 2(a)*
  4 marks per correct answer (maximum 12)

- *Section (2b)*
  4 marks per correct answer (maximum 8)

- *Section (2c)*
  2 marks per correct answer (maximum 20)

Maximum total 60

Self-assessment grades

Over 50   excellent
30–50   satisfactory
Under 30   need for careful revision

Answers

Section 1

1 What the woman likes to do at the weekends.
2 The weather.
3 She goes for a walk in the country.
4 She goes to the cinema or the theatre.
5 He suggests they go to the cinema on Saturday.
6 By looking at the entertainments guide.
7 7 pm and 11 pm.
8 She chooses the evening performance because she does not like to go to bed late.
9 In front of the cinema.
10 At 6.45 pm.

Section 2

(a) At the Post Office

¿Cuánto vale mandar una tarjeta postal a Inglaterra?
¿Y una carta?
Deme diez sellos de cuarenta y cinco pesetas.

(b) Hiring a car

¿Puedo alquilar un coche aquí?
Para una semana. ¿Cuánto vale por día?

(c) Likes, dislikes and preferences

1 Sí, me gusta el vino. No, no me gusta el vino.
2 Sí, me gustan los calamares. No, no me gustan los calamares.
3 Me gusta más el vino/la cerveza.
4 Sí, me gusta visitar museos. No, no me gusta visitar museos.
5 Me gusta pasar mis vacaciones en + name of country.
6 Sí, le gusta el calor. No, no le gusta el calor.
7 Sí, le gusta ir de compras. No, no le gusta ir de compras.
8 Le gusta más tomar el sol/dar un paseo.
9 Sí, me gustaría vivir en España. No, no me gustaría vivir en España.
10 Me gustaría más visitar un museo/ir al teatro.

¿Visitaste la catedral?

Talking about the past – 1

El Rastro

Dialogues

Dialogue 1

Joan Robinson and María López stroll through the Rastro chatting about Joan's visit to Toledo. They pause near one of the stalls.

María: Mira, Juana, ciento veinte pesetas. Es una ganga.
Joan: Lo siento, María, pero no comprendo. ¿Qué quiere decir 'una ganga'?
María: Es una cosa que es muy barata como ese peine.
Joan: Ah, sí. Ahora comprendo.
María: ¿Visitaste la catedral en Toledo?

Joan: Sí, claro. Fui dos veces.

María: Y, ¿te gustó?

Joan: Me gustó mucho.

María: ¿Compraste algo en Toledo?

Joan: Sí. Fui con Roberto a una fábrica de artesanía y compré un monedero. Roberto compró muchas cosas: un broche, unos pendientes y un collar.

María: Entonces lo pasaste bien en la antigua capital de España, ¿verdad?

Joan: Sí, lo pasé muy bien; es una ciudad encantadora.

Dialogue 2

Before leaving to meet Juan López for their round of golf Robert Robinson chats to the hotel receptionist.

Recepcionista: ¿Cuándo volvió usted de Toledo, señor Robinson?

Robert: Volví anoche. Cogí el tren de las diecisiete horas y llegué aquí a las siete y media.

Recepcionista: ¿Le gustó Toledo?

Robert: Sí, me gustó mucho.

Recepcionista: ¿Comió usted perdiz a la toledana, ese plato típico de Toledo?

Robert: Sí. Fui a comer un día a la Venta del Aire, ese restaurante muy bueno en el Circo Romano.

Recepcionista: Me parece que su amigo acaba de llegar, señor Robinson. Ahí está delante del hotel.

Robert: ¿Dónde? No le veo. Ah sí, es mi amigo Juan López. Vamos a jugar al golf. Hasta luego.

Recepcionista: Hasta luego, señor Robinson.

La catedral en Toledo

Dialogue 3

On the golf course Juan López questions Robert about his trip to Toledo.

Juan: ¿Fuiste a los molinos en Campo de Criptana?
Robert: Sí. Alquilé un coche y pasé todo un día en Campo de Criptana.
Juan: ¿Te gustaron los molinos?
Robert: ¡Hombre, claro! Son parte de la historia de España, ¿no?
Juan: ¿Qué otras cosas viste? ¿Visitaste el museo del Greco?
Robert: Sí, fui un día con Juana, pero el guía nos habló en español muy rápidamente y no comprendí mucho.
Juan: ¡Qué lástima! Los cuadros del Greco son muy famosos y muy preciosos.
Robert: Sí, ya lo sé. Bueno, me toca a mí jugar, ¿no? Voy a ganar, ya verás.

Vocabulary

la ganga	bargain
comprender	to understand
no comprendo	I don't understand
querer (ie) decir	to mean, signify
¿qué quiere decir?	what does it mean?
la cosa	thing
como	like, as
el peine	comb
la catedral	cathedral
la vez	time, occasion
dos veces	twice
algo	something, anything
la fábrica	factory
la artesanía	handicraft
el monedero	purse
la capital	capital
encantador/a/es/as	charming
anoche	last night
la perdiz a la toledana	partridge dish typical of Toledo
el plato	dish, plate
la venta	inn
acabar de	to have just (done something)
acaba de llegar	he's just arrived
le	him (direct object pronoun)
hasta luego	see you soon
la parte	part
la historia	history
rápidamente	quickly
la lástima	pity
¡qué lástima!	what a pity!
el cuadro	picture, painting
famoso/a/os/as	famous

tocar	to be someone's turn
me toca a mí	it's my turn
ganar	to win, earn
ya verás	you'll see

Explanations

A

(a) Talking about the past – grammar ref 16(i)

The form of the verb you have seen in the dialogues is the preterite tense and is used to talk about single actions or events in the past. The singular forms of the regular verbs are as follows:

'-ar' verbs

Comprar	*To buy*
Compré un monedero.	I bought a purse.
Compraste un collar.	You bought a necklace (familiar).
Marta compró un broche.	Martha bought a brooch.
Usted compró unos pendientes.	You bought some earrings (polite).

'-er' verbs

Comer	*To eat*
Comí bien.	I ate well.
Comiste mucho.	You ate a lot (familiar).
Juan comió mal.	John ate badly.
Usted comió poco.	You ate little (polite).

'-ir' verbs

Salir	*To leave, go out*
Salí a las nueve.	I left at 9 o'clock.
Saliste a las diez y media.	You left at 10.30 (familiar).
Pablo salió a las doce y cuarto	Pablo left at 12.15.
Usted salió a las cinco y veinte.	You left at 5.20 (polite).

Notice that '-er' and '-ir' verbs have the same endings.

(b) Spelling changes – grammar ref 16(ii)

Verbs which end '-gar' add 'u' after the 'g' before an ending beginning with 'e' to preserve the sound found in the infinitive.

Llegué a las diez.	I arrived at 10 o'clock.
Llegaste tarde.	You arrived late.
Pagué mil pesetas.	I paid 1000 pesetas.
Pagaste mucho.	You paid a lot.

(c) Saying that you liked something – grammar ref 14

The verb 'gustar' is used and only the third person singular and plural are needed:

¿Le gustó la comida?	Did you like the meal? (Did the meal please you?)
Sí, me gustó mucho.	Yes, I liked it very much.
¿Le gustaron los cuadros?	Did you like the pictures?
Sí, me gustaron bastante.	Yes, I quite liked them.

(d) Saying that you enjoyed yourself – grammar ref 16(i)

The verb 'pasar' is used with the pronoun 'lo':

¿Lo pasó bien en Toledo?	Did you have a good time in Toledo? (Did you spend time well in Toledo?)
Sí, lo pasé muy bien.	Yes, I had a good time.

(e) Saying where you went

The verb 'ir' (to go) is used and is irregular. The forms of the singular are as follows:

Fui a Toledo.	I went to Toledo.
Fuiste al cine.	You went to the cinema (familiar).
Juan fue al teatro.	John went to the theatre.
Usted fue a Londres.	You went to London (polite).

(f) Saying what you have just done – grammar ref 17

The verb used is 'acabar de' in the present tense + infinitive:

Acabo de llegar.	I've just arrived.
Acabas de ver a María.	You've just seen Mary (familiar).
Pepe acaba de salir.	Joe has just left.
Usted acaba de jugar al tenis.	You've just played tennis (polite).

(g) Saying that it is your turn

The verb used is 'tocar' and it behaves just as 'gustar' does:

Me toca pagar.	It's my turn to pay.
Te toca jugar.	It's your turn to play (familiar).
Le toca salir.	It's his/her turn to leave.
Le toca a usted pagar.	It's your turn to pay (polite).

(h) Referring to things and people using pronouns – grammar ref 5(i)

Two pronouns are found in the dialogues and refer to the following things or people:

Lo	*It (masc. sing.)*
Ya lo sé.	I already know it.
¿El bolso? Lo compré ayer.	The handbag? I bought it yesterday.
Le	*Him*
No le veo.	I can't see him.
¿Juan? Le vi anoche.	John? I saw him last night.

Notice that pronouns are usually placed before the verb.

B

(i) Talking about the past – grammar ref 16(iv)

The verbs found in Section A are regular with the exception of 'ir' (to go). A number of common verbs are irregular but do follow a pattern. One major group changes both the stem and the endings, following this pattern:

Andar	*To walk*
Anduve por la calle.	I walked along the street.
Anduviste por el parque.	You walked through the park.
Juan anduvo por el mercado.	John walked through the market.
Usted anduvo por la exposición.	You walked through the exhibition.

Similar verbs are:

Conducir	*To drive*
Conduje bien.	I drove well.
Decir	*To say*
Dije la verdad.	I told the truth.
Estar	*To be*
Estuve en París.	I was in Paris.
Hacer	*To do, make*
Hice mucho trabajo.	I did a lot of work.
Note: Hizo mucho trabajo.	He did a lot of work.
Poder	*To be able, can*
No pude venir.	I could not come.
Poner	*To put, place*
Puse la maleta en la cama.	I put the suitcase on the bed.
Producir	*To produce*
Produje un peine.	I produced a comb.
Querer	*To wish, want*
No quise salir.	I did not want to go out.

Saber	To know
No lo supe.	I did not know it.
Tener	To have
Tuve que volver.	I had to return.
Traer	To bring
Traje a mi hermano.	I brought my brother.
Venir	To come
Vine deprisa.	I came quickly.

Exercises

- *The key to these exercises begins on p. 328.*

A

Exercise 1   Finding out what something means

Play the part of Joan Robinson in the following dialogue; find out what 'una ganga' means.

María: Mira, Juana, ciento veinte pesetas. Es una ganga.

Usted: (*Say you are sorry, María, but you do not understand. Ask what 'una ganga' means.*)

María: Es una cosa que es muy barata, como ese peine.

Usted: (*Say ah yes. Now you understand.*)

Exercise 2   Saying where you went and how you liked it

Play the part of Joan Robinson in the following dialogue; explain that you went twice to the cathedral and enjoyed it.

María: ¿Visitaste la catedral en Toledo?

Usted: (*Say yes, of course. You went twice.*)

María: Y, ¿te gustó?

Usted: (*Say you liked it a lot.*)

Exercise 3   Saying when and how you got back and how you liked a place

Play the part of Robert Robinson in the following dialogue; explain that you returned last night on the 17.00 train, arrived at 7.30 pm and enjoyed Toledo.

Recepcionista: ¿Cuándo volvió usted de Toledo, señor Robinson?

Usted: (*Say you returned last night. You caught the 17.00 train and arrived here at 7.30.*)

Recepcionista: ¿Le gustó Toledo?

Usted: (*Say yes, you liked it a lot.*)

Exercise 4 Saying where you went and how

Play the part of Robert Robinson in the following dialogue; explain that you hired a car and spent the day at Campo de Criptana.

Juan: ¿Fuiste a los molinos en Campo de Criptana?
Usted: (*Say yes. You hired a car and spent a whole day in Campo de Criptana.*)
Juan: ¿Te gustaron los molinos?
Usted: (*Say of course. They are part of the history of Spain, aren't they?*)

Exercise 5 Saying what you did

Reply to the following questions in the affirmative.
Example: ¿Qué alquiló usted? ¿Un coche? Sí, alquilé un coche.

1   ¿Dónde aparcó usted? ¿En la plaza?
2   ¿Qué compró usted? ¿Un peine?
3   ¿Cuánto pagó usted? ¿Ciento veinte pesetas?
4   ¿Qué habló usted? ¿Español?
5   ¿A qué hora llegó usted a casa? ¿A las nueve?
6   ¿Qué tomó usted en el bar? ¿Una cerveza?
7   ¿Cuánto pagó usted? ¿Cien pesetas?
8   ¿A quién invitó usted? ¿A su amigo?
9   ¿Qué visitó usted? ¿La catedral?
10   ¿Qué escuchó usted por la tarde? ¿Discos de música clásica?

Exercise 6 Saying what you did or did not do

Examples: ¿Cogió usted el autobús? (Sí) Sí, cogí el autobús.
                ¿Escribió usted la carta? (No) No, no escribí la carta.

1   ¿Vio usted la televisión? (Sí)
2   ¿Comió usted bien? (No)
3   ¿Volvió usted anoche? (Sí)
4   ¿Salió usted a las once? (Sí)
5   ¿Bebió usted horchata? (No)

Exercise 7 Saying where you went, when and with whom

Example: Theatre/yesterday/wife. Fui al teatro ayer con mi mujer.

1   Cinema/last night/friend.
2   Market/this morning/husband.
3   Shopping/yesterday/son.
4   Discotheque/this evening/sister.
5   Cathedral/yesterday morning/daughter.

Exercise 8 Saying what has just happened

Reply to the following questions in the affirmative.

Example: ¿Llegó Juan? Sí, acaba de llegar.

1 ¿Salió Marta?
2 ¿Entró su marido?
3 ¿Volvió el guía?
4 ¿Pagó Paco?
5 ¿Llegó la prensa extranjera?

Exercise 9   Saying whether you liked something or not

Examples: ¿Le gustó la catedral? √√ Sí, me gustó mucho.
√ Sí, me gustó.
× No, no me gustó.
× × No, no me gustó nada.

1 ¿Le gustó la comida? ×
2 ¿Le gustó la ensalada? √√
3 ¿Le gustaron las chuletas? × ×
4 ¿Le gustó el helado? √
5 ¿Le gustaron los entremeses? √√

Exercise 10   Finding out if it's your turn

Example: Pay. ¿Me toca pagar?

1 Play.
2 Leave.
3 Buy.
4 Listen.
5 Speak.

B

Exercise 11   A day in your life

Answer the following questions in the affirmative.

1 ¿A qué hora salió usted de casa? ¿A las ocho?
2 ¿Cómo fue a su trabajo? ¿En coche?
3 ¿A qué hora llegó a su trabajo? ¿A las nueve?
4 ¿Qué dijo usted a sus amigos? ¿Buenos días?
5 ¿Hizo mucho trabajo?
6 ¿Dónde comió? ¿En casa?
7 ¿Tuvo que trabajar mucho por la tarde?
8 ¿Trajo más trabajo a casa?
9 ¿Vio la televisión por la tarde?
10 ¿A qué hora se fue a la cama? ¿A las once?

Now repeat the exercise but this time give genuine answers.

Exercise 12   Asking what people did

The following are the answers. What were the questions?
Example: Sí, traje a mi hermano. ¿Trajo usted a su hermano?

1   Sí, anduve por el parque.
2   Sí, puse la maleta en la habitación.
3   No, no pude comprenderle.
4   Sí, lo supe ayer.
5   Sí, estuve en Málaga el mes pasado.

¿Comprende usted el español hablado?

(Listening exercises)

A

Lo siento, pero no comprendo

Listen to the tape, decide what Joan's problem is and how it is resolved.

B

Listen to the tape and write down in English where Joan went in Toledo and what she bought there.

C

¿Qué hiciste el domingo pasado?

Listen to the tape and select the correct answer from the ones supplied.

1   The woman rang the man:
    (a) last Saturday   (b) last Friday   (c) last Sunday
2   The man was out:
    (a) at a concert   (b) shopping   (c) visiting his mother
3   The music he was listening to was:
    (a) classical   (b) jazz   (c) folk
4   The concert was:
    (a) in the open air   (b) in a concert hall   (c) in a bar
5   The man went to the concert:
    (a) with his wife   (b) with two friends   (c) with four friends
6   The woman rang the man to invite him:
    (a) to dinner   (b) to go into the country   (c) to go to a disco
7   In the end, she went:
    (a) to a disco with friends   (b) shopping   (c) to see her mother

(Reading exercises)

Read these signs seen in Spain and write down what they mean in English.

1. PEATONES SALGAN POR LA ESCALERA

2. HORARIO DEL MERCADO
MAÑANA DE 7'30 A 13'30
TARDE DE 16 A 19'30

3. FRUTERIAS CARNICERIAS POLLERIAS PESCADOS PANADERIA — PLANTA 1ª

4. LUNES ABIERTO TODO EL DIA

5. TODO A MITAD DE PRECIO

6

ACCESO PEATONAL

7

PROHIBIDO APARCAR EN EL CENTRO EXCEPTO VISPERAS DE FESTIVOS

8

CARRETERA CORTADA AL PASO POR ANDOSILLA LAS 24 H.DEL DIA CRUCE A PERALTA ABIERTO

9

AGUA CONTAMINADA PELIGROSO BAÑARSE

10

CURVAS PELIGROSAS EN 2.700m.

Rompecabezas

(Puzzles)

B

De vacaciones

Where did these people go on holiday. Rearrange the anagrams to find out where they went. All the places you need (and some you do not) are found on the map below.

1 Me gusta el calor. Fui a la ASOCTDELSOL.
2 Me gusta el esquí. Fui a los RIPNOIES.
3 Me gustan los monumentos árabes. Fui a DRANAGA.
4 Fui a visitar a mi amigo catalán que vive en CLANBOREA.
5 Me gustan mucho los teatros y los museos. Visité DIRAMD.
6 Me encanta el paisaje verde. Fui a ACIGALI.

17 ¿Compraste algo?

Talking about the past – 2

Dialogues

Dialogue 1

Joan Robinson and María López separate in the Rastro market and later meet up to discuss their purchases. Joan has bought some pictures of Madrid.

María: ¡Qué cuadros más bonitos! ¿Dónde los encontraste?
Joan: Los encontré en un puesto en aquella calle. ¿Te gustan?
María: Sí, me gustan mucho. ¿Cuánto te costaron?
Joan: No mucho. Sólo quinientas pesetas cada uno. Una ganga, ¿no, María?
María: ¡Qué pronto aprendes! ¡Y qué bien hablas el español, Juana!

Dialogue 2

Joan wants to know what María has bought.

Joan: ¿Compraste algo?
María: Sí. Subí por aquella calle y encontré un puesto de joyas antiguas.
         Compré esta sortija vieja. El vendedor me dijo que es del siglo pasado.
Joan: A ver. Sí, es muy bonita. ¿Cuánto te costó?
María: Quince mil pesetas, pero es de oro.

Dialogue 3

Robert Robinson has a slight mishap in the golf club. He leaves his sun glasses on the table, goes to the bar with Juan and, when he returns, the glasses have disappeared.

Robert: ¿Dónde están mis gafas de sol? Las dejé aquí en la mesa.
Juan: ¿Estás seguro? Espera un momento. Voy a llamar al camarero. ¡Oiga, señor!
Camarero: Sí, señor. ¿Qué quiere?

En el Rastro

Juan: ¿Vio usted unas gafas de sol? Mi compañero las dejó aquí en esta mesa.

Camarero: Sí, señor, las vi. Hace un momento entró un joven y las cogió. Mire; ahí está en la terraza.

Robert: Muchas gracias.

Dialogue 4

Robert approaches the young man on the golf club terrace.

Robert: Perdone, señor. Me parece que usted cogió mis gafas de sol. Las dejé en la mesa en el bar.

Joven: ¿Qué? No, señor. Está usted equivocado. Estas gafas son mías.

Robert: Pero son gafas inglesas. Mire, señor, llevan el nombre de la tienda donde las compré en York.

Joven: ¿Dónde? Ah, sí, ahora lo veo. Perdóneme, señor. Las cogí sin pensar. Pero, ¿dónde están mis gafas entonces?

Robert: Me parece que están ahí en el bolsillo de su chaqueta, señor.

Joven: ¿Qué? ¡Caramba! Tiene usted razón. Perdóneme, señor.

Robert: ¡No hay de qué, señor!

Vocabulary

encontrar (ue)	to find, meet
los	them (direct object pronoun, masc.)
el puesto	stall (in a market)
costar (ue)	to cost
pronto	soon, quickly
¡qué pronto!	how soon, quickly!
aprender	to learn
¡qué bien!	how nice, good!
la joya	jewel
la sortija	ring
viejo/a/os/as	old
el vendedor	salesman
el siglo	century
pasado/a/os/as	past, last
las gafas de sol	sun glasses
el compañero/la compañera	companion
las	them (direct object pronoun, fem.)
joven/jóvenes	young
el joven	young man
hace	ago
hace un momento	a moment ago
la terraza	terrace
estar equivocado/a/os/as	to be mistaken, wrong
usted está equivocado/a	you're mistaken, wrong
mío/a/os/as	mine

llevar	to bear, carry, wear (of clothing)
sin pensar	without thinking
el bolsillo	pocket
la chaqueta	jacket
¡caramba!	gosh! blast!
tener razón	to be right
usted tiene razón	you're right
¡no hay de qué!	don't mention it, it doesn't matter

Explanations

A

(a) Giving exclamatory opinions

The form you use is '¡qué' + noun + 'más' + adjective!

¡Qué cuadros más bonitos!	What pretty pictures!
¡Qué comida más barata!	What a cheap meal!
¡Qué hombre más tonto!	What a stupid man!
¡Qué chicas más guapas!	What pretty girls!

To exclaim how nice, expensive, etc. something is, the form is similar:

¡Qué tonto!	How stupid! (of a male)
¡Qué tonta!	How stupid! (of a female)
¡Qué barato!	How cheap! (of a masculine object)
¡Qué caros!	How dear! (of masculine objects)
¡Qué preciosas!	How beautiful! (of feminine objects)
¡Qué bien lo hace usted!	How well you do it!

(b) Referring to things using pronouns – grammar ref 5(i)

In Chapter 16 you saw the use of the two pronouns 'lo' and 'le'. Two further direct object pronouns are found in this chapter and are used to refer to plural masculine or feminine objects:

Los	*Them (masc. pl.)*
¿Los cuadros? Los compré en ese puesto.	The pictures? I bought them at that stall.
Las	*Them (fem. pl.)*
¿Mis gafas? Las dejé en la mesa.	My glasses? I left them on the table.

(c) The third person plural of the past tense of regular '-ar' verbs – grammar ref 16(i)

The ending '-aron' is added to the stem of the verb:

Costar	To cost
¿Cuánto costaron?	How much did they cost?
Llegar	To arrive
¿A qué hora llegaron?	What time did they arrive?

(d) Referring to last week, month, etc.

The adjective 'pasado' is placed after the noun:

Llegué el lunes pasado.	I arrived last Monday.
Lo compré la semana pasada.	I bought it last week.
Salió para Sevilla el mes pasado.	He left for Seville last month.
Fui a Granada el año pasado.	I went to Granada last year.

(e) Saying that something happened a certain time ago

You use 'hace' followed by the relevant expression of time:

Salió hace una hora.	He left an hour ago.
Llegué hace tres días.	I arrived three days ago.
Le vi hace un mes.	I saw him a month ago.

(f) Saying that you are sure of something, or right or wrong about it

| Estar seguro/a | To be sure ('segura' is the feminine form) |
| No estoy seguro (segura) de su nombre. | I'm not sure about his name. |

| Estar equivocado/a | To be mistaken, wrong ('equivocada' is the feminine form) |
| Estoy equivocado (equivocada). | I'm mistaken. |

| Tener razón | To be right |
| Usted tiene razón. | You're right. |

(g) Saying you own something – grammar ref 5 (iii)

The possessive pronoun 'mío' is used after the verb 'es' and 'son' to say that you own something:

¿Es éste su bolso? Sí, es mío.
   Is this your handbag? Yes, it's mine.
¿Es ésta su maleta? Sí, es mía.
   Is this your case? Yes, it's mine.
¿Son éstos sus guantes? Sí, son míos.
   Are these your gloves? Yes, they're mine.
¿Son éstas sus gafas? Sí, son mías.
   Are these your glasses? Yes, they're mine.

Notice that the possessive pronoun agrees with the thing described and not with the possessor. Elsewhere the word 'mío' is preceded by the definite article, 'el', 'la', 'los','las':

>Éste no es mi bolso. El mío es rojo.
>>This isn't my handbag. Mine is red.
>Ésta no es mi maleta. La mía es marrón.
>>This isn't my case. Mine is brown.
>Éstos no son mis guantes. Los míos son grises.
>>These aren't my gloves. Mine are grey.
>Éstas no son mis gafas. Las mías son inglesas.
>>These aren't my glasses. Mine are English.

(h) Saying you did something without thinking, wishing to, etc.

You use the word 'sin' + infinitive:

Lo cogí sin pensar.	I picked it up without thinking.
Lo bebí sin querer.	I drank it without wishing to.

B

(i) Regular '-er' and '-ir' verbs in the third person plural in the past tense – grammar ref 16(i)

The ending '-ieron' is added to the stem of the verb:

¿Qué recibieron?	What did they receive?
¿A qué hora prometieron llegar?	What time did they promise to arrive?

(j) Irregular verbs in the third person plural in the past tense – grammar ref 16(iv)

Most of the irregular verbs found in Chapter 16 also have the ending '-ieron':

No hicieron nada.	They did nothing.
Estuvieron en Valencia.	They were in Valencia.

The exceptions are those which have a 'j' at the end of the stem – these end in '-eron':

No dijeron nada.	They said nothing.
Condujeron mal.	They drove badly.
Trajeron a su madre.	They brought their mother.

(k) Saying that things belong to other people – grammar ref 5(iii)

The relevant possessive pronouns are:

<u>Tuyo</u>	*Yours (familiar)*
Este bolso es tuyo, ¿verdad?	This handbag is yours, isn't it?
Mi región es más bonita que la tuya.	My region is prettier than yours.

| Suyo | His, hers, yours (polite) |
| Esta maleta es suya. | This case is his. |

Any ambiguity is resolved by using the relevant pronoun:

Esta maleta es de él.	This case is his.
Esta maleta es de ella.	This case is hers.
Esta maleta es de usted.	This case is yours.

Exercises

- *The key to these exercises begins on p. 330.*

B

Exercise 1 Saying where you found something

Play the part of Joan Robinson in the following dialogue; say where you found the pictures and how much they cost.

María: ¡Qué cuadros más bonitos! ¿Dónde los encontraste?
Usted: (*Say you found them on a stall in that street. Ask if she likes them.*)
María: Sí, me gustan mucho. ¿Cuánto te costaron?
Usted: (*Say not much. Only 500 pesetas. A bargain isn't it, María?*)

Exercise 2 Finding out what your friend bought and what it cost

Play the part of Joan Robinson; find out if your friend bought anything and what it cost.

Usted: (*Ask if María bought anything.*)
María: Sí, compré esta sortija vieja.
Usted: (*Say let's see. Yes, it's very nice. How much did it cost?*)
María: Quince mil pesetas, pero es de oro.

Exercise 3   Finding out what happened to something you left on a table

Example: ¿Dónde están mis gafas de sol? Las dejé aquí en la mesa.

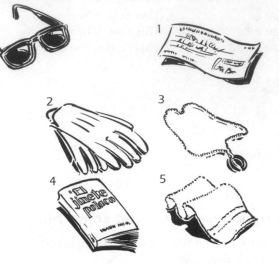

Exercise 4   Giving exclamatory opinions

Comment on the quality of things and ask where your friend found them.
Example: Pretty pictures. ¡Qué cuadros más bonitos! ¿Dónde los encontraste?

1	Cheap brooches.	6	Strong brandy.
2	A handsome man.	7	A cheap present.
3	Typical postcards.	8	Comfortable shoes.
4	An interesting book.	9	Beautiful earrings.
5	Excellent ham.	10	A charming ring.

Exercise 5   Using the third person plural of regular '-ar' verbs

Example: Costaron mil pesetas, ¿verdad? (2000) No. Costaron dos mil pesetas.

1 Llegaron a las ocho, ¿verdad? (Las nueve)
2 Aparcaron en la plaza, ¿verdad? (La calle)
3 Alquilaron el coche en Madrid, ¿verdad? (Toledo)
4 Hablaron inglés, ¿verdad? (Español)
5 Reservaron una habitación con baño, ¿verdad? (Ducha)

Exercise 6   Referring to last week, month, etc.

Example: ¿Cuándo llegó usted? (Tuesday) Llegué el martes pasado.

1 ¿Cuándo llegó usted? (Thursday)
2 ¿Cuándo visitó usted Toledo? (Week)

3 ¿Cuándo salió usted de Madrid? (Month)
4 ¿Cuándo fue usted a Inglaterra? (Year)
5 ¿Cuándo pasó usted sus vacaciones en Málaga? (Summer)

Exercise 7   Saying how long ago something happened

Example: ¿Cuándo compró usted el broche? (Dos días) Compré el broche hace dos días.

1 ¿Cuándo vio usted a Juan? (Tres horas)
2 ¿Cuándo cambió usted los cheques? (Cuatro días)
3 ¿Cuándo pagó usted la cuenta? (Cinco minutos)
4 ¿Cuándo terminó usted el trabajo? (Un mes)
5 ¿Cuándo fue usted al cine? (Una semana)

Exercise 8   Am I right or wrong?

Examples: Madrid es la capital de España. Usted tiene razón.
  Toledo está en la costa. Usted está equivocado.

1 El español se habla en la América del Sur.
2 Hace calor en Inglaterra en el invierno.
3 Los españoles no comen pan con la comida.
4 Franco vivió en España.
5 El Talgo es un tren español.

Exercise 9   Is this yours?

Example: ¿Es de usted este pañuelo? Sí, es mío.

1 ¿Es de usted esta novela?
2 ¿Es de usted esta revista?
3 ¿Son de usted estos guantes?
4 ¿Son de usted estas gafas?
5 ¿Es de usted este collar?

Exercise 10   Explaining that something cannot be yours because yours is different

Example: ¿Es de usted este bolso? (Green) No, no es mío. El mío es verde.

1 ¿Es de usted esta toalla? (White)
2 ¿Es de usted este broche? (Of gold)
3 ¿Son de usted estos zapatos? (Black)
4 ¿Son de usted estas revistas? (English)
5 ¿Es de usted este monedero? (Of leather)

Exercise 11 What did they do?

Example: ¿Dónde estuvieron? (Bilbao) Estuvieron en Bilbao.

1 ¿A quién trajeron? (Su hermano)
2 ¿Cómo condujeron? (Bien)
3 ¿Qué dijeron? (Nada)
4 ¿Qué hicieron? (Mucho trabajo)
5 ¿Qué se pusieron? (La chaqueta)

Exercise 12 Saying that things belong to other people

Example: Mis calcetines son de lana. (Nilón) Mis calcetines son de lana, pero los tuyos son de nilón.

1 Mi casa está en York. (Nueva York)
2 Mis hijos son estudiantes. (Hombres de negocios)
3 Mi falda es de algodón. (Lana)
4 Mis discos son de música clásica. (Música popular)
5 Mi familia está en Inglaterra. (España)

Exercise 13 Saying that things belong to other people

Rephrase the following sentences using pronouns for the articles and people in the second half of the sentence.
Example: Aquí está mi impermeable, pero, ¿dónde está el impermeable de usted? Aquí está mi impermeable, pero, ¿dónde está el de usted?

1 Aquí está mi mujer, pero, ¿dónde está la mujer de Juan?
2 Aquí están mis padres, pero, ¿dónde están los padres de Juana?
3 Aquí está mi traje, pero, ¿dónde está el traje de Paco?
4 Aquí están mis pantalones, pero, ¿dónde están los pantalones de María?
5 Aquí está mi camisa, pero, ¿dónde está la camisa de usted?

¿Comprende usted el español hablado?

(Listening exercises)

A

En el Rastro

Listen to the tape and write down what the speaker bought, where she found it, how much it cost and what it is made of.

B

Listen to the tape and write down the name of the object being argued over, where it was left and how ownership is proved.

¿Compraste algo?

Listen to the tape and answer the questions in English.

1 Where did Marisa go shopping?
2 In which street in particular?
3 What did she buy there?
4 Why did this take a long time?
5 Name two of the three things she bought in the market?
6 What did the specialist shops sell?
7 What has she bought for the man?

¿Comprende usted el español escrito?

(Reading exercises)

Tablón de anuncios

Read the small advertisements from a Spanish newspaper on the next page and then answer the questions by selecting the correct advertisement.

1 You would like to learn Spanish dancing.
2 You need to work as a free-lance English translator.
3 You have a room to let with access to cooking and clothes-washing facilities.
4 You want to learn to drive.
5 You need to have some photocopies made.
6 You would like to learn Italian.
7 You want to follow a good quality course on nutrition and health in October or November.
8 You are a girl looking for a room in a flat with central heating, TV and a washing machine available to you.
9 You wish to tone up in a gym.
10 You are a girl looking for a room in a flat in the city centre.

HABITACIONES

● **SE** busca chica para compartir piso. Habitación individual, económica, soleado, calefacción central, televisión, lavadora. Junto Tráfico. C/. Tibónidas, 12, 1.º B.

● **SE** alquila habitación doble para señoritas. Piso soleado y céntrico, con teléfono y lavadora. Llamar al 264142.

IDIOMAS

● **TRADUCCIONES** en inglés. Precio económico. Teléf.: 280992.

● **SE** dan clases de italiano. Licenciado nativo. Preguntar por Livio. Llamar al teléfono 2959991 o C/. Lavadero de la Cruz, 7, 1.º. Junto S. Juan de Dios.

DEMANDAS

● **CHICO** busca piso de estudiantes para el próximo curso. Doy 18.000 ptas. máximo. Pido habitación individual, aseo, cocina, lavadora y a ser posible cercano a Ciencias. Llamar al 958/710111.

CLASES

● **APRENDE** a conducir en Auto-Escuela Las Alpujarras. Junto a Alsina. Paseo Ronda, 95. Matrícula: 15.000 ptas.

● **CLASES** de baile español. Interesados llamar al 260632.

● **CURSO** de nutrición y salud. De carácter oficial, reconocido por la Universidad de Granada. En octubre y noviembre. Razón en Facultad de Medicina.

OFERTAS

● **COPISA** fotocopias, calidad, rapidez, prestigio, planos. C/. Sol, 5. Teléf.: 279911.

● **GIMNASIO** Body Chic. Aerobic, gim-jazz, mantenimiento, musculación artes marciales, culturismo, sauna, asesoramiento dietético. Nva. de San Antón, 23. Teléf.: 256020.

Rompecabezas

(Puzzles)

Sopa de letras: en el Rastro

Hidden in the Wordsquare below are ten things you might buy in the Rastro market. Can you find them? (They are all positioned either horizontally or vertically.)

```
S  P  E  X  K  B  L  D  C
O  E  L  C  A  M  I  S  A
C  R  I  P  S  N  B  Q  R
U  F  Z  L  E  O  R  C  T
A  U  D  I  S  C  O  S  E
D  M  K  T  O  V  S  W  R
R  E  L  O  J  K  R  I  A
O  B  S  O  R  T  I  J  A
S  O  M  B  R  E  R  O  L
D  M  A  L  E  T  A  P  I
```

18 ¿Qué deseaba?

Describing things in the past

Dialogues

Dialogue 1

Joan Robinson saw a blouse in a shop and returns later to buy it. However, she finds the window display has been changed.

Dependiente: Buenos días, señora. ¿Qué deseaba?

Joan: Había una blusa en el escaparate que me gustaba mucho, pero ahora no está allí.

Dependiente: ¿Una blusa, señora? ¿Cómo era?

Joan: Era roja y amarilla.

Dependiente: Y, ¿dónde estaba exactamente?

Joan: Estaba a la derecha del escaparate.

Dependiente: A ver si me acuerdo … ¿Era de algodón o de lana?

Joan: Creo que era de algodón y valía diez mil pesetas.

Dependiente: Ah, sí, ahora me acuerdo, señora. Lo siento mucho, señora, pero tenía tres de esas blusas y las vendí todas ayer. Ya no quedan de ese modelo.

Joan: ¡Qué lástima! Era muy bonita.

Dependiente: ¿Quiere mirar otras blusas, señora? Tengo muchas que son muy bonitas.

Joan: No, gracias. Adiós.

Dependiente: Adiós, señora.

Dialogue 2

Robert Robinson has had a mysterious visitor at the hotel.

Recepcionista: ¡Señor Robinson! Había una señorita aquí antes que le buscaba.

Robert: ¿Una señorita? ¿Cómo era?

Recepcionista: Era bastante alta, tenía el pelo rubio y llevaba un traje azul.

Robert: ¿Cómo se llamaba?

Recepcionista: No lo sé, señor Robinson. No dijo su nombre.

Robert: Pues, ¿qué quería?

Recepcionista: Tampoco lo sé. No dejó ningún recado. Entró, preguntó si estaba usted en el hotel y, cuando le dije que no estaba, se marchó sin decir nada.

Robert: ¡Qué raro! A ver si vuelve otra vez. ¿Está mi esposa?

Recepcionista: Creo que sí. Hace un rato estaba en el bar.

Robert: Gracias.

Dialogue 3

City centres change continually, and La Puerta del Sol, the city centre of Madrid, is no exception. Robert Robinson returns to his old haunts with Juan López and indulges in a bout of nostalgia.

Robert: Todo esto está muy diferente. Había un café allí donde ahora hay una zapatería. En aquella esquina una señora muy vieja vendía puros y cigarrillos, y la mejor pastelería de la ciudad estaba por este lado.

Juan: ¡Hombre! ¡Qué memoria! Ya veo que te acuerdas de todo. ¿Cómo es eso?

Robert: Pues, cuando yo vivía en Madrid, tenía una novia española muy guapa que trabajaba en una oficina en esta plaza. Todos los días yo venía a buscarla y merendaba con ella en el café que ahora ya no existe.

Juan: Y, ¿cómo se llamaba esa novia española tan guapa?

Robert: Se llamaba … La verdad es que no me acuerdo de su nombre.

Juan: ¡Qué memoria! ¡Ya veo que no te acuerdas de nada!

Vocabulary

desear	to wish, want
¿que deseaba?	can I help you? (what did you want?)
había	there was, there were
la blusa	blouse
el escaparate	shop window
gustar	to like (to please)
me gustaba	I liked
ser	to be
¿cómo era?	what was it like?
rojo/a/os/as	red
amarillo/a/os/as	yellow
estar	to be
¿dónde estaba?	where was it?
acordarse de (ue)	to remember
me acuerdo de	I remember
el algodón	cotton
la lana	wool
valer	to cost, be worth
valía	it cost
tener (ie)	to have
tenía	I had
quedar	to remain, be left
ya no quedan	there are none left
el modelo	model, style

La Puerta del Sol

mirar	to look at
¿quiere mirar?	do you want to look at?
antes	before, earlier
buscar	to look for
le buscaba	he/she was looking for you
llevar	to wear, carry
llevaba	he/she was wearing
el traje	suit (male or female)
azul/es	blue
el pelo	hair
llamarse	to be called (literally, to call onself)
rubio/a/os/as	fair, blonde
¿cómo se llamaba?	what was she called?
decir (i)	to say, tell
no dijo	she did not say
querer (ie)	to want, wish, love
¿qué quería?	what did she want?
tampoco	neither
ninguno/a/os/as	none, no
preguntar	to ask
preguntó	she asked
marcharse	to go away, leave
se marchó	he/she left
sin decir nada	without saying anything
raro/a/os/as	odd, curious
¡qué raro!	how odd!
la vez	time, occasion
otra vez	again
el rato	while, short space of time
hace un rato	a little while ago
diferente/s	different
la zapatería	shoe shop
la esquina	corner (of street)
vender	to sell
vendía	he/she used to sell
el puro	cigar
la pastelería	cake shop
mejor/es	better, best
el lado	side (of street, square, etc.)
la memoria	memory
vivir	to live
vivía	I used to live
la novia	girlfriend, fiancée, bride
trabajar	to work
trabajaba	he/she used to work
venir (ie)	to come
venía	I used to come
merendar	to have a snack in mid-afternoon
merendaba	I used to have a snack
existir	to exist
nada	nothing

Explanations

A

(a) Talking about the past – grammar refs 18 (i), (ii)

To say what you used to do in the past you use the imperfect form of the verb.
For all verbs which end in '-ar' the pattern is as follows:

Trabajaba en una oficina.	I used to work in an office.
Trabajabas en una fábrica.	You used to work in a factory (familiar).
Juan trabajaba en un banco.	John used to work in a bank.
Usted trabajaba en un taller.	You used to work in a workshop (polite).

For nearly all verbs which end in '-er' or '-ir' the pattern is as follows:

Vivía en esta calle.	I used to live in this street.
Vivías cerca de Madrid.	You used to live near Madrid (familiar).
Paco vivía en esta plaza.	Frank used to live in this square.
Usted vivía en un piso.	You used to live in a flat (polite).

The exception to this pattern is the irregular verb 'ser' (to be):

Era camarero.	I used to be a waiter.
Eras más gordo.	You used to be fatter (familiar).
María era dependienta.	Mary used to be a shop assistant.
Usted era profesor.	You used to be a teacher (polite).

(b) Describing how things were – grammar refs 18 (i), (ii)

The same form is used to describe things or people in the past:

Llevaba un traje azul.	She was wearing a blue suit.
Juan tenía el pelo rubio.	John had fair hair.
Usted era alto y delgado.	You were tall and thin.

(c) Saying that there was, were or used to be

The verbal form 'había' is used for both singular and plural:

Había una zapatería en esta calle.	There used to be a shoe shop in this street.
Había cinco señores en el bar.	There were five gentlemen in the bar.

(d) Remembering things – grammar ref 7 (iv)

You use the verb 'acordarse', which changes its stem in the present tense:

| No me acuerdo. | I do not remember. |
| ¿Te acuerdas? | Do you remember? (familiar) |

If you state what you remember, this is joined to the verb with 'de':

| ¿Se acuerda usted de su nombre? | Do you remember his name? (polite) |

(e) Saying that you do not either

'Tampoco' can be used either as a single word answer or with a verb:

| No comprende. Yo tampoco. | He doesn't understand. Neither do I. |
| ¿Qué quería? Tampoco lo sé. | What did she want? I don't know that either. |

(f) Uses of the pronoun 'le' – grammar ref 5 (i)

'Le' can be used to refer to him:

| No le veo. | I can't see him. |

It is also used to refer to 'you' (masc. sing.):

| Le comprendo perfectamente, señor. | I understand you perfectly, sir. |

It is also used to express 'to him, to her, to you':

Le hablé en español.	I spoke to him in Spanish.
Le dije mi dirección.	I told her my address.
Le expliqué el problema.	I explained the problem to you.

Confusion rarely arises because the sentence in which the pronoun occurs gives its meaning.

| Ahí viene Paco. Ayer le di cien pesetas. | Here comes Frank. Yesterday I gave *him* 100 pesetas. |

B

(g) Uses of the imperfect tense – grammar refs 18 (i), (ii)

The imperfect is used for one of three reasons:

To refer to repeated action in the past:

| Nadaba en el mar todos los días. | I used to swim in the sea every day. |

To describe something or someone in the past:

| Era alto y gordo y llevaba gafas. | He was tall and fat and wore glasses. |

To refer to an interrupted action in the past:

| Juan esperaba el autobús cuando le vi. | John was waiting for the bus when I saw him. |

(h) Irregular verbs in the imperfect – grammar ref 18 (ii)

Ir	To go
Iba al mercado los sábados.	I used to go to the market on Saturdays.
¿Adónde ibas?	Where were you going? (familiar).
Marta iba al teatro los lunes.	Martha used to go to the theatre on Mondays.
Usted iba a Madrid, ¿verdad?	You were going to Madrid, weren't you?

Ver	To see
Veía la televisión todas las tardes.	I used to watch television every evening.
Veías a tu novia todos los días.	You used to see your girlfriend every day (familiar).
Alfonso veía a su hijo los martes.	Alphonse used to see his son on Tuesdays.
Usted veía la televisión mucho.	You used to watch television a lot (polite).

(i) Referring to other people by using pronouns – grammar refs 5 (i), (ii)

In Chapter 8 you learned a range of pronouns used to refer to people as the direct object of the verb. These were as follows:

Me ve.	He sees *me*.
Te veo.	I see *you* (familiar).
Le veo.	I see *him*.
Le veo.	I see *you* (polite, masc.).
La veo.	I see *you* (polite, fem.).
La veo.	I see *her*.

The indirect object pronouns are used to express 'to me', 'to you', etc. and are as follows:

Me habló.	He spoke to *me*.
Te dije la verdad.	I told *you* the truth (familiar).
Le di cien pesetas.	I gave 100 pesetas *to you* (polite).
Le hablé ayer.	I spoke *to him* yesterday.
Le devolví los documentos ayer.	I returned the documents *to her* yesterday.

You will notice that the pronoun 'le' expresses 'to him', 'to her' and 'to you' and that confusion may arise. This rarely happens because the context tells you which person is being referred to in the sentence:

Mire, señora. ¿Le gusta este modelo?	Look, madam. Do *you* like this model?

If the confusion does arise, it is removed by adding short phrases after the verb:

Le di cien pesetas a usted.	I gave 100 pesetas *to you.*
Le dije mi nombre a él.	I told *him* my name.
Le devolví los papeles a ella.	I returned the papers *to her.*

If two third person pronouns occur before the verb, 'le' changes to 'se':

Se lo di.	I gave it to him.

The order of the pronouns before the verb is invariably indirect – direct– verb:

Me las dio.	He gave them to me.
Te lo expliqué.	I explained it to you.
Se lo pedí.	I asked him for it.

Exercises

● *The key to these exercises begins on p. 333.*

A

Exercise 1   Trying to obtain goods seen previously

Play the part of Joan Robinson in the following dialogue; try to obtain the red and yellow cotton blouse, seen earlier in the window.

Dependiente: Buenos días, señora. ¿Qué deseaba?
Usted: (*Say there was a blouse in the window that you liked a lot, but it is not there now.*)
Dependiente: ¿Una blusa, señora? ¿Cómo era?
Usted: (*Say it was red and yellow.*)
Dependiente: Y, ¿dónde estaba exactamente?
Usted: (*Say it was on the right of the window.*)
Dependiente: A ver si me acuerdo… ¿Era de algodón o de lana?
Usted: (*Say you think it was cotton, and cost 10 000 pesetas.*)
Dependiente: Ah, sí, ahora me acuerdo, señora.

Now repeat the exercise, but try to obtain some grey shoes which were on the left of the window and cost 8000 pesetas.

Dependiente: Buenos días. ¿Qué deseaba?
Usted: (*Say there were some shoes in the window that you liked a lot, but now they are not there.*)
Dependiente: ¿Unos zapatos? ¿De qué color eran?
Usted: (*Say grey.*)
Dependiente: Y, ¿dónde estaban exactamente?
Usted: (*Say on the left of the window.*)
Dependiente: Y, ¿cuánto valían?
Usted: (*Say 8000 pesetas.*)

Exercise 2 Finding out about a mysterious visitor

Play the part of Robert Robinson in the following dialogue; find out the basic appearance and name of the visitor and what she wanted.

Recepcionista: ¡Señor Robinson! Había una señorita aquí antes que le buscaba.
Usted: (*Say, a young lady. Ask what she was like.*)
Recepcionista: Era bastante alta, tenía el pelo rubio y llevaba un traje azul.
Usted: (*Ask what her name was.*)
Recepcionista: No lo sé, señor Robinson. No dijo su nombre.
Usted: (*Ask what she wanted.*)
Recepcionista: Tampoco lo sé.

Exercise 3 Understanding things described in the past tense

Read or listen again to Dialogue 3 and then mark the following as true, false or not known.

1 In the Puerta del Sol a shoe shop has replaced a café.
2 There used to be an old man in the square who sold newspapers.
3 The best cake shop in the city used to be in the square.
4 Robert has never lived in Madrid.
5 He used to have a Spanish girlfriend who lived in the square.
6 She was very tall and dark-haired.
7 Every day Robert came to meet her in the square.
8 They used to visit a café in the square.

Exercise 4 Saying what you used to do

Answer the following questions, following the cues given.
Example: ¿Dónde vivía usted? (Madrid) Vivía en Madrid.

1 ¿Dónde vivía usted? (Bilbao)
2 ¿Dónde trabajaba usted? (En una oficina)
3 ¿A qué hora salía de casa por la mañana? (8.30)
4 ¿A qué hora llegaba a la oficina? (9.15)
5 ¿Dónde comía? (Un restaurante)
6 ¿A qué hora volvía a casa? (5.30)
7 ¿Dónde cenaba? (En casa)
8 ¿Qué bebía con la cena? (Vino)
9 ¿Veía la televisión por la tarde? (Sí)
10 ¿Le gustaban los programas? (Bastante)

Now repeat the exercise; imagine what your life was like ten years ago and give genuine answers.

Exercise 5 Saying how things have changed

Examples: Ahora hay una zapatería aquí, pero antes ... (Un café) Ahora hay una zapatería aquí, pero antes había un café. Ahora Juan es médico, pero hace seis años ... (Estudiante) Ahora Juan es médico, pero hace seis años era estudiante.

1 Ahora hay una farmacia en esta calle, pero antes ... (Un restaurante)
2 Ahora el español es fácil, pero hace tres meses ... (Difícil)
3 Ahora estoy libre, pero hace una hora ... (Ocupado)
4 Ahora hay un bar aquí, pero hace tres años ... (Un teatro)
5 Ahora soy jefe, pero hace unos cinco años ... (Empleado)

Exercise 6 Asking for people to be described

The following are the answers, but what were the questions?
Example: Era bajo y gordo. ¿Cómo era?

1 Era alto y delgado.
2 Se llamaba Juan González.
3 Llevaba un traje gris.
4 Quería su número de teléfono.
5 Era inglés.

Exercise 7 Referring to people by using pronouns

Answer the following questions in the affirmative.
Example: ¿Dio usted cien pesetas a Juan? Sí, le di cien pesetas.

1 ¿Escribió usted la carta a su marido?
2 ¿Habló usted en inglés al guía?
3 ¿Pagó usted mil pesetas al camarero?
4 ¿Vendió usted el coche a la chica?
5 ¿Mandó usted el paquete a su hija?

Exercise 8 Saying that you don't either

Example: No lo comprendo. ¿Lo comprende usted? Tampoco lo comprendo.

1 No lo sé. ¿Lo sabe usted?
2 No lo quiero. ¿Lo quiere usted?
3 No me gusta. ¿Le gusta a usted?
4 No lo veo. ¿Lo ve usted?
5 No lo oigo. ¿Lo oye usted?

B

Exercise 9 Talking about your youth

Answer the following questions, recalling your schooldays.

1 ¿A qué hora iba usted a la escuela?
2 ¿Cómo iba a la escuela?
3 ¿A qué hora llegaba?
4 ¿En qué clase se aburría?
5 ¿Dormía en clase?
6 ¿Hacía muchas preguntas a los profesores?
7 ¿Comía en la escuela?
8 ¿Estudiaba por las tardes?
9 ¿Compraba cigarrillos en aquellos años?
10 ¿Le gustaba la escuela?

Exercise 10   Saying what someone was doing when you saw him

Example: Leía el periódico
cuando le vi.

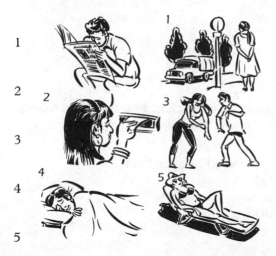

Exercise 11   Saying that you did it yesterday

Example: ¿Devolvió usted los documentos a Pablo? Sí, se los devolví ayer.

1 ¿Dijo usted la dirección a Maria?
2 ¿Explicó usted el plan a Alfredo?
3 ¿Mostró usted la carta a Manuel?
4 ¿Escribió usted la carta al señor Posada?
5 ¿Dio usted el número de teléfono a mi secretaria?

¿Comprende usted el español hablado?

(Listening exercises)

A

Mi abuela

Listen on the tape to a 'typical' grandmother talking about her earlier life and then answer the questions in English.

1   At what time did she get up?
2   What did she have for breakfast?
3   Where did she go at 6.30?
4   What did she do there?
5   What did she have for lunch?
6   At what time did she return home?
7   What did she have for dinner?
8   At what time did she go to bed?
9   With whom did she share her bed?

B

A los quince años

Listen to the tape and answer the questions in English. You may need to look up one or two key words if you cannot guess their meaning.
For example 'Monjas' – nuns.

1   Where did the woman live when she was fifteen years old?
2   Where was the school she attended?
3   Who were the teachers at the school?
4   Name two of her leisure time activities.
5   What else did she have to do?

¿Comprende usted el español escrito?

(Reading exercises)

!Qué fantasma!

Read the questions and answers and decide which 'ghostly' figure from Spanish history is being interviewed?

¿En qué siglo vivió usted?	En el siglo veinte.
¿Dónde vivía usted?	En el Pardo en Madrid.
¿Era usted el rey de España?	No, pero era muy importante en la política española.

¿Tenía usted enemigos?	Sí, mis peores enemigos eran los comunistas y los masones.
¿Tomaba usted parte en elecciones?	No, porque no había elecciones.
¿Quién era su mejor amigo?	La policía secreta.
¿Visitaba usted otros países?	No, nunca. Tenía miedo de una revolución comunista en España.
¿Cómo se llamaba usted?	???

Rompecabezas

(Puzzles)

¿Verdad o mentira?

Mark the following statements true or false.

1 En el año 850 los moros ya estaban en España.
2 En 1936 los rusos tenían la bomba atómica.
3 En 1300 los ingleses comían patatas.
4 En 1950 Franco era el jefe del Estado español.
5 En 1540 Madrid era la capital de España.
6 Gibraltar formaba parte del imperio británico en 1570.
7 Los ingleses veían mucho la televisión en los años treinta.
8 Muchos turistas ingleses visitaban España en los años setenta.
9 Los norteamericanos iban a la luna en los años cuarenta.
10 Usted hablaba bien el español hace cinco años.

19 ¿Qué te pasa?

Sickness and health

Dialogues

Dialogue 1

María López goes to urge her husband to get up but finds he is not well.

María: ¡Vamos, Juan, levántate! Son las ocho y veinte. Vas a llegar tarde a la oficina.

Juan: ¡Ay, María! No me siento bien.

María: ¿Qué te pasa, cariño?

Juan: Me duele la cabeza y creo que tengo fiebre.

María: Sí, estás muy pálido. ¿Te duele algo más?

Juan: Sí, me duele también el estómago.
María: Bueno. Voy a llamar al médico en seguida y luego te voy a hacer una taza de té.
Juan: Gracias. ¿Quieres llamar también a la oficina?
María: Sí, no te preocupes.

Dialogue 2

The doctor arrives and begins to examine Juan.

Doctor: ¿Qué le duele, señor López?
Juan: Me duele la cabeza y me duele el estómago.
Doctor: Vamos a ver. ¿Qué comió ayer?
Juan: Anoche tomé merluza y un flan.
Doctor: ¿Era fresca la merluza?
Juan: Creo que sí. Mi mujer la compró ayer en la pescadería de la esquina. ¿Es grave, doctor?
Doctor: No se preocupe, señor López. No es nada. Quédese en la cama hasta mañana y tome esta medicina. Voy a venir a verle mañana por la tarde.
Juan: Gracias, doctor.

Dialogue 3

Too much sun and a change of diet have also taken their toll of the Robinsons. Joan Robinson calls at the chemist's – la farmacia – but has to wait as the chemist deals with another customer.

Farmacéutico: Buenos días. ¿En qué puedo servirle?
Cliente: ¿Tiene algo para la tos?
Farmacéutico: Sí, esto es muy bueno. Vicks Fórmula cuarenta y cuatro. Cuatrocientas quince pesetas.
Cliente: Aquí tiene usted. Gracias.
Farmacéutico: A usted, señor. Y usted, señora. ¿Qué desea?
Joan: ¿Tiene algo para el dolor de garganta?
Farmacéutico: Sí, señora. Esto es excelente. Cuatrocientas cincuenta pesetas. ¿Algo más?
Joan: Sí. Necesito algo para el dolor de cabeza. ¿Qué recomienda usted?
Farmacéutico: OKAL es muy bueno, señora. Doscientas pesetas el paquete.
Joan: Deme un paquete de OKAL, entonces.
Farmacéutico: ¿Eso es todo?
Joan: No. También necesito algo para las quemaduras del sol.
Farmacéutico: Esta crema es muy buena, señora. Seiscientas cincuenta pesetas el tubo.
Joan: Gracias. ¿Cuánto es todo?
Farmacéutico: Cuatrocientas cincuenta, más doscientas, más seiscientas cincuenta ... son mil trescientas pesetas, señora.
Joan: Aquí tiene usted. Adiós.
Farmacéutico: Adiós, señora, y muchas gracias.

La farmacia

Vocabulary

levantarse	to get up
levántate	get up (familiar imperative)
sentirse (ie)	to feel
no me siento bien	I don't feel well
pasar	to happen, be the matter
¿qué te pasa?	what's the matter with you?(familiar)
doler (ue)	to hurt
me duele la cabeza	I've got a headache
la fiebre	fever
pálido/a/os/as	pale
el estómago	stomach
llamar	to call
el médico	doctor

la taza	cup
el té	tea
fresco/a/os/as	fresh
la pescadería	fish shop
grave/s	serious, grave
quedarse	to stay, remain
quédese	stay (polite imperative)
la cama	bed
la medicina	medicine
la tos	cough
el dolor de garganta	sore throat
necesitar	to need
el dolor de cabeza	headache
recomendar (ie)	to recommend
las quemaduras del sol	sunburn
la crema	cream
el tubo	tube

Explanations

(a) Medical aid

Chemists in Spain usually sell only medicines; for toiletries you go to 'la perfumería'. However, chemists are particularly good at diagnosing and prescribing for many minor illnesses and can often save the inconvenience and possible expense of a visit to a doctor. If you require medicine urgently when the chemist's is closed, you should look for a notice displayed outside all chemists which tells you the chemist's shop which is open – farmacia de guardia. Doctors in Spain work as they do in most countries, with their consulting hours – horas de consulta – indicated outside their surgeries. Most hotels have a doctor on call and, should you require one, you should ask at the reception desk. In addition to the normal doctor's services there are emergency departments – centros de urgencia – in most hospitals and roadside first-aid posts – puestos de Socorro/puestos primeros auxilios – manned by doctors or other medically qualified staff. Ambulances are less frequent in Spain than in some other countries and it is often a taxi that takes a patient or road-accident victim to hospital. The best advice to give anyone visiting another country is to keep healthy by avoiding excesses of sun, sudden changes in diet or excessive intake of alcohol; insure yourself against illness; and take with you any drugs you need and are accustomed to.

A

(b) Saying how you feel – grammar refs 7 (iv),8

The verb you use is 'sentirse', which changes in the first, second and third persons singular as follows:

¿Cómo se siente usted?	How do you feel? (polite)
¿Cómo te sientes?	How do you feel? (familiar)
Me siento bien.	I feel well.
Me siento mal.	I feel ill.
Me siento mejor.	I feel better.
Me siento peor.	I feel worse.
No me siento bien.	I don't feel well.

Another way to express this is to use the verb 'estar', as follows:

¿Cómo está usted?	How are you?
Estoy bien.	I'm well.
Estoy mejor.	I'm better.

(c) Saying what hurts – grammar ref 14

You use the verb 'doler', which behaves in exactly the same way as 'gustar' and actually means 'to hurt'. You need to use only two parts of the verb, the third persons singular and plural:

Me duele el brazo.	My arm hurts. (My arm hurts me.)
Me duele la mano.	My hand hurts.
Me duele la pierna.	My leg hurts.
Me duele la cabeza.	I've got a headache. (My head hurts me.)

If what hurts is plural the form changes to 'duelen':

Me duelen los ojos.	My eyes hurt.
Me duelen los pies.	My feet hurt.

(d) Asking what hurts – grammar ref 14

If you speak to a friend you ask:

¿Qué te duele?	What's hurting you?

and to a stranger:

¿Qué le duele?	What's hurting you?

(e) Another way of saying what hurts

You can also use the verb 'tener' to say what is hurting:

Tengo dolor de cabeza.	I've got a headache.
Tengo dolor de estómago.	I've got a stomach-ache.
Tengo fiebre.	I've got a fever.
Tengo un resfriado.	I've got a cold.

(f) Asking for things in the chemist's – grammar ref 7 (iv)

You use another part of the verb 'tener' to ask for, for example, medicines:

¿Tiene algo para el dolor de cabeza?	Have you got something for a headache?
¿Tiene algo para la diarrea?	Have you got something for diarrhoea?

Or you can use the verb 'necesitar':

Necesito algo para la tos.	I need something for a cough.
Necesito algo para el dolor de ojos.	I need something for sore eyes.

If you wish to know what the chemist recommends you ask:

¿Qué recomienda usted?	What do you recommend?

(g) Asking what is the matter – grammar ref 5 (ii)

You can ask what is happening (or the matter) by using the verb 'pasar':

¿Qué pasa?
> What's happening? (What's the matter?)

You make this a personal question by adding a pronoun:

¿Qué te pasa?
> What's the matter with you? (familiar)
¿Qué le pasa?
> What's the matter with you? (polite)

B

(h) Asking how other people feel

The same verbs are used, and the person referred to is placed after the verb:

¿Cómo se siente su marido?	How does your husband feel?
¿Cómo está su hijo?	How is your son?
¿Qué le pasa a su mujer?	What's the matter with your wife?
¿Qué le duele a su madre?	What's hurting your mother?

You answer such enquiries in a similar fashion:

A mi hijo le duele el brazo.	My son's arm hurts.
A mi abuela le duelen los ojos.	My grandmother's eyes are hurting.
Mi marido no se siente bien.	My husband does not feel well.
No le pasa nada a mi mujer.	There's nothing the matter with my wife.

(i) Saying that other people are ill

The verbs used are once again similar, and the person referred to is simply named:

Mi mujer está enferma.   My wife is ill.
Mi marido tiene dolor de cabeza. My husband has a headache.
Mi hijo tiene dolor de estómago. My son has a stomach-ache.

(j) Asking if something is fresh

The adjective 'fresco' is used to express generally the idea of something (or someone) being fresh:

¿Es fresca la merluza?   Is the hake fresh?
Tráigame agua fresca.   Bring me some cool water.
¡Qué fresco es ese señor! What a fresh man he is!
Hace fresco aquí.   It's fresh (cool) here.

Exercises

● *The key to these exercises begins on p. 335.*

A

Exercise 1 Saying that you are unwell

Play the part of Juan López in the following dialogue; complain that you feel unwell, have a headache, a fever and a stomach-ache.

María: ¡Vamos, Juan, levántate! Son las ocho y veinte. Vas a llegar tarde a la oficina.
Usted: (*Tell María you do not feel well.*)
María: ¿Qué te pasa, cariño?
Usted: (*Say you have a headache and think you have a fever.*)
María: Sí, estás muy pálido. ¿Te duele algo más?
Usted: (*Say yes, you have a stomach-ache as well.*)
María: Bueno. Voy a llamar al médico en seguida y luego te voy a hacer una taza de té.

Exercise 2 Telling the doctor how you feel

Play the part Juan López in the following dialogue; tell the doctor you have a headache and a stomach-ache and that you ate hake and caramel custard last night.

Doctor: ¿Qué le duele, señor López?
Usted: (*Say you have a headache and a stomach-ache.*)

Doctor: Vamos a ver. ¿Qué comió ayer?
Usted: (*Say last night you ate hake and a caramel custard.*)
Doctor: ¿Era fresca la merluza?
Usted: (*Say you think so.*)

Exercise 3   Obtaining medicine at the chemist's

Play the part of Joan Robinson in the following dialogue; obtain medicines for a sore throat, headache and sunburn.

Farmacéutico: Y usted, señora. ¿Qué desea?
Usted: (*Ask if he has something for a sore throat.*)
Farmacéutico: Sí, señora. Esto es excelente. Cuatrocientas cincuenta pesetas. ¿Algo más?
Usted: (*Say yes you need something for a headache. What does he recommend?*)
Farmacéutico: OKAL es muy bueno, señora. Doscientas pesetas el paquete.
Usted: (*Say give me a packet of OKAL, then.*)
Farmacéutico: ¿Eso es todo?
Usted: (*Say no. You also need something for sunburn.*)
Farmacéutico: Esta crema es muy buena, señora. Seiscientas cincuenta pesetas el tubo.
Usted: (*Say thank you. Ask how much it all is.*)

Exercise 4   Saying what hurts – 1

Tell the doctor what is hurting you.

Examples: ¿Qué le duele?   Me duele la cabeza.

¿Qué le duele?   Me duelen los pies.

1   ¿Qué le duele?

2   ¿Qué le duele?

3   ¿Qué le duele?

4   ¿Qué le duele?

5   ¿Qué le duele?

Exercise 5   Saying what hurts – 2

Tell the doctor what is hurting you.
Example: Tengo dolor de cabeza.

Exercise 6   Obtaining medicines at the chemist's – 1

Ask for medicines. Example: Headache. ¿Tiene algo para el dolor de cabeza?

1   Sore throat.
2   A cold.
3   Diarrhoea.
4   A cough.
5   Stomach-ache.

Exercise 7   Obtaining medicines at the chemist's – 2

Example: Cough. Necesito algo para la tos.

1   Diarrhoea.
2   Sore feet.
3   Sunburn.
4   A cold.
5   Stomach-ache.

Exercise 8   Explaining how you feel

Example: ¿Cómo se siente? (Well.) Me siento bien.

1   Ill.
2   Better.
3   Worse.
4   Well.
5   Not well.

B

Exercise 9 Asking how others feel

Example: Friend. ¿Cómo está su amigo?

1 Wife.
2 Son.
3 Daughter.
4 Husband.
5 Father.

Exercise 10 Saying how others feel

Example: Friend/well. Mi amigo se siente bien.

1 Wife/ill.
2 Son/better.
3 Daughter/worse.
4 Husband/not well.
5 Father/well.

Exercise 11 Giving precise details – 1

Example: Son/stomach-ache. A mi hijo le duele el estómago.

1 Wife/headache.
2 Husband/sore throat.
3 Grandmother/sore feet.
4 Daughter/painful leg.
5 Friend/painful eyes.

Exercise 12 Giving precise details – 2

Example: Grandmother/headache. Mi abuela tiene dolor de cabeza.

1 Son/stomach-ache.
2 Friend/fever.
3 Husband/cold.
4 Wife/headache.

(Listening exercises)

A

En la consulta del médico

Listen to the tape of people talking to the doctor and indicate on the pin-people what is wrong with them.

B

En la consulta del médico

Listen to the tape and select the correct answer from the ones supplied.

1   The man feels:
    (a) ghastly   (b) slightly ill   (c) faint
2   He has:
    (a) a headache and a sore arm   (b) a headache and a sore throat   (c) a bad cough and a fever
3   He began to feel ill:
    (a) this morning   (b) yesterday morning   (c) yesterday evening
4   Does anything else hurt him?
    (a) no   (b) his shoulder (la espalda)   (c) his arm (el brazo)
5   What has he been doing frequently? (You will need to look up some key words such as 'estornudar'.)
    (a) being sick   (b) feeling faint   (c) sneezing
6   He does not know what 'la fiebre del heno' is. It is:
    (a) hayfever   (b) influenza   (c) sunburn
7   He is advised to take an aspirin:
    (a) every two hours   (b) with every meal   (c) every four hours
8   He should see the doctor:
    (a) within a few days   (b) the next day   (c) if he does not improve

¿Comprende usted el español escrito?

(Reading exercises)

¡Socorro!

You are in Spain. Look at this 'Teléfonos útiles' from a national daily newspaper and decide which number you would ring for the following emergencies.

TELEFONOS UTILES

Urgencias médicas: Madrid (91): Cruz Roja: 237 39 00. La Paz: 734 26 00. Cardiología: 243 78 04. Ciudad Universitaria (Urg. S. S.): 408 55 30. **Barcelona** (93): Bellvitge: 336 34 51. V. Hebrón: 211 94 54. Hospital Clínico: 323 14 14. Sant Pau: 235 55 55. **Bilbao** (94): R. S. Cruces. 409 31 00. **Valencia** (96): La Fe: 340 6011. **Zaragoza** (976): Residencia Miguel Servet: 35 57 00. Clínico: 337 77 00.

Tráfico: 742 31 12. **Guardia Civil:** 458 66 26. **Tele-Ruta:** 742 12 13. **Ayuda en carretera:** 455 07 92. **Ayuda del Automovilista, S. A. (ADA):** 900 100 899 - 519 33 00. **Citroen Asistencia:** 519 13 14. **Fiat/Lancia Assistance:** 519 16 16. **Europ assistance:** 5972125.

Alquiler de coches: Avis: Madrid: (91) 247 20 48. Barcelona:(93) 308 99 99. Hertz: Madrid: (91) 542 10 00. Barcelona: (93) 237 37 37. Ital: Madrid: (91) 401 75 10. Barcelona: (93) 201 21 99. **Mensajeros:** Madrid: (91) 274 38 01. Barcelona: (93) 423 60 90. Bilbao: (94) 433 76 08. Valencia: (96) 366 27 54. Sevilla: (954) 62 52 11. **Radio Taxi:** Madrid: (91) 247 82 00. Bilbao: (94) 443 52 00. Barcelona: (93) 300 38 11. Valencia: (96) 370 32 04. Zaragoza: (976) 42 42 42. Sevilla: (95) 458 00 00. **Inforibería:** Madrid: (91) 411 25 45. Bilbao: (94) 424 43 00. Barcelona: (93) 325 43 04. Valencia: (96) 351 97 37. Zaragoza: (976) 32 62 62. Sevilla: (95) 422 89 01. **Tarjetas de crédito:**

Pérdidas: Madrid (91). Visa: 435 24 45. Diners: 247 40 00. American Express: 459 90 09. Eurocard: 435 24 45.

Madrid
Servicios médicos: Ambulancias municipales: 588 44 00. Centro de Quemados de la Cruz Roja: 244 52 07. Intoxicaciones: 262 04 20. Oxigenoterapia: 764 33 76. Transfusiones: 261 75 05. Centro de drogadictos: 430 60 77.

Casas de Socorro: Arganzuela-Villaverde: 269 14 63. Carabanchel-Latina: 464 76 32, 471 07 51 y 462 84 19. Centro: 221 00 25. Chamartín-Tetuán: 279 12 23. El Pardo: 736 07 54. Latina: 265 08 27. Mediodía: 797 27 44. Moncloa: 207 00 26. Retiro-Moratalaz: 420 03 56. Salamanca: 255 52 18. San Blas-Hortaleza: 206 33 06. Universidad: 446 26 75.

Vallecas-Mediodía: 203 11 48.

Seguridad: Policía Nacional: 091. Policía Municipal: 092. Guardia Civil de Tráfico: 457 77 00 Bomberos: 080.

Comisarías: Arganzuela: 227 19 58. Barajas: 205 43 00. Buenavista: 401 70 13. Carabanchel: 461 89 33. Centro: 521 04 11. Chamartín: 415 96 12. Chamberí: 419 88 07. Entrevías: 785 90 14. Estación de Atocha: 227 46 27. Estación de Chamartín: 315 91 16. Fuencarral-Barrio del Pilar: 730 26 01. La Estrella: 772 29 71. Latina: 247 79 16. Los Cármenes: 711 00 15. Mediodía: 468 53 53. Retiro-Cortes: 429 09 94. San Blas: 206 58 40. Tetuán: 315 54 06. Universidad: 247 15 29. Usera: 217 29 45. Vallecas: 477 54 96.

1 You have lost your VISA card.
2 You want to hire a car from HERTZ in Madrid.
3 You need a taxi in Bilbao.
4 You wish to report a theft to the Municipal Police.
5 You wish to enquire about a friend who is in the Clinic in Zaragoza.

Rompecabezas

(Puzzles)

Can you unscramble the parts of the body set in bold? Take care – the article 'el, la, los, las' is included. (You may need to use the Supplementary Vocabulary List No. 14.)

1   Me duele mucho **aclezaba**.
2   A Paco le duelen **jolosos**.
3   Me duelen **zasrolbos**.
4   A mi hijo le duele **dolede**.
5   ¿Te duelen **nosalmas**?
6   Me duele mucho **locaba**.
7   A Marta le duelen **sislope**.
8   A mi hija le duelen **sernipsala**.
9   Me duele bastante **zalrain**.
10 ¿Le duele **areloja**?

¡Socorro!

Emergencies

Dialogues

Dialogue 1

Joan Robinson has her handbag snatched from her whilst she is shopping in the Gran Vía in Madrid. She goes to the police station – la comisaría.

Guardia: Buenas tardes, señora. ¿En qué puedo ayudarla?
Joan: Estaba de compras en la Gran Vía y un joven me robó.
Guardia: ¿Qué robó exactamente, señora?
Joan: Cogió mi bolso y se fue corriendo.
Guardia: ¿Cómo era el joven?
Joan: Era bastante bajo, tenía el pelo moreno muy largo y llevaba una chaqueta negra y pantalones grises.
Guardia: ¿Qué había en el bolso?
Joan: Muchas cosas. Mi pasaporte, mi dinero, mis cheques de viajero ...
Guardia: ¿Cuándo pasó todo esto?
Joan: Hace media hora o así.
Guardia: Entonces usted es la señora Robinson, ¿verdad?
Joan: Sí, soy la señora Robinson pero, ¿cómo lo sabe usted?
Guardia: El joven entró en un banco de la Gran Vía y trató de cambiar sus cheques de viajero. El guardia que estaba de scrvicio en el banco le cogió y le trajo aquí. Y aquí está su bolso, señora.
Joan: Muchísimas gracias.
Guardia: De nada, señora. Tiene usted mucha suerte. Todos los ladrones no son tan tontos como ése.

Dialogue 2

It's a bad day for the Robinsons. Mr Robinson hurries across a road and is knocked down by a car. A crowd gathers.

Transeúnte: ¡Dios mío! ¿Está muerto?

La Gran Vía

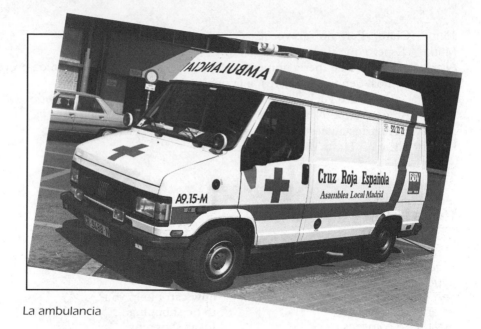

La ambulancia

Mujer: No, no está muerto, pero está herido. ¿Dónde le duele, señor?
Robert: ¡Ay, la pierna! Me duele horriblemente la pierna.
Transeúnte: ¿Está rota la pierna?
Robert: No, no está rota porque la puedo mover, pero me duele mucho.
Mujer: ¡Llame la ambulancia! No se preocupe, señor, no será nada serio.
   ¿Adónde iba cuando le atropelló el coche?
Robert: Iba al Hotel Bristol. ¿Dónde está el conductor del coche?
Transeúnte: El coche no paró, señor.
Mujer: ¿Le espera alguien en el Hotel Bristol?
Robert: Sí. Mi mujer.
Mujer: ¿Cómo se llama su mujer?
Robert: La señora Robinson.
Mujer: No se preocupe, señor. Voy a llamar al hotel y decirle que vaya al hospital. Ah, ahí viene la ambulancia.

Dialogue 3

All the problems are finally resolved. Joan Robinson has her handbag back and the hospital finds that Mr Robinson has only extensive bruising to the leg. After a few days they can continue their holiday and go to the airport. María and Juan López are there to see them off.

María: ¿A qué hora sale el vuelo para Sevilla?
Robert: Sale a las doce y veinte.
Juan: ¿Cuánto tiempo vas a pasar en Sevilla?
Robert: Unos quince días. Tengo que volver a mi trabajo pronto.
María: Pero va a venir a vernos otra vez el año que viene, ¿verdad?

Joan: Claro. ¿Pero no vais vosotros a venir a vernos a York?
María: Espero que sí.
Altavoz: El vuelo de Iberia número 121 para Sevilla va a salir dentro de breves momentos. Señores pasajeros, a la puerta 12, por favor.
Robert: Es nuestro vuelo. Adiós, Juan. Adiós, María, y gracias por todo.
Joan: Adiós, María. Adiós, Juan.
Juan: Recuerdos a vuestros hijos, y hasta el año que viene.
Robert: Eso es. Hasta el año que viene.

Vocabulary

el guardia	policeman
la comisaría	police station
ayudar	to help
¿en qué puedo ayudarle/la?	how can I help you?
estar de compras	to be shopping
estaba de compras	I was shopping
la Gran Vía	main shopping street in Madrid
robar	to rob, steal
irse	to go away
se fue corriendo	he ran off (went away running)
bajo/a/os/as	small, low
el pelo	hair
moreno/a/os/as	dark (of hair)
largo/a/os/as	long
los pantalones	trousers
o así	or about that
tratar de	to try to
trató de cambiar	he tried to change
estar de servicio	to be on duty
estaba de servicio	he was on duty
traer	to bring
le trajo	he brought him
muchísimas gracias	very many thanks
tener suerte (ie)	to be lucky
tiene usted suerte	you're lucky
el ladrón	thief
tan ... como	so ... as, as ... as
tonto/a/os/as	stupid, foolish
¡Dios mío!	my God!
estar muerto/a/os/as	to be dead
¿está muerto?	is he dead?
estar herido/a/os/as	to be injured
está herido	he's injured
la pierna	leg
horriblemente	horribly

estar roto/a/os/as	to be broken
¿está rota la pierna?	is his leg broken?
mover (ue)	to move
la ambulancia	ambulance
preocuparse	to worry
no se preocupe	don't worry
ir	to go
¿adónde iba?	where were you going?
atropellar	to run over
el conductor	driver
parar	to stop
alguien	someone
que vaya	that she should go
el vuelo	flight
quince días	a fortnight
nos	us (direct object pronoun)
espero que sí	I hope so
dentro de breves momentos	shortly
el pasajero/la pasajera	passenger
gracias por todo	thanks for everything
nuestro/a/os/as	our
recuerdos a	give my regards to

Explanations

A

(a) Saying what was going on when something else happened – grammar ref 18 (ii)

What was going on is expressed by the imperfect tense and what happened by the preterite:

What was going on? ... What happened?
Estaba de compras ... y un joven me robó.
　　I was shopping ... and a young man robbed me.
¿Adónde iba ... cuando le atropelló el coche?
　　Where were you going ... when the car knocked you down?

(b) An irregular imperfect – grammar ref 18 (ii)

The verb 'ir' (to go) is irregular in the imperfect:

Iba al cine.	I was going to the cinema.
¿Adónde ibas?	Where were you going? (familiar)
Juan iba al mercado.	John was going to the market.
Usted se iba a la cama.	You were going to bed (polite).

(c) The verb 'ir' (to go) used in a reflexive form

By making the verb reflexive you add the idea of 'away' or 'off' and you need not state where the person is going:

Voy al cine.	I'm going to the cinema.
Me voy.	I'm off.
El joven fue al banco.	The young man went to the bank.
El joven se fue.	The young man went away.

By adding 'corriendo' you say how he went away:

El joven se fue corriendo.	The young man ran off (went away running).

(d) An irregular preterite – grammar ref 16 (iv)

The verb 'traer' (to bring) is irregular in the preterite:

Traje muchas cosas a España.	I brought many things to Spain.
¿Qué trajiste?	What did you bring?
Paco trajo a su hermano.	Frank brought his brother.

(e) Expressing the absolute superlative – grammar ref 2 (iii)

This form does not exist in English and the nearest English gets to it is to say 'very, very + adjective':

Esa chica es guapa.	That girl is pretty.
Esa chica es muy guapa.	That girl is very pretty.
Esa chica es guapísima.	That girl is very, very pretty.

'-ísimo/a/os/as' is added to the adjective and agrees with the noun:

Muchísimas gracias.	Very many thanks.

(f) Comparing things of equal size, price, etc. – grammar ref 2 (vi)

You place 'tan' before the adjective and 'como' after it:

Soy tan alto como usted.	I'm as tall as you.
Éste es tan caro como el otro.	This one is as expensive as the other one.

(g) Saying that something or someone is dead, wounded, etc. – grammar ref 8

You use the verb 'estar' because you are describing a state which results from an action – that is, someone dies and is then dead:

Mi abuelo está muerto.	My grandfather is dead.

| Mi marido está herido. | My husband is injured. |
| Este reloj está roto. | This watch is broken. |

(h) Referring to yourselves using pronouns – grammar refs 5 (i), (ii)

'Nos' is the pronoun used to express 'us':

| Nos mira. | He looks at us. |
| Nos da dinero. | He gives us money. |

Pronouns are placed on the end of an infinitive of a verb:

| Viene a vernos. | He's coming to see us. |

(i) Saying that something belongs to you – grammar ref 2 (iv)

'Nuestro' is used to express 'our':

| Nuestra casa está en Málaga. | Our house is in Malaga. |
| Nuestros hijos están en Londres. | Our children are in London. |

(j) Saying 'next'

You simply add 'que viene' after the expression of time:

| La semana que viene. | Next week. |
| El año que viene. | Next year. |

B

(k) The imperfect continuous tense – grammar ref 19

In spoken Spanish the imperfect continuous is often used to say what you were doing. It is formed from the imperfect of 'estar' and the present participle. For '-ar' verbs this ends in '-ando' and for other verbs in '-iendo':

A las doce estaba trabajando.	At 12 o'clock I was working.
¿Qué estabas haciendo a las tres?	What were you doing at 3 o'clock? (familiar)
Juan estaba escribiendo una carta.	John was writing a letter.
¿Qué estaba usted leyendo?	What were you reading? (polite)

This form of the verb is not used with the verb 'ir' (to go):

| ¿Adónde iba usted? | Where were you going? |

(l) Other adjectives which require the verb 'estar' – grammar ref 8

Some of these adjectives have been used in earlier chapters but many are new:

Estoy aburrido.	I'm bored.
Mi mujer está cansada.	My wife is tired.
¿Está abierto el bar?	Is the bar open?
Las tiendas están cerradas.	The shops are shut.
Le estoy muy agradecido.	I'm very grateful to you.
¿Está usted casada?	Are you married?
Creo que está bebido.	I think he's drunk.
Mi hijo está dormido.	My son is asleep.
¿Está escrito en inglés?	Is it written in English?
Está prohibido fumar.	Smoking is prohibited.
Está permitido bailar.	Dancing is allowed.
Mi marido está sentado en la terraza.	My husband is sitting on the terrace.
La sopa está fría.	The soup is cold.
El café está caliente.	The coffee is hot.
Estoy enfermo.	I am ill.
El taxi está libre.	The taxi is free.
Siempre está triste.	He is always sad.

Exercises

● *The key to these exercises begins on p. 337.*

A

Exercise 1 Saying what happened

Play the part of Joan Robinson in the following dialogue; say you were shopping when a young man snatched your handbag and ran off.

Guardia: Buenas tardes, señora. ¿En qué puedo ayudarla?
Usted: (*Say you were shopping in the Gran Vía and a young man robbed you.*)
Guardia: ¿Qué robó exactamente, señora?
Usted: (*Say he grabbed your handbag and ran away.*)

Exercise 2 Describing the assailant

Guarda: ¿Cómo era el joven?
Usted: (*Say he was fairly short, had very long dark hair, and was wearing a black jacket and grey trousers.*)

Exercise 3   Describing what was stolen

Play the part of Joan Robinson; describe the contents of the handbag, and say when it happened.

Guardia: ¿Qué había en el bolso?
Usted: (*Say many things. Your passport, your money, your traveller's cheques ...*)
Guardia: ¿Cuando pasó todo esto?
Usted: (*Say about half an hour ago.*)

Exercise 4   Saying what has happened to you

Play the part of Robert Robinson; say that your leg hurts badly but is not broken because you can move it.

Mujer: ¿Dónde le duele, señor?
Usted: (*Say your leg. Your leg hurts horribly.*)
Transeúnte: ¿Está rota la pierna?
Usted: (*Say no, it's not broken because you can move it, but it hurts you a lot.*)

Exercise 5   Have you understood?

Read or listen again to Dialogue 3 and then answer the following questions in English.

1   When does the Robinson's flight leave?
2   How long will they stay in Seville?
3   Will they return to Spain next year?
4   What does María hope to do?
5   When is the flight going to leave?

Exercise 6   Saying where you were going

Example: ¿Adónde iba usted? (Cinema) Iba al cine.

1   ¿Adónde iba usted? (Police station)
2   ¿Adónde iba usted? (Hotel)
3   ¿Adónde iba usted? (Market)
4   ¿Adónde iba usted? (Discotheque)
5   ¿Adónde iba usted? (Factory)

Exercise 7   Saying that something or someone is very, very ...

Example: ¿Es barata la comida? Sí, es baratísima.

1   ¿Es tonto ese hombre?
2   ¿Es guapa su mujer?
3   ¿Es caro ese hotel?
4   ¿Es fácil el español?
5   ¿Es simpática esa señora?

Exercise 8   Making comparisons

Example: El español/fácil/el inglés. El español es tan fácil como el inglés.

1   El vino/bueno/el coñac.
2   El Hotel Bristol/barato/el Hotel España.
3   Toledo/interesante/Segovia.
4   Este broche/caro/este collar.
5   Este hombre/tonto/mi marido.

Exercise 9   Saying where things are

Example: ¿Dónde está su hotel? (Near the centre) Nuestro hotel está cerca del centro.

1   ¿Dónde están sus maletas? (In the room)
2   ¿Dónde está su hija? (At home)
3   ¿Dónde están sus padres? (In the hotel)
4   ¿Dónde está su coche? (In the street)
5   ¿Dónde está su casa? (In the north of England)

Exercise 10   Saying you will do it next week, month, year, etc.

Example: ¿Cuándo va usted a visitar Segovia? (Next week) Voy a visitar Segovia la semana que viene.

1   ¿Cuándo va usted a volver a Inglaterra? (Next month)
2   ¿Cuándo va usted a alquilar el coche? (Next Tuesday)
3   ¿Cuándo va usted a comprar los regalos? (Next Friday)
4   ¿Cuándo va usted a marcharse de Madrid? (Next year)
5   ¿Cuándo va usted a visitar Londres? (Next summer)

B

Exercise 11   Saying what you were doing

Example: ¿Qué estaba usted haciendo ayer a las tres de la tarde?

Estaba trabajando.

1 ¿Qué estaba usted haciendo ayer por la mañana?
2 ¿Qué estaba usted haciendo ayer por la tarde?
3 ¿Qué estaba usted haciendo ayer por la noche?
4 ¿Qué estaba usted haciendo ayer a las doce?
5 ¿Qué estaba usted haciendo ayer a las dos de la tarde?

Exercise 12 Saying how things are

Example: Son/injured. Mi hijo está herido.

1 Daughter/married.
2 Watch/broken.
3 Wife/bored.
4 Shops/open.
5 Husband/drunk.
6 Smoking/forbidden.
7 Dancing/allowed.
8 Bar/closed.
9 This guidebook/written in Spanish.
10 This lady/very grateful to you.

¿Comprende usted el español hablado?

(Listening exercises)

A

Perdóneme

Listen to the tape and write down where the speaker was and what he or she was doing.

B

En la comisaría

Listen to the tape and answer the questions in English. You may need to look up a few key words, such as 'ruidosa' and 'casco'.

1 What has the woman had stolen?
2 Where did this happen?
3 Name three things which have been stolen.
4 Why does the loss of her house keys concern her particularly?
5 How were the thieves travelling?
6 How does she describe their means of transport?
7 Why could she not see their faces?

¿Comprende usted el español escrito?

(Reading exercises)

Sucesos

Read these news items and answer the questions in English.

Dos jóvenes roban 700.000 pesetas en el Banco Central de Herradura

Dos jóvenes robaron en la mañana de ayer, a mano armada, el Banco Central de Herradura, de donde se llevaron 700.000 pesetas. El robo ocurrió sobre las nueve y media de la mañana, cuando dos jóvenes entraron en el banco, cogieron dos bolsas de dinero y salieron corriendo hacia la Calle Canalejas donde les esperaba otra persona con un coche. Los tres salieron a toda velocidad hacia la Punta de la Mona.

---

1   Who carried out the attack?
2   How much did they steal?
3   When exactly did it happen?
4   Were the robbers armed?
5   How did they make their escape?

Dos heridos graves en la colisión de dos coches cerca de Cúllar

Dos personas resultaron heridas graves a consecuencia de una colisión frontal entre dos coches cerca de la localidad granadina de Cúllar. Sobre las cuatro de la tarde de ayer el coche de matrícula AL-3865-O, entró en colisión con el coche de matrícula A-2147-CB, en el kilómetro 139 de la carretera N-342, dentro del término municipal de Cúllar. Los heridos fueron trasladados al Hospital General de Baza.

---

6   How many people were injured and how many cars were involved?
7   What sort of collision was it?
8   When did it happen?
9   Where exactly did the accident happen?
10   Where were the injured taken?

Rompecabezas

(Puzzles)

Can you change one letter of the word to form another word according to the clue given? The first two are done for you.

En casa me gusta sentarme en el … SOFA
De primero voy a tomar … SOPA
Por la mañana me pongo la …
Roberto no tiene la pierna …
Ésta es una bonita flor de verano.
Una 'ganga' es una … muy barata.
En España vivo en una …
Valen ochocientas pesetas … uno.
¡Qué horror! No me gusta …
Me gusta la piscina porque … muy bien.

Revision and self-assessment test for Chapters 16–20

Administer the test and mark it in the manner outlined for earlier tests (see pages 66–68).

Section 1

Read the interview or listen to it on the cassette. If you have the cassette *do not read* the interview.

Interview

Hombre: ¿Cuándo volviste de Barcelona?

Mujer: Ayer por la noche. Cogí el avión de las dieciocho horas y llegué aquí a las ocho.

Hombre: ¿Lo pasaste bien en Barcelona?

Mujer: Sí, lo pasé magníficamente bien. Visité la Catedral de la Sagrada Familia y compré muchos regalos en las Ramblas.

Hombre: ¿Qué compraste?

Mujer: Pues vamos a ver. Compré unos pendientes muy bonitos para mi hija, un collar para mi madre y esto para ti.

Hombre: Para mí. ¿Qué es?

Mujer: Pues abre el paquete y verás.

Hombre: ¡Una chaqueta de piel! ¡Qué regalo más magnífico! Muchísimas gracias.

Mujer: ¿Por qué no me invitas a tomar algo en aquel bar? Hace mucho calor y tengo sed.

Hombre: ¡Hombre! Claro que sí.

Questions

Now write down the answers to the following questions.

1 What does the man want to know?
2 When did she?
3 How did she travel?
4 At what time did she arrive?
5 Did she enjoy herself?

6 What did she do?
7 What did she buy for her daughter?
8 For whom is the necklace?
9 What has she bought for the man?
10 What does she suggest that he do to show his appreciation?

Section 2

(a) Being ill

Write down what you would say to explain that you feel unwell and have a headache and a stomach-ache. Also say you think you are running a fever.

Hombre: ¿Cómo se siente?
Usted: (*Say you do not feel well.*)
Hombre: ¿Le duele algo?
Usted: (*Say you have a headache.*)
Hombre: ¿Le duele algo más?
Usted: (*Say you have a stomach-ache.*)
Hombre: ¿Tiene fiebre?
Usted: (*Say yes, you think you have a fever.*)

(b) At the chemist's

Write down what you would say to the chemist to ask if he had something for a headache and say you also need something for a sore throat. Then ask what he recommends for sunburn.

Farmacéutico: ¿Qué desea?
Usted: (*Ask if he has something for a headache.*)
Farmacéutico: Esto es excelente. ¿Algo más?
Usted: (*Say yes, you need something for a sore throat.*)
Farmacéutico: Esto es muy bueno. ¿Algo más?
Usted: (*Ask what he recommends for sunburn.*)

(c) Asking about a stranger

Write down the questions you would ask to find out what your mysterious female visitor was like, what she was wearing, what she was called and what she wanted.

(d) Talking about your youth

Imagine you are twelve years old, and write down answers to the following questions.

1 ¿Dónde vivía usted?

2   ¿Cómo se llamaba su mejor amigo (amiga)?
3   ¿Fumaba usted?
4   ¿Salía usted con chicas (chicos)?
5   ¿Qué le gustaba beber?
6   ¿Veía la televisión por las tardes?
7   ¿Trabajaba mucho en el instituto?
8   ¿Tenía usted una bicicleta?
9   ¿Estudiaba usted el español en el instituto?
10   ¿Qué compraba con su dinero?

Mark scheme

- *Section 1*
2 marks per correct answer (maximum 20)

- *Section 2 (a)*
3 marks per correct sentence (maximum 12)

- *Section 2 (b)*
4 marks per correct sentence (maximum 12)

- *Section 2 (c)*
3 marks per correct question (maximum 12)

- *Section 2 (d)*
2 marks per correct answer (maximum 20)

Maximum total 76

Self - assessment grades

Over 60   excellent
36–60   satisfactory
Under 36   need for careful revision

Answers

Section 1

1   When the woman returned from Barcelona.
2   Last night.
3   By plane.
4   At 8 pm.
5   Yes, she enjoyed herself a lot.
6   She visited the Cathedral of the Holy Family and went shopping in the Ramblas.

7 Some earrings.
8 For her mother.
9 A leather jacket.
10 She suggests that he invite her to have a drink in a nearby bar.

Section 2

(a) Being ill

No me siento bien.
Me duele la cabeza.
Me duele el estómago.
Sí, creo que tengo fiebre.

(b) At the chemist's

¿Tiene algo para el dolor de cabeza?
Sí, necesito algo para el dolor de garganta.
¿Qué recomienda usted para las quemaduras del sol?

(c) Asking about a stranger

¿Cómo era?
¿Qué llevaba?
¿Cómo se llamaba?
¿Qué quería?

(d) Talking about your youth

1 Vivía en (+ name of town).
2 Mi mejor (amiga) se llamaba (+ name).
3 Sí, fumaba. No, no fumaba.
4 Sí, salía con chicas (chicos). No, no salía con chicas (chicos).
5 Me gustaba beber leche/té/café/Coca Cola/cerveza, etc.
6 Sí, veía la televisión por las tardes. No, no veía la televisión por las tardes.
7 Sí, trabajaba mucho en el instituto. No, no trabajaba mucho en el instituto.
8 Sí, tenía una bicicleta. No, no tenía una bicicleta.
9 Sí, estudiaba el español en el instituto. No, no estudiaba el español en el instituto.
10 Compraba libros/cigarrillos/ropa/discos, etc. con mi dinero.

Grammatical terms used

Noun

Usually the name of a person, thing or place. 'Beer', 'waiter' and 'town' are all *nouns* in English, just as 'cerveza', 'camarero' and 'ciudad' are in Spanish. The names of things you feel or experience are also nouns. 'Cold', 'fear' and 'happiness' are all nouns in English, just as 'frío', 'miedo' and 'alegría' are in Spanish.

Masculine and feminine

All nouns in Spanish are either masculine or feminine and you should learn the gender (whether it is masculine or feminine) of the noun as you learn the noun itself. Masculine and feminine do *not* mean male and female. For example, 'la persona' (the person) can refer to both men and women.

Singular and plural

A singular noun points out that it is *one* place, thing, person, etc. and a plural noun refers to more than one thing, person or place.

Articles: the definite article

The definite article in English is 'the' and in Spanish there are four such articles – *el, la, los, las* – because Spanish nouns may be masculine or feminine, and the article changes in the plural.

Articles: the indefinite article

The indefinite article in English is 'a' or 'an' in the singular and 'some' in the plural. In Spanish there are four – *un, una, unos, unas* – but 'unos' and 'unas' are often omitted.

Adjectives

An adjective is a word which describes a noun. 'The man' is a noun (man) with definite article (the). 'The fat man' has the adjective 'fat', which describes the man.

Subject, object, verb

The subject of a sentence is the person or thing performing the action or being described. For example:

John ate the apple.

'John' is the subject.

My husband is very old.

'My husband' is the subject.

The person or thing which has the action performed on it is the object of the sentence:

John ate the apple.

'the apple' is the object.

The word or words which express the action are called the verb:

John ate the apple.

'ate' is the verb. The verb can also tell you how or what the subject is. For example:

I *feel* hungry.
She *looks* very tired.
We *are* the best.

Verb endings

Each verb in Spanish has six endings, three in the singular and three in the plural. These endings tell you who performs the action of the verb and correspond to the following English forms:

I	first person singular
you	second person singular
he/she	third person singular
we	first person plural
you	second person plural
they	third person plural

In Spanish it is nearly always the verb ending which tells you who performed the action, and this is why verb endings are so important:

Hablo español.	I speak Spanish.
Hablan español.	They speak Spanish.

Tense

The tense of a verb tells you when the activity happens, happened or will happen. Each verb has several tenses, shown by the verb ending:

I buy bread (present tense).	Compro pan.
I bought bread (past tense).	Compré pan.

Regular verbs

A regular verb follows a regular pattern which, once learned, can be applied to all regular verbs of the same type. The form of a verb found in a dictionary is the infinitive. In English we express this by the form 'to go', 'to smoke', 'to eat', etc. This form in Spanish ends in '-r'. There are three types of regular verbs: those that end in '-ar', those that end in '-er' and those that end in '-ir'. For example:

comprar (to buy) – regular '-ar' verb
comer (to eat) – regular '-er' verb
subir (to go up) – regular '-ir' verb

Irregular verbs
These verbs do not follow any regular pattern and must be learned individually.

Pronouns
A pronoun is a word used instead of a noun. Subject pronouns replace the subject:

The waiter brings the coffee.
He brings the coffee.

and object pronouns replace the object:

The waiter brings *the coffee*.
The waiter brings *it*.

Adverbs
These tell you more about the action of the verb, explaining how or when or where it happens:

The man spoke *quickly*.
I bought it *yesterday*.

Prepositions
A preposition is a word used for showing in what relation one thing stands to another thing. For example:

Madrid is *near* Toledo.
Before me in the queue.

Accents – the acute
In pronouncing Spanish correctly you stress a certain syllable of each word and the rules explaining this are on page xiii. An accent is put on a word which breaks the rules and it shows where the stress falls. *An accent does not affect the sound of the letter it is over*, only the stress. For example:

Vamos a la fábrica.
Está en la zapatería.

Accents – the tilde
An 'n' with a tilde (ñ) is pronounced like the 'ni' in 'onion'. Thus 'niño' (boy). (See page xii.)

Supplementary vocabulary lists

Contents

1 The family

la familia	family	el niño	young boy
el abuelo	grandfather	la novia	girlfriend, fiancée
los abuelos	grandparents	el novio	boyfriend, fiancé
casarse	to get married	el padre	father
la hermana	sister	los padres	parents
el hermano	brother	la prima	cousin (female)
los hermanos	brothers and sisters	el primo	cousin (male)
el matrimonio	married couple	los primos	cousins
la muchacha	girl	soltero/a	unmarried
el muchacho	boy	la tía	aunt
nacer	to be born	el tío	uncle
la niña	young girl	los tíos	uncles and aunts

2 Describing people, places and things

alto	tall, high	estrecho	narrow, tight
amarillo	yellow	estropeado	ruined, broken
ancho	wide, broad	extraño	strange
azul	blue	falso	false
bajo	low, little	gordo	fat
blanco	white	igual	equal, similar
claro	light (of colour)	incorrecto	incorrect
clásico	classic	largo	long
color naranja	orange	lleno	full
convencido	convinced	moderno	modern
correcto	correct	natural	natural
corto	short	normal	normal
de algodón	of cotton	nuevo	new
de cristal	of glass	oscuro	dark (of colour)
de lana	of wool	peligroso	dangerous
delgado	slim	rico	rich
de madera	of wood	rojo	red
de nilón	of nylon	rubio	blonde, fair-haired
de oro	of gold		
de plata	of silver	seco	dry
distinto	different	serio	serious
divertido	amusing	vacío	empty
dulce	sweet	verde	green

3 Work

el director	director, manager	el negocio	business
la empresa	firm, business	el obrero	workman
encontrar (ue)	to find	la profesión	profession
la fábrica	factory	el supermercado	supermarket
el hombre de negocios	businessman	el taller	workshop
		la tienda	shop
la industria	industry	trabajar en/de	to work at/as
el jefe	boss	el trabajador	workman
llamar por teléfono	to telephone	el trabajo	work

4 Daily routine

acostarse (ue)	to go to bed	hablar	to speak, talk
abrir	to open	hacer falta	to need
andar	to walk	hacer una	to ask a question
ayudar	to help	pregunta	
beber	to drink	invitar	to invite
cambiar	to change	lavarse	to get washed
cenar	to have dinner	limpiarse	to wash, clean
cerrar (ie)	to close, shut	llamar	to call
charlar	to chat	necesitar	to need
comprar	to buy	olvidar	to forget
comprender	to understand	pasar	to spend, pass
contestar	to answer		(of time)
deprisa	quickly	preguntar	to ask
desayunar	to have breakfast	pronto	soon, early
despacio	slowly	recibir	to receive
despertarse (ie)	to wake up	tarde	late
dormir (ue)	to sleep	temprano	early
echar una carta	to post a letter	tener sueño	to be sleepy
entrar	to enter, go into	viajar	to travel
estudiar	to study	visitar	to visit

5 Leisure activities

acompañar	to accompany	disfrutar	to enjoy
aprender	to learn	la excursión	excursion
el/la artista	artist	la exposición	exhibition
el asiento	seat	ganar	to win
bailar	to dance	los gastos	expenses
el baile	dance	hacer camping	to go camping
bañarse	to bathe, swim	hacer una visita	to make a visit
la capital	capital	la iglesia	church
el castillo	castle	la invitación	invitation
la catedral	cathedral	el lugar	place
el concierto	concert	el magnetófono	tape-recorder
el club	club	el mar	sea
el cuadro	picture	la montaña	mountain
el día libre	day off	montar a caballo	to ride a horse

la música	music	el programa	programme
nadar	to swim	la radio	radio
la obra	work (artistic)	el recado	message
el país	country	reservar	to reserve
el palacio	palace	la reunión	meeting
el parque	park	la revista	magazine
el partido	match (sport)	sacar entradas	to get tickets
perder	to lose		(cinema, etc.)
pintar	to paint	sacar fotos	to take photographs
la piscina	swimming-pool	el sitio de interés	interesting place
la playa	beach	tener un día libre	to have a day off
practicar	to participate in	el tocadiscos	record-player
	(of sport)	tocar	to play (of music)
la prensa	press, newspapers	tomar el sol	to sunbathe

6 Food and drink

la bebida	drink	el pan	bread
el bocadillo	sandwich	el pastel	cake
costar (ue)	to cost	pedir (i)	to order, ask for
frito	fried	la pera	pear
incluido	included	la pieza	a piece
el jugo de fruta	fruit juice	la pimienta	pepper
las legumbres	vegetables	el precio	price
el litro	a litre	la propina	tip
los macarrones	macaroni	la sal	salt
la naranja	orange	servir (i)	to serve
no incluido	not included	poco hecho	medium rare
la paella	paella (rice dish)		

7 Travel

el aeropuerto	airport	el este	east
la agencia de	travel agency	explicar	to explain
viajes		la gente	people
buscar	to look for	el horario	timetable
el coche cama	sleeping-car	la información	information
comprobar (ue)	to check, examine	lento	slow
cruzar	to cross	llenar	to fill
la estación de	service station	la maleta	suitcase
servicio		el mapa	map
		el metro	underground train,
			the underground

las Navidades	Christmas	el semáforo	traffic lights
el oeste	west	la Semana Santa	Holy Week
pasado mañana	the day after tomorrow	el sur	south
		el/la turista	tourist
el pinchazo	puncture	viajar en avión, barco, coche, tren, etc.	to travel by air, boat, car, train, etc.
los Pirineos	Pyrenees		
la provincia	province		
la región	region	el vuelo	flight
sacar billetes	to obtain tickets	la zona azul	restricted parking zone (literally, blue zone)

8 Shops and shopping

los almacenes	department stores		
el anuncio	announcement	las medias	stockings
la blusa	blouse	la nota	note
los calcetines	socks	los pantalones	trousers
la camisa	shirt	un par	pair
la carnicería	butcher's shop	la perfumería	perfume shop
la cartera	briefcase	la rebaja	reductions, sale
las cerillas	matches	el reloj	watch
la chaqueta	jacket	la relojería	watchmaker's
la diferencia	difference	la ropa	clothing
la falda	skirt	la ropa interior	underwear
la frutería	fruit-shop	el sombrero	hat
el impermeable	mackintosh	el traje	suit

9 Finding out where things are

abajo	down (of street)		
arriba	up (of street)	en ninguna parte	nowhere
el Ayuntamiento	Town Hall	fácilmente	easily
debajo de	under	mal	badly
delante de	in front of	mostrar (ue)	to show, indicate
detrás de	behind	sobre	on
difícilmente	with difficulty	todo derecho	straight ahead
en/por todas partes	everywhere		

10 Ordinal numbers

primero	first	sexto	sixth
segundo	second	séptimo	seventh
tercero	third	octavo	eighth
cuarto	fourth	noveno	ninth
quinto	fifth	décimo	tenth

Note that 'primero' and 'tercero' lose their final '-o' before masculine singular nouns – el primer día.

11 The seasons

la primavera	spring	el otoño	autumn
el verano	summer	el invierno	winter

12 At the hotel

el ascensor	lift	el jardín	garden
el balcón	balcony	el patio	patio, courtyard
el conserje	hall-porter	la puerta	door
devolver (ue)	to return, give back	repetir (i)	to repeat
echar una carta	to post a letter	urgente	urgent
la escalera	stairs		

13 At the post office

certificado	registered	la palabra	word
el giro postal	postal order	el telegrama	telegram
la lista de correos	poste restante		

14 Parts of the body: sickness and health

el accidente	accident	la muñeca	wrist
la boca	mouth	el muslo	thigh
el comprimido	tablet	la nariz	nose
cortarse	to cut oneself	la operación	operation
el dedo	finger	la oreja	ear
el dedo del pie	toe	la pastilla	pill
los dientes	teeth	ponerse enfermo	to become ill
la enfermedad	illness	quemarse	to burn oneself
la espalda	back	la rodilla	knee
el esparadrapo	sticking-plaster	romper	to break
estar muerto	to be dead	la salud	health
guardar cama	to stay in bed	el tobillo	ankle
la herida	wound	la venda, el vendaje	bandage
herirse (ie)	to hurt oneself		
morir (ue)	to die		

Key to the exercises

1 Buenos días. ¿Cómo está usted?

A

Exercise 1   Arriving in Spain
Policía: Buenos días. Su pasaporte, por favor.
Usted: Aquí tiene usted.
Policía: Usted es inglés, ¿verdad?
Usted: Eso es.
Policía: Y, ¿quién es esta señora?
Usted: Ésta es mi mujer, Joan Robinson.
Policía: ¿Cuánto tiempo van ustedes a estar en España?
Usted: Tres semanas.
Policía: Muy bien. Gracias. Adiós.
Usted: Adiós.

Exercise 2   At the hotel
Recepcionista: Buenos días.
Usted: Buenos días. Soy el señor/la señora/señorita (+ name). ¿Tiene usted una habitación reservada en mi nombre?
Recepcionista: ¿Cómo se escribe su nombre?
Usted: (Name spelled in Spanish.)
Recepcionista: Una habitación con baño por cinco días, ¿verdad?
Usted: Sí, eso es.
Recepcionista: La habitación número doce en el primer piso. Aquí tiene usted la llave.
Usted: Muchas gracias.
Recepcionista: A usted.

Exercise 3   Greeting people

El señor López: Mucho gusto, señor (señora, señorita).
Usted: El gusto es mío.
El señor López: Ésta es mi mujer, María.
Usted: Encantado (Encantada).

Exercise 4   Talking about yourself

1 Sí, soy inglés (inglesa). No, no soy inglés (inglesa).   2 Soy el señor
(+ name). Soy la señora (+ name). Soy la señorita (+ name).   3 (Name
spelled in Spanish.)   4 Cuatro semanas.   5 Sí, soy francés (francesa). No,
no soy francés (francesa).

Exercise 5   Asking questions

1 Usted es inglés, ¿verdad?   2 Ésta es su mujer, ¿verdad?   3 Éstos son sus
hijos, ¿verdad?   4 Usted está de vacaciones, ¿verdad?   5 Su nombre es
Juan en español, ¿verdad?

Exercise 6   Possessions

1 ¿Es ésta su habitación?   2 ¿Es ésta su llave?   3 ¿Es éste su hijo?
4 ¿Es ésta su mujer?   5 ¿Es éste su nombre?

B

Exercise 7   Denying that something is true

1 No, no soy irlandés (irlandesa).   2 No, no soy de York.   3 No, no soy el
señor Brown (la señora Brown).   4 No, no soy arquitecto.   5 No, no soy
español (española).

Exercise 8   Introducing people to each other

1 ¿Puedo presentarle a mi hijo?   2 ¿Puedo presentarle a mi amigo?
3 ¿Puedo presentarle al señor Brown?   4 ¿Puedo presentarle a la señora
López?   5 ¿Puedo presentarle a mi marido?

Exercise 9   Number practice

1 Tres y tres son seis.   2 Cinco y seis son once.   3 Cuatro y nueve son
trece.   4 Siete y ocho son quince.   5 Diez y dos son doce.   6 Nueve y
siete son dieciséis.   7 Ocho y seis son catorce.   8 Nueve y ocho son
diecisiete.   9 Diez y ocho son dieciocho.   10 Diez y diez son veinte.

Exercise 10   Asking where things and people are

1 ¿Dónde está la habitación?   2 ¿Dónde está la llave?   3 ¿Dónde está su
mujer?   4 ¿Dónde está su hijo?   5 ¿Dónde está el taxi?

Listening exercises

A

Ana Criado; Paco Delgado.

B

Velázquez; Camilo José Cela; Seve Ballesteros.

C

13; 7; 12; 9; 17; 3; 5; 15; 7; 20.

D

1 A (double) room with bath. 2 Yes, on the third floor. 3 For six days.
4 His passport.

Reading exercises

A

1 A single room with a bath for 7 days. 2 A double room with a shower for
9 days. 3 A room with a bath for 2 weeks. 4 A single room with a bath for
3 days.

B

1 Room No. 13 on the 2nd floor. 2 Room No. 3 on the 1st floor.
3 Room No. 16 on the 3rd floor. 4 Room No. 20 on the 4th floor.

Puzzles

A

1 cuatro = 4; 2 siete = 7; 3 catorce = 14; 4 trece = 13; 5 veinte = 20;
6 quince = 15; 7 nueve = 9; 8 cinco = 5; 9 diecisiete = 17; 10 diez = 10.

B

¿Cómo se llama usted ? Me llamo Roberto.

2 ¿Tiene usted familia?

A

Exercise 1   Talking about yourself
María López: ¿Es usted de York, Juana?
Usted: Sí, soy de York.
María López: Y, ¿cómo es la ciudad de York?
Usted: Pues, es bastante grande. Tiene unos cien mil habitantes.
María López: ¡Qué interesante! ¿Tiene usted hijos?
Usted: Sí, tengo dos, un hijo y una hija.
María López: ¿Cómo se llaman?
Usted: El hijo se llama David. Tiene veintiún años y es estudiante en la uni-
versidad de Manchester. La hija se llama Barbara, tiene veinticinco años y
está casada. Su marido es médico en el hospital de York.
María López: Entonces usted es abuela, ¿verdad?
Usted: No, todavía no. Mi hija no tiene hijos.
María López: ¿Trabaja usted?
Usted: Sí, trabajo. Soy profesora de matemáticas en un instituto de York.

Exercise 2   Giving information about yourself
Juan López: ¿Cuál es su dirección en York, Roberto?
Usted: Sesenta y cuatro Bootham – B-o-o-t-h-a-m – Road, York, Inglaterra.
Juan López: Y ésta es su oficina, ¿verdad?
Usted: Sí, eso es.
Juan López: ¿Tiene teléfono?
Usted: Sí, el número de teléfono es 0904 389256.
Juan López: Gracias. ¿Y su teléfono aquí en Madrid?
Usted: Un momento. Estoy en el Hotel Bristol. El teléfono es 22:43:79, y la
habitación es el número doce.
Juan López: Muchas gracias.

Exercise 3   True or false?
1 false   2 false   3 true   4 true   5 true   6 false   7 false   8 false
9 true   10 false   11 true   12 false   13 false   14 true   15 true

Exercise 4   Describing things
1 Es grande.   2 Es fácil.   3 Es difícil.   4 Es interesante.   5 Es blanca.

Exercise 5   Giving people's nationality
1 Es alemana.   2 Es portuguesa.   3 Es italiano.   4 Es inglés.
5 Es española.

Exercise 6 Number practice

1 Diecisiete y veintinueve son cuarenta y seis. 2 Veintiuno y doce son treinta y tres. 3 Sesenta y cuatro y treinta y uno son noventa y cinco. 4 Treinta y siete y doce son cuarenta y nueve. 5 Cincuenta y dos y diecisiete son sesenta y nueve. 6 Veinticinco y veintisiete son cincuenta y dos. 7 Cuarenta y cinco y treinta y siete son ochenta y dos. 8 Treinta y cinco y treinta y ocho son setenta y tres. 9 Cincuenta y siete y sesenta y tres son ciento veinte. 10 Cuarenta y cinco y cincuenta y cinco son cien.

B

Exercise 7 Possessions

1 Sí, tengo tres hijas. 2 Sí, tengo una casa. 3 Sí, tengo teléfono en mi casa. 4 Mi casa tiene (+ number) habitaciones. 5 Sí, tengo cuarenta años.

Exercise 8 Talking about yourself

1 Me llamo (+ name). 2 Tengo (+ number) años. 3 Soy de (+ town). 4 Sí, soy empleado (empleada) de oficina. No, no soy empleado (empleada) de oficina. 5 Sí, trabajo en una oficina. No, no trabajo en una oficina. 6 Tengo (+ number) hijos. No tengo hijos. 7 Se llaman (+ names). 8 Son (+ profession). 9 Mi mujer trabaja. Mi mujer no trabaja. 10 Trabaja en una oficina/una fábrica/un instituto/un hospital, etc.

Listening exercises
A

Paco has one sister and two brothers. The sister is called María and is 20 years old. The brothers are called Alberto, who is 19 and Juan who is 15.

Ana has two brothers. Her elder brother is tall and slim with short hair and is fairly intelligent. The younger brother is short and fat.

B

1 Yes, she has two. 2 A son and a daughter. 3 Twenty and twenty-two years old. 4 At the University. 5 The girl is studying languages and the boy, law. 6 Gonzalo and Piedad. 7 (c) They are very Spanish names 'Me parecen unos nombres muy ... muy españoles' – They seem to me names very ... very Spanish.

Reading exercises
A

1d; 2a; 3c; 4f; 5b; 6e.

B

1 33.   2 Tall and slim, quite pretty and very intelligent.   3 Near the Puerta del Sol, Madrid.   4 No.   5 She has fair hair and blue eyes.   6 In the office of an import/export company.

Puzzles

A

familia; hermana; abuelo; tío; prima; padre; tía; madre; matrimonio; hermano; niña; soltero.

B

1 abuelo (grandfather); 2 tío (uncle); 3 padres (parents); 4 hermana (sister); 5 primo (cousin).

3 ¿Cómo es su ciudad?

A

Exercise 1   Introducing yourself
Usted: Buenos días. Soy el señor Robinson.
Isabel: Buenos días, señor Robinson. ¿Cómo está usted?
Usted: Muy bien, gracias. Tengo una cita con el señor López a las diez. ¿Está?
Isabel: Sí, está, pero está ocupado. Está con un cliente. ¿Quiere sentarse un momento?
Usted: Gracias.

Exercise 2   Talking about your town
Isabel: Usted es de York, ¿verdad?
Usted: Eso es.
Isabel: ¿Dónde está York? ¿Está cerca de Londres?
Usted: No. Está muy lejos de Londres en el norte de Inglaterra.
Isabel: Y, ¿cómo es York? Es una ciudad pequeña, ¿verdad?
Usted: No, es bastante grande y muy antigua.

Exercise 3   Reclaiming lost property
Empleado: Vamos a ver. Un bolso, ¿verdad?
Usted: Eso es.
Empleado: ¿Cómo es el bolso, grande o pequeño?
Usted: Pues, es bastante grande.
Empleado: Y, ¿de qué es? ¿De piel o de plástico?

Usted: Es de piel.

Empleado: ¿De qué color es?

Usted: Marrón y negro.

Empleado: Un bolso bastante grande marrón y negro y de piel. ¿Es éste su bolso?

Usted: Sí, creo que sí. Gracias.

Exercise 4   Describing the contents of your handbag

Empleado: ¿Qué hay en el bolso?

Usted: Hay un pasaporte, un pasaporte inglés a nombre de Robinson, unos cheques de viajero.

Empleado: ¿De qué banco son los cheques?

Usted: Del Banco Midland. Después hay un pañuelo, perfume . . .

Empleado: ¿Algo más?

Usted: Sí, hay unos guantes.

Empleado: ¿De qué color son los guantes?

Usted: Son grises ... y de piel.

Empleado: Entonces, éste es su bolso, señora.

Usted: Muchas gracias.

Empleado: De nada, señora. Adiós.

Usted: Adiós.

Exercise 5   Describing permanent conditions

1 Sí, soy inglés (inglesa). No, no soy inglés (inglesa), soy (+ nationality).
2 Sí, soy profesor (profesora). No, no soy profesor (profesora), soy + job.
3 Mi casa es grande. Mi casa es pequeña. Mi casa es bastante / muy / grande / pequeña.   4 Mi ciudad es antigua / moderna.   5 La comida de mi casa es / no es excelente.

Exercise 6   Saying where things are

1 Mi casa está/no está cerca del centro de la ciudad.   2 Mi oficina (taller, fábrica) está/no está cerca de mi casa.   3 Mi ciudad está cerca/lejos de Londres.   4 Mi ciudad está/no está en el norte.   5 Mi ciudad está/no está en la costa.

Exercise 7   Describing temporary conditions

1 Estoy bien, gracias.   2 Sí, estoy/ No, no estoy ocupado (ocupada).   3 Sí, estoy/ No, no estoy enfermo (enferma).   4 Sí, estoy/ No, no estoy casado (casada).   5 Mi oficina está/ no está cerrada.

B

Exercise 8   Forming questions

1 ¿Dónde está su casa?   2 ¿De qué es?   3 ¿Cómo es?   4 ¿Hay muchos turistas en Sevilla?   5 ¿De qué color son?   6 ¿Cómo está usted?   7 ¿Está casado su hijo?   8 ¿Está cerrado el banco?   9 ¿Es secretaria su hija?
10 ¿Es éste su marido? (¿Es ésta su mujer?)

Exercise 9   Reclaiming lost property

Empleado: Un bolso, ¿verdad?
Usted: Eso es.
Empleado: ¿Cómo es?
Usted: Es pequeño.
Empleado: ¿De qué color es?
Usted: Es negro.
Empleado: ¿De qué es?
Usted: Es de plástico.
Empleado: Entonces, éste es su bolso, ¿verdad?
Usted: Gracias.

Exercise 10   Modifying adjectives

1 Sí, es muy simpático.   2 Sí, está bastante lejos.   3 Sí, es bastante interesante.   4 Sí, es muy grande.   5 Sí, está bastante bien.

Listening exercises

A

1 Toledo; 2 Picos de Europa; 3 Badajoz; 4 San Sebastián; 5 Castellón; 6 Campo de Criptana.

B

A handbag.

C

1 Granada.   2 In the south of Spain.   3 (a) It is very nice with many fountains and streets to stroll along.   4 Madrid.   5 You could give any one/two of these: She is from Madrid, it is the capital of Spain and very lively in the evenings (por la noche es muy divertido).

Reading exercises

1 70 km; 2 581 000; 3 No; 4 Cathedral, El Greco's House, Santa María la Blanca Synagogue; 5 10.30–1.00 and 3.30–7.00; 6 300 pesetas; 7 A famous artist from the 16th century; 8 Near El Greco's House.

Puzzles

A

1 true; 2 false; 3 true; 4 false; 5 false; 6 true.

B

1 Barcelona; 2 Sevilla; 3 Bilbao; 4 Valencia; 5 Málaga.

4 ¿Dónde está su ciudad?

A

Exercise 1 Finding out if a certain place exists
1 ¿Hay un banco por aquí?   2 ¿Hay una oficina de turismo por aquí?
3 ¿Hay una farmacia por aquí?   4 ¿Hay un estanco por aquí?   5 ¿Hay un hotel por aquí?

Exercise 2 Finding out how to get there
1 ¿Por dónde se va al banco?   2 ¿Por dónde se va a la oficina de turismo?
3 ¿Por dónde se va a la farmacia?   4 ¿Por dónde se va al estanco?   5 ¿Por dónde se va al hotel?

Exercise 3 Finding out if you are near the place
1 ¿Está lejos el banco?   2 ¿Está lejos la oficina de turismo?   3 ¿Está lejos la farmacia?   4 ¿Está lejos el estanco?   5 ¿Está lejos el hotel?

Exercise 4 Following instructions
1 Go along the street, take the second street on the left and the tourist office is in that street on the right.   2 Take the fourth street on the left, go as far as the end and the hotel is beside the Montesol Cafeteria.   3 Go along this street, take the third street on the right and the tourist office is opposite the Central Bank.
4 Go along this street, take the first street on the right and then the second on the left. But don't go now; the chemist's is closed until 4 o'clock.   5 The Príncipe Hotel is in Segovia Street. Look; go along this street, take the third street on the right and go as far as the end. The hotel is beside the Cine Sol.

Exercise 5 Finding out if the place is open
1 ¿Está abierta la panadería?   2 ¿Está abierta la tienda de recuerdos?
3 ¿Está abierto el banco?   4 ¿Está abierta la farmacia?   5 ¿Está abierto el estanco?

Exercise 6 Telling the time
1 Son las tres.   2 Son las doce.   3 Son las siete.   4 Son las cinco.
5 Son las once.   6 Es la una.   7 Son las cuatro.   8 Son las seis.   9 Son las dos.   10 Son las ocho.

Exercise 7 Talking about the weather
1 Hace buen tiempo.   2 Hace frío.   3 Hace mal tiempo.   4 Hace mucho sol.   5 Hace mucho calor.

B

Exercise 8 Finding out where things are sold

1 ¿Dónde se vende el tabaco?   2 ¿Dónde se venden los bolsos?
3 ¿Dónde se venden los guantes?   4 ¿Dónde se vende el café?   5 ¿Dónde se vende el vino?

Exercise 9 Saying you have or do a lot

1 Sí, tengo muchos amigos.   2 Sí, tengo muchos clientes.   3 Sí, trabajo mucho.   4 Sí, tengo muchas amigas.   5 Sí, hay muchas personas en mi familia.

Exercise 10 Saying it never happens

1 Nunca hace mucho sol en mi región.   2 Nunca llueve mucho en mi ciudad.   3 Nunca estoy enfermo (enferma).   4 Nunca estoy ocupado (ocupada).   5 Nunca hay muchos turistas en mi ciudad.

Listening exercises

A

1 Farmacia Alonso; 2 Piscina municipal; 3 Cine Sol; 4 Banco Vizcaya;
5 Mercado.

B

Good weather throughout Spain except the East and the Pyrenees. In the South it is very fine and very hot. In the Pyrenees and the East it is cold. In the Madrid area it is very fine, very sunny with temperatures in excess of 30 degrees.

C

1 true; 2 true (caliente – hot); 3 do not know; 4 true; 5 true; 6 false.

Reading exercises

A

1 Sports pavilion and market; 2 Post Office; 3 Town Hall and tourist sights.

B

No. 2.

Puzzles

A

Seville, very hot; Santiago, very bad weather; Madrid, cold; Valencia, sunny; Bilbao, raining.

B

1 false; 2 true; 3 false; 4 true; 5 false; 6 true.

5 ¿En qué trabaja usted?

A

Exercise 1   Saying where you live and work
Juan: Usted vive en York, ¿verdad, Juana?
Usted: No. Vivo en un pueblo pequeño cerca de York.
Juan: Pero usted trabaja en York, ¿no?
Usted: Sí, trabajo en un instituto en el centro de la ciudad.

Exercise 2   Saying where you have lunch
Juan: ¿Come usted en casa o en un restaurante de la ciudad?
Usted: Como en el instituto con los alumnos.
Juan: Y, ¿come usted bien o mal?
Usted: Pues bastante mal, pero la comida es barata.

Exercise 3   Saying at what time you finish work and what you do afterwards
Juan: ¿A qué hora termina su trabajo?
Usted: Termino a las cuatro menos cuarto. Salgo del instituto y voy de compras. Entonces voy a casa y hago la cena.
Juan: Ya veo que trabaja usted mucho, Juana.

Exercise 4   Answering questions
1 Vivo en una ciudad grande.   2 Trabajo en una oficina.   3 Como en un bar.   4 Termino a las cinco.   5 Llego a casa a las seis menos cuarto.

Exercise 5   Answering more questions
1 Salgo de casa a las ocho y cuarto.   2 Vengo en coche.   3 Sí, tengo un coche pequeño.   4 Empiezo a las nueve.   5 Sí, hago mucho trabajo.

Exercise 6   Number practice
1 Doscientas noventa pesetas.   2 Cuatrocientas ochenta y cinco pesetas.
3 Trescientas sesenta pesetas.   4 Ochocientas cincuenta y cinco pesetas.
5 Quinientas veinte pesetas.   6 Seiscientas treinta pesetas.   7 Setecientas

cuarenta y cinco pesetas.   8 Novecientas setenta pesetas.   9 Mil quinientas pesetas.   10 Diez mil pesetas.

Exercise 7   Saying at what time things begin, end, arrive, leave, etc.

1 Sale a las cinco y media.   2 Llega a las siete y cuarto.   3 Empieza a las ocho.   4 Termina a las once y media.   5 Sale a las nueve y cuarto.

B

Exercise 8   Talking about your own daily routine

1 Salgo de casa a las (+ time).   2 Cojo el tren/autobús/coche.   3 Llego a las (+ time).   4 Trabajo en una oficina/fábrica/tienda/un hospital/taller/instituto, etc.   5 Trabajo (number) horas por día.   6 Como en casa/en un restaurante/bar/una cafetería. No como.   7 Como bien/mal/bastante bien/bastante mal.   8 Termino a las (+ time).   9 Voy/No voy de compras todos los días.   10 Yo hago la cena. Mi mujer/Mi marido hace la cena.

Exercise 9   Forming questions

1 ¿A qué hora llega el tren?   2 ¿A qué hora sale usted de casa?   3 ¿Está cerrado el banco?   4 ¿Cuántos empleados hay en esta fábrica?   5 ¿Cómo viene usted a la oficina?   6 ¿Hay una farmacia por aquí?   7 ¿A qué hora empieza la sesión?   8 ¿Tiene usted coche?   9 ¿Qué coge para ir a la oficina?   10 ¿Dónde vive?

Listening exercises

A

7.30; 7.45; 8.05; 8.15; 11.00; 11.20; 1.00; 2–5.30; 6.30.

B

1 At 7.00 am.   2 At 7.45 am.   3 At 8.45 or 9 am sharp.   4 Half an hour.
5 Between 1.00 and 1.30 pm.   6 He would like an hour for lunch.

Reading exercises

1 In a small flat in the Calle de Montera.   2 A cat called Montse.   3 She walks and it takes about 10 minutes.   4 8.20.   5 In a cafeteria in the Puerta del Sol.   6 5.30.   7 Very quiet but somewhat boring.

Puzzles

A

1 doscientos; 2 veintidós; 3 doce; 4 sesenta; 5 setecientos; 6 dieciséis; 7 setenta; 8 quinientos; 9 tres; 10 novecientos; 11 trescientos.

B

1f; 2a; 3i; 4b; 5c; 6j; 7d; 8e; 9g; 10h.

6 ¿Qué hace usted en sus ratos libres?

A

Exercise 1 Getting what you want
Juan: ¿Quiere usted café, Juana?
Usted: Gracias.
Juan: ¿Solo o con leche?
Usted: Con leche, por favor.
Juan: ¿Quiere azúcar?
Usted: No, gracias.

Exercise 2 Saying what you do in your leisure time
Robert: Ya veo que tiene usted muchos libros, María.
Usted: Sí, soy muy aficionada a los libros. Por las tardes, cuando no tengo que trabajar, me siento aquí, escucho uno de mis discos favoritos y leo mis libros.
Robert: ¿Qué clase de libros prefiere usted?
Usted: Prefiero novelas románticas. ¿Lee usted mucho, Roberto?
Robert: No, prefiero los deportes.

Exercise 3 Saying what leisure facilities exist
María: ¿Hay teatros en York, Roberto?
Usted: Sí, hay dos teatros y dos cines.
María: ¿Va usted al teatro?
Usted: No voy mucho porque las entradas son bastante caras, pero voy al cine de vez en cuando si hay una película buena.

Exercise 4 Offering something to someone
1 ¿Quiere usted un coñac?   2 ¿Quiere usted un cigarrillo?   3 ¿Quiere usted un anís?   4 ¿Quiere usted una cerveza?   5 ¿Quiere usted un vaso de vino?

Exercise 5 Asking if someone wishes to do something
1 ¿Quiere usted jugar al tenis?   2 ¿Quiere usted dar un paseo?   3 ¿Quiere usted ir de compras?   4 ¿Quiere usted ver la televisión?   5 ¿Quiere usted escuchar un disco?

Exercise 6   Expressing a preference for something

1 No, prefiero un café con leche.   2 No, prefiero un anís.   3 No, prefiero una cerveza.   4 No, prefiero un café.   5 No, prefiero un café cortado.

Exercise 7   Expressing a preference for doing something

1 No, prefiero dar un paseo.   2 No, prefiero ir de compras.   3 No, prefiero leer un libro.   4 No, prefiero ir a la discoteca.   5 No, prefiero jugar al tenis.

Exercise 8   Expressing a keenness for something

1 Soy aficionado (aficionada) a los libros.   2 Soy aficionado (aficionada) a los discos.   3 Soy aficionado (aficionada) al cine.   4 Soy aficionado (aficionada) al teatro.   5 Soy aficionado (aficionada) a la televisión.

Exercise 9   Do you or don't you?

1 Sí, leo novelas románticas. No, no leo novelas románticas.   2 Sí, juego al golf. No, no juego al golf.   3 Sí, voy al cine. No, no voy al cine.   4 Sí, doy un paseo por el campo cuando hace buen tiempo. No, no doy un paseo por el campo cuando hace buen tiempo.   5 Sí, escucho la radio. No, no escucho la radio.   6 Sí, juego al tenis. No, no juego al tenis.   7 Sí, leo muchos libros. No, no leo muchos libros.   8 Sí, sé jugar al fútbol. No, no sé jugar al fútbol.   9 Prefiero el cine/el teatro.   10 Sí, soy aficionado (aficionada) a la televisión. No, no soy aficionado (aficionada) a la televisión.

B

Exercise 10   What's your opinion?

1 El coñac es más fuerte que el vino.   2 El inglés es más fácil que el español. El español es más fácil que el inglés.   3 Londres es más grande que Madrid.   4 El teatro es más caro que el cine. El cine es más caro que el teatro.   5 La cerveza es más barata que el vino.

Exercise 11   Add the verb

1 Veo la televisión.   2 Voy al cine.   3 Juego al golf.   4 Doy un paseo por la ciudad.   5 Leo novelas románticas.   6 Soy aficionado (aficionada) al tenis.   7 Leo muchos libros.   8 Escucho discos de música clásica. 9 Juego al tenis.   10 Sé jugar al fútbol.

Listening exercises

A

Boy: He dislikes TV and prefers sports. In the summer he plays tennis with his sister, and in winter he plays football in a youth club team.
Girl: She is not keen on sport and goes to the theatre and the cinema with her friends. She is keen on modern theatre and romantic films. She also goes to a disco every Saturday evening.

B

1 Reading and sports. 2 Tennis. 3 (a) el boxeo (boxing) and (e) las
carreras de caballos (horse racing). 4 She reads books or goes to the cinema.
5 Tennis. 6 He likes reading and going to the cinema.

Reading exercises

A

1 The Grass Cutter. 2 It changed him into a god. 3 You must be over
13 years of age to see the film. 4 White Sands. 5 Change yourself into the
victim. 6 Anyone. 7 Classical, majestic, exciting. 8 A Very Distant
Horizon. 9 Fury and passion. 10 You must be more than 18 years old.

B

1 Great adventures of the cinema. The Tiger of Esnapur. 2 Home-made
videos. 3 At 15.00 and 20.55. 4 A current affairs news programme.
5 Football reports, in particular about Andalusian teams.

Puzzles

A

1 María, tenis; 2 Pedro, fútbol; 3 Carolina, novelas; 4 Pedro, golf.

B

TELEVISION

7 ¿Qué desea?

A

Exercise 1   Saying what you want
Dependienta: Buenos días, señora. ¿Qué desea?
Usted: Quisiera ver algunos vestidos de verano, por favor.
Dependienta: Muy bien, señora. ¿Qué talla, por favor?
Usted: Una treinta y ocho.
Dependienta: Bien. ¿De qué color quiere el vestido?
Usted: Azul, creo, o quizás verde.
Dependienta: ¿Éste, por ejemplo?

Exercise 2 Asking to see other goods and establishing what things are made of

Dependienta: ¿Éste, por ejemplo?
Usted: Es muy bonito, pero, ¿no tiene usted otro más claro?
Dependienta: Más claro. Vamos a ver. ¿Éste, entonces?
Usted: ¡Ah, sí! Ése es muy bonito. ¿De qué es? ¿De nilón?
Dependienta: No, señora. Es de algodón. ¿Quiere probárselo?

Exercise 3 Buying shoes

Dependienta: Buenos días, señor. ¿Qué desea?
Usted: Quisiera ver algunos zapatos, por favor.
Dependienta: Muy bien, señor. ¿Qué número gasta usted?
Usted: Un cuarenta y dos.
Dependienta: Y, ¿de qué color?
Usted: Marrones.

Exercise 4 Asking if certain goods are available

1 ¿Tiene usted vestidos de verano?   2 ¿Tiene usted bolsos de piel?
3 ¿Tiene usted vestidos de nilón?   4 ¿Tiene usted zapatos de ante?
5 ¿Tiene usted blusas de algodón?

Exercise 5 Saying what you want

1 Quiero un café con leche.   2 Quiero un litro de leche.   3 Quiero una
botella de vino.   4 Quiero un coñac.   5 Quiero una cerveza.

Exercise 6 Saying what you would like to see

1 Quisiera ver algunos zapatos de cuero.   2 Quisiera ver algunos vestidos
de algodón.   3 Quisiera ver algunas faldas de algodón.   4 Quisiera ver
algunos guantes de piel.   5 Quisiera ver algunas blusas de algodón.

Exercise 7 Giving the size

1 Una treinta y ocho.   2 Una cuarenta.   3 Una cincuenta.   4 Una
cuarenta y dos.   5 Una treinta y seis.

Exercise 8 Understanding the price

1 It costs 4200 pesetas.   2 They cost 5600 pesetas.   3 It costs 1700 pesetas.
4 It costs 6900 pesetas.   5 They cost 200 pesetas.

Exercise 9 Asking to see alternative goods

1 ¿No tiene usted otros más oscuros?   2 ¿No tiene usted otra más
pequeña?   3 ¿No tiene usted otro más claro?   4 ¿No tiene usted otros más
caros?   5 ¿No tiene usted otras mas baratas?

Exercise 10 Asking someone's opinion

1 ¿Qué le parece mi bolso?   2 ¿Qué le parecen mis guantes?   3 ¿Qué le
parece mi falda?   4 ¿Qué le parece mi vestido?   5 ¿Qué le parece mi
sombrero?

Exercise 11   Concluding a sale

1 Sí, me lo quedo.   2 Sí, me la quedo.   3 Sí, me los quedo.   4 Sí, me lo quedo.   5 Sí, me la quedo.

Exercise 12   Expressing your opinion

1 Me parecen muy caros.   2 Me parece que sale a las ocho.   3 Me parece que la señorita Gómez está en casa.   4 Me parece muy grande.
5 Me parecen muy estrechos.   6 Me parece que el tren llega a Madrid a las once.   7 Me parecen bastante baratos.   8 Me parece que llueve.
9 Me parece muy cómodo.   10 Me parece que no llega nunca hasta las diez.

Exercise 13   Obtaining clothes

Dependiente: Buenos días, señor (señora). ¿Qué desea?
Usted: Quisiera ver algunas camisas, por favor.
Dependiente: ¿Qué talla, por favor?
Usted: Una treinta y ocho.
Dependiente: ¿De qué color quiere la camisa?
Usted: Blanca.
Dependiente: Muy bien, señor (señora). Ésta es muy bonita.
Usted: ¿De qué es?
Dependiente: Es de algodón.
Usted: ¿Cuánto vale?
Dependiente: Vale nueve mil pesetas.
Usted: Muy bien. Me la quedo.
Dependiente: Muchas gracias, señor (señora).

Listening exercises

A

She wishes to buy a size 40 blouse in white or yellow. The first one is too dear and she buys a cheaper one for 9000 pesetas.

B

1 Simple clothing.   2 A skirt and a blouse.   3 Trousers with a blouse or a jersey.   4 The weather, and whether she is going out or not.

Reading exercises

A

The shop offers good prices, better service and more quality. It boasts it is the cheapest.

B

(a)

1 An end of season sale; 2 Trousers; 3 Suits; 4 Jackets.

(b)

1 Handbags; 2 At half-price.

(c)

1 Socks; 2 4 pairs.

8 ¿Qué va a tomar?

A

Exercise 1   Obtaining a table and the menu
Usted: ¿Tiene una mesa libre?
Camarero: ¿Para cuántos?
Usted: Para cuatro.
Camarero: Sí, señor. Por aquí.
Usted: Gracias. Tráigame la carta, por favor.
Camarero: Aquí tiene usted.

Exercise 2   Ordering a meal
Camarero: ¿Qué va a tomar?
Usted: Sopa de pescado.
Camarero: ¿Y después?
Usted: Un bistec con patatas.
Camarero: ¿Y para beber? ¿Toma vino?
Usted: Sí, una botella de vino tinto.
Camarero: ¿Toma postre?
Usted: Sí. Un helado.

Exercise 3   Polite requests
1 ¿Quiere traerme una ensalada mixta?   2 ¿Quiere traerme guisantes con jamón?   3 ¿Quiere traerme pollo asado con patatas?   4 ¿Quiere traerme tarta helada?   5 ¿Quiere traerme una botella de agua mineral?   6 ¿Quiere traerme más pan?   7 ¿Quiere traerme más vino?   8 ¿Quiere traerme un café solo?   9 ¿Quiere traerme un coñac?   10 ¿Quiere traerme la cuenta?

Exercise 4   Explaining what you are going to have
1 Voy a tomar una ensalada rusa.   2 Voy a tomar una tortilla francesa con patatas.   3 Voy a tomar calamares a la romana.   4 Voy a tomar chuletas de cerdo con patatas.   5 Voy a tomar un flan.   6 Voy a tomar un plátano.
7 Voy a tomar queso manchego.   8 Voy a tomar un café con leche.
9 Voy a tomar melocotones en almíbar.   10 Voy a tomar una manzana.

Exercise 5   Getting exactly what you want

1 No, agua mineral sin gas.   2 No, un bistec sin patatas.   3 No, agua mineral con gas.   4 No, pollo asado sin patatas.   5 No, merluza rebozada con patatas.

Exercise 6   Simple orders

1 Tráigame un consomé.   2 Tráigame judías verdes con tomate.
3 Tráigame alcachofas rebozadas.   4 Tráigame merluza rebozada.
5 Tráigame besugo al horno.   6 Tráigame cordero asado.   7 Tráigame un flan.   8 Tráigame una botella de vino tinto.   9 Tráigame un café solo y un coñac.   10 Tráigame la cuenta.

B

Exercise 7   Giving orders

1 Sí, tráigame la cuenta.   2 Sí, deme la dirección.   3 Sí, escríbame el precio.   4 Sí, sírvame la sopa.   5 Sí, dígame el número de teléfono.

Exercise 8   Saying what you are going to do

1 Voy a tomar una cerveza.   2 Voy a beber vino.   3 Voy a visitar el museo.   4 Voy a ver la televisión.   5 Voy a leer el periódico.

Exercise 9   Saying how you feel

1 Sí, tengo hambre. Sí, tengo mucha hambre. No, no tengo hambre.   2 Sí, tengo calor. Sí, tengo mucho calor. No, no tengo calor.   3 Sí, tengo frío. Sí, tengo mucho frío. No, no tengo frío.   4 Sí, tengo sueño. Sí, tengo mucho sueño. No, no tengo sueño.   5 Sí, tengo sed. Sí, tengo mucha sed. No, no tengo sed.

Listening exercises

A

1st customer: Mixed hors d'oeuvres, steak and chips and a half-bottle of fizzy mineral water.
2nd customer: Fish soup, roast chicken with a lettuce and tomato salad and a beer.

B

1 false; 2 true; 3 false; 4 true; 5 do not know (he says he likes prawns on their own – 'las gambas solas', or fried – 'las gambas fritas'; 6 false; 7 true.

Reading exercises

A

1 Soup; paella; spaghetti; fish soup; mixed salad. 2 Caramel custard; custard; rice pudding. 3 They are made of fish. 4 Bread, water and a glass of wine.

B

2 fish soup; 2 mixed salads; 3 French omelettes; 1 tuna with tomato; 2 roast lamb; 2 veal steaks; 1 red wine; 1 fizzy mineral water.

Puzzles

A

romat = tomar; megratia = tráigame; semonoc = consomé; daspoce = pescado; mealsarca a la manaro = calamares a la romana; zularem = merluza; gachule y meatot = lechuga y tomate; zularem = merluza.

B

Una ensalada de lechuga y pescado (false). Lechuga y tomate.
Una tortilla francesa (true).
Una tortilla alemana (false). Una tortilla francesa o española.
Huevos revueltos con guisantes (false). Con tomate.
Besugo al horno (true).
Calamares en almíbar (false). Calamares a la romana.
Queso manchego (true).
Sopa rusa (false). Ensaladilla rusa.
Atún con tomate (true).
Tarta del tiempo (false). Fruta del tiempo.

9 ¿Adónde vamos?

A

Exercise 1   Obtaining a taxi and stating the destination
Usted: ¿Está libre?
Taxista: Sí, señor. ¿Adónde les llevo?
Usted: A la estación de Atocha, por favor.
Taxista: Muy bien. Suban ustedes.

Second version

Usted: ¿Está libre?

Taxista: Sí, señor. ¿Adónde les llevo?

Usted: A la Plaza Mayor.

Taxista: Muy bien. Suban ustedes. ¿Tienen ustedes prisa?

Usted: Sí, tenemos prisa.

Exercise 2   Finding out train times and booking tickets

Usted: ¿A qué hora sale el próximo tren para Toledo?

Taquillera: Sale a las once y media.

Usted: Dos billetes, por favor.

Taquillera: ¿De ida y vuelta o sólo de ida?

Usted: De ida y vuelta.

Taquillera: ¿De qué clase, primera or segunda?

Usted: De segunda.

Taquillera: Muy bien.

Second version

Usted: ¿A qué hora sale el próximo tren para Barcelona?

Taquillera: Sale a las once y media.

Usted: Un billete, por favor.

Taquillera: ¿De ida y vuelta o sólo de ida?

Usted: De ida.

Taquillera: ¿De qué clase, primera o segunda?

Usted: De primera.

Taquillera: Muy bien.

Exercise 3   Asking for change

1 ¿Tiene cambio de quinientas pesetas?   2 ¿Tiene cambio de cien pesetas?
3 ¿Tiene cambio de cinco mil pesetas?   4 ¿Tiene cambio de cincuenta
pesetas?   5 ¿Tiene cambio de dos mil pesetas?

Exercise 4   Asking arrival times

1 ¿A qué hora llega el tren a Madrid?   2 ¿A qué hora llega el autobús al
centro de la ciudad?   3 ¿A qué hora llega el taxi al hotel?   4 ¿A qué hora
llega el tren a la costa?   5 ¿A qué hora llega el autobús al museo?

Exercise 5   Asking if something is possible or permitted

1 ¿Se puede aparcar aquí?   2 ¿Se puede fumar en esta habitación?   3 ¿Se
puede comer ahora?   4 ¿Se puede entrar en el museo?   5 ¿Se puede
probar este vestido?

Exercise 6   Stating that something is or is not permitted

1 No, no se puede aparcar en esta calle.   2 Sí, se puede tomar vino con la
comida.   3 Sí, se puede jugar al golf aquí.   4 No, no se puede hacer café
en la habitación.   5 Sí, se puede comer más tarde.

Exercise 7   Asking if someone knows of certain places

1 ¿Conoce usted un buen café por aquí?   2 ¿Conoce usted una buena discoteca por aquí?   3 ¿Conoce usted una buena tienda de modas por aquí?   4 ¿Conoce usted un buen restaurante por aquí?   5 ¿Conoce usted una buena farmacia por aquí?

B

Exercise 8   Can you or can't you?

1 Sí, sé hablar francés. No, no sé hablar francés.   2 Sí, sé bailar. No, no sé bailar.   3 Sí, sé hacer café. No, no sé hacer café.   4 Sí, sé jugar al golf. No, no sé jugar al golf.   5 Sí, sé hablar inglés. No, no sé hablar inglés.

Exercise 9   Do you know them or don't you?

1 Sí, la conozco.   2 No, no les conozco.   3 No, no la conozco.   4 No, no les conozco.   5 Sí, la conozco.

Exercise 10   Asking where things are sold, made, bought, etc.

1 ¿Dondé se compran los cigarrillos?   2 ¿Dondé se venden los relojes?   3 ¿Dondé se hacen las camisas?   4 ¿Dondé se vende el vino?   5 ¿Dondé se hacen los trajes?

Listening exercises

A

She wishes to buy a first class return ticket to Alicante and to arrive before 8.30 pm.

B

1 On the sea by boat (por el mar en barco).   2 By car.   3 He goes by bus. 4 By Metro.   5 It is more practical.   6 By bicycle (en bicicleta).   7 By train.   8 Romantic.   9 It makes the journey more interesting.

Reading exercises

1 You have to pay a supplement.   2 Cafeteria and crèche. Coach connections to neighbouring towns.   3 Saturdays and Wednesdays.   4 Sleeping car and couchettes.   5 No, it does not run from 24th of June to the 17th of September.   6 There is a coach service.

Puzzles

– Buenos días. ¿Qué desea?
– Quisiera ir a Barcelona.
– ¿Cómo quiere ir, en tren o en autocar ?
– Todo depende del precio. ¿Cuánto vale en tren ?
– En tren es más caro – dos mil quinientas pesetas – pero es más rapido y más cómodo, claro.
– ¿Y en autocar ?
– En autocar son mil trescientas pesetas, ida y vuelta.
– Pues deme un billete en tren para mañana.
– Muy bien, señorita.
– ¿A qué hora sale el tren ?
– A las tres y media de la tarde.

10 ¿Tiene una habitación libre?

A

Exercise 1   Booking a room
Recepcionista: Buenas tardes. ¿En qué puedo servirle?
Usted: Buenas tardes. ¿Tiene una habitación libre?
Recepcionista: ¿Individual o doble?
Usted: Doble, por favor.
Recepcionista: ¿Con cuarto de baño o con ducha?
Usted: Con cuarto de baño.

Second version
Recepcionista: Buenas tardes. ¿En qué puedo servirle?
Usted: Buenas tardes. ¿Tiene una habitación libre?
Recepcionista: ¿Individual o doble?
Usted: Individual.
Recepcionista: ¿Con cuarto de baño o con ducha?
Usted: Con ducha.

Exercise 2   Finding out the price
Usted: ¿Cuánto vale la habitación?
Recepcionista: La habitación vale ocho mil pesetas por día. Luego tiene usted las comidas.
Usted: ¿Cuánto valen las comidas?
Recepcionista: El desayuno vale cuatrocientas pesetas, el almuerzo y la cena valen dos mil pesetas cada uno.
Usted: Doce mil cuatrocientas pesetas por día entonces.
Recepcionista: No. La pensión completa vale un poco menos: doce mil pesetas por día. ¿Quiere usted la pensión completa?
Usted: Sí, por favor.

Exercise 3   Making complaints

Usted: Me parece que esta toalla no está limpia y la luz en el cuarto de baño no funciona.
Portero: ¡Perdone usted!

Second version
Usted: Me parece que esta cama está sucia, y el teléfono no funciona.
Portero: ¡Perdone usted!

Exercise 4   Saying when you do things

1 Voy a Sevilla el miércoles.   2 Empiezo mi trabajo el viernes.   3 Salgo para Córdoba el jueves.   4 Llego a Barcelona el martes.   5 Estoy libre el sábado.

Exercise 5   Understanding what things cost

1 It costs 2000 pesetas a day.   2 It costs 7000 pesetas a week.   3 It costs 30 000 pesetas a month.   4 It costs 3000 pesetas an hour.   5 It costs 100 pesetas a day.

Exercise 6   Expressing opinions

1 Me parece excelente.   2 Me parece muy simpática.   3 Me parece bastante cara.   4 Me parece muy romántica.   5 Me parece barato.

Exercise 7   Asking when and where things happen

1 ¿A qué hora se sirve la cena?   2 ¿Dónde se venden las aspirinas?   3 ¿A qué hora se abre el banco?   4 ¿Dónde se puede aparcar?   5 ¿Dónde se vende la fruta?

B

Exercise 8   Answering questions

1 Empiezo mi trabajo a las (+ time).   2 Prefiero el vino/la cerveza.
3 Quiero/No quiero ser rico (rica).   4 Me siento en la sala de estar.
5 Tengo/No tengo hermanos.   6 Vengo a mi trabajo en coche/autobús/tren/bicicleta/a pie.   7 Nieva/No nieva mucho en mi ciudad.   8 Juego/No juego al golf.   9 Duermo bien/mal.   10 Me acuesto a las (+ time) los sábados.   11 Llueve/No llueve mucho en mi región.
12 Sirvo/No sirvo vino con la comida los domingos.

Exercise 9   Expressing a need

1 Me hace falta una toalla limpia.   2 Me hace falta una chaqueta de piel.
3 Me hacen falta unos calcetines.   4 Me hace falta un reloj de oro.   5 Me hace falta una cartera nueva.

Listening exercises

A

The customer wants a single room with a shower and a telephone; asks about the price of the room, whether breakfast is included and at what time breakfast is served. The room costs 4000 pesetas per day.

B

The room is dirty, the shower is not working and the mini-bar is empty.

C

1 To make a complaint. You probably gathered this from the gist of the whole conversation. The expression actually used was 'Tengo una queja' – I have a complaint.   2 The bathroom is very dirty and the telephone does not work.
3 At 11.30 that morning.   4 Fourteen.

Reading exercises

A

1 DIAZ habitaciones. Solo dormir.   2 Salida a piscina.   3 Hostal Princesa. Habitaciones con baño y calefacción.   4 Se alquila piso en Trujillo. Amplio, céntrico, calefacción central.

B

1 Hotel Guzmán.   2 Hotel Miramar.   3 Hotel Guzmán.   4 Hotel Catalán.

Puzzles

Recepción (Reception); recepcionista (receptionist); flores (flowers); portero (porter); cliente (customer); maleta (suitcase); perro (dog); comedor (dining-room); mesa (table); camarero (waiter). Did you find any others?

11 ¿Le gusta?

A

Exercise 1   Finding out what things are made of
Usted: ¿Con qué se fabrica todo esto?
Empleado: Con oro y acero, señora. Es el arte típico de Toledo y se llama arte damasquinado. ¿Le gusta?
Usted: Sí, me gusta mucho. ¿Qué se fabrica aquí exactamente?
Empleado: Aquí se fabrica de todo, señora: broches, collares, pendientes, espadas …

Exercise 2 Selecting a gift

Robert: Y unos pendientes para Dolores. Le gustan los pendientes a Dolores,
 ¿verdad?
Usted: Sí, creo que sí. ¿Tiene usted pendientes?
Dependienta: Claro que sí, señora. Éstos son muy bonitos, ¿no?
Usted: Sí, son bastante bonitos, pero me gustan más aquéllos.
Dependienta: ¿Éstos, señora?
Usted: Sí. ¿No te gustan, cariño?
Robert: Sí, me gustan mucho. ¿Son caros?
Dependienta: No, señor. Sólo mil ochocientas pesetas.
Usted: Éstos, entonces.

Exercise 3 Getting a drink

Robert: Un café con leche para mí. ¿Qué quieres, cariño?
Usted: Me gustaría tomar algo frío. ¿Qué tiene?
Camarero: Pues hay batidos, horchata, limón natural, cerveza . . .
Usted: Un limón natural, por favor.

Exercise 4 Saying what you like

1 Sí, me gusta.   2 Sí, me gusta.   3 No, no me gusta.   4 No, no me
gustan.   5 Sí, me gusta.   6 Sí, me gustan.   7 No, no me gusta.   8 Sí, me
gustan.   9 No, no me gusta.   10 Sí, me gustan.

Exercise 5 Saying what you like doing

1 No, no me gusta arreglar el coche.   2 Sí, me gusta ver la televisión.
3 No, no me gusta trabajar.   4 Sí, me gusta comer bien.   5 Sí, me gusta ir
de compras.   6 Sí, me gusta estudiar el español.   7 No, no me gusta jugar
al tenis.   8 No, no me gusta beber vino.   9 Sí, me gusta escuchar discos.
10 No, no me gusta dar un paseo.

Exercise 6 Talking for others

1 No, no le gusta el coñac.   2 Sí, le gustan las rubias.   3 No, no le gusta
el calor.   4 Sí, le gusta el café solo.   5 Sí, le gustan los museos.   6 No, no
le gusta la Coca Cola.   7 Sí, le gustan los churros.   8 No, no le gusta el sol.
9 Sí, le gustan las vacaciones.   10 No, no le gusta el frío.

Exercise 7 Saying how much you like things or doing things

1 No me gusta nada escuchar discos.   2 Me gusta bastante bailar.   3 No
me gusta trabajar.   4 Me gusta mucho España.   5 Me gustan bastante los
churros.   6 No me gusta nada la cerveza española.   7 Me gusta mucho la
comida española.   8 Me gustan bastante los españoles.   9 No me gusta el
tabaco español.   10 Me gustan mucho las chicas españolas.

Exercise 8 Accepting an invitation willingly or rejecting it

1 Sí, me gustaría mucho.   2 Sí, me gustaría mucho.   3 No, no me
gustaría.   4 Sí, me gustaría mucho.   5 No, no me gustaría.

Exercise 9   Flatter the speaker

1 Me encanta su vestido.   2 Me encantan sus hijos.   3 Me encanta su ciudad.   4 Me encanta su mujer.   5 Me encantan sus pendientes.

B

Exercise 10   Giving your opinion of things

1 Me aburre la ciudad.   2 Me interesan esos hombres.   3 Me gusta bastante la comida.   4 Me aburren las revistas.   5 Me interesa el programa.

Exercise 11   Saying how much money you have left

1 Me quedan dos mil pesetas.   2 Me quedan cuarenta pesetas.   3 Me quedan ocho mil pesetas.   4 Me quedan ciento ochenta pesetas.   5 Me quedan cuatrocientas veinte pesetas.

Listening exercises

A

1 Cars are produced in Valencia and Barcelona.   2 Apples are grown in northern Spain in the region of Asturias.   3 Stamps are sold in the state tobacconist's.   4 Shoes are produced in Menorca.   5 Oranges are grown in the region of Valencia.

B

When it's nice, Paco likes to go to the swimming pool or to the beach. When the weather is bad, he likes to stay at home and read or watch the television. When the weather is very hot, in the summer, Ana likes to sunbathe in the garden, or go to the countryside with her friends.

C

1 true;   2 false;   3 true;   4 do not know;   5 true;   6 true;   7 true.

Reading exercises

1 She likes going out with her friends, going to the countryside or the beach, sunbathing, or swimming in the swimming-pool or the sea.   2 It is fairly cold. 3 She likes to go to the theatre or the cinema.   4 She likes to read.   5 She likes interesting books, particularly biographies of important people from Spanish history.   6 She does not like sport.   7 She finds them boring. 8 What you do in your spare time.

Puzzles

A

Doña Rosa, playing golf; Don Juan, bananas; Carolina, chips; María, sunbathing; Mateo, swimming; Paco, playing tennis.

B

Me encanta el español.

---

12 ¿Por qué no vamos al cine?

A

Exercise 1 Planning an outing
Juan: ¿Qué quieres hacer esta tarde?
Usted: ¿Por qué no vamos al cine?
Juan: ¿Qué ponen?
Usted: No sé. ¿Dónde está el periódico?
Juan: Ahí está, en la mesa.
Usted: ¿En qué página está la guía de espectáculos?
Juan: No lo sé seguro. En la página diez u once.
Usted: Ah, sí. Aquí está.

Exercise 2 Making suggestions
1 ¿Por qué no vamos al teatro?   2 ¿Por qué no vamos a las tiendas?
3 ¿Por qué no vamos al museo?   4 ¿Por qué no vamos a la discoteca?
5 ¿Por qué no vamos a la plaza?

Exercise 3 Obtaining tickets or seats
Taquillera: Buenas tardes. ¿Qué desea?
Usted: Buenas tardes. Quiero dos butacas, por favor.
Taquillera: ¿Para la sesión de la tarde o de la noche?
Usted: De la tarde, por favor.
Taquillera: Aquí tiene usted. Dos butacas en la fila veinte.
Usted: ¿Cuánto valen?
Taquillera: Mil doscientas pesetas.

Second version
Taquillera: Buenas tardes. ¿Qué desea?
Usted: Quiero cuatro butacas, por favor.
Taquillera: ¿Para la sesión de la tarde o de la noche?
Usted: De la noche.
Taquillera: Aquí tiene usted. Cuatro butacas en la fila veinte.
Usted: ¿Cuánto valen?
Taquillera: Dos mil cuatrocientas pesetas.

Exercise 4 Inviting someone to have a drink
Usted: ¿Por qué no tomamos un aperitivo en aquel bar? Vamos; te invito.
Juan: ¡Qué amable! ¿Por qué me invitas?
Usted: Porque eres muy guapo y te quiero mucho.
Juan: Muy bien.

Exercise 5   Explaining why you are not doing something and that you prefer something else

1 Porque me gustan más las chuletas.   2 Porque me gusta más el tenis.
3 Porque me gusta más el museo.   4 Porque me gusta más ver la
televisión.   5 Porque me gusta más el campo.

Exercise 6   Saying that you do not know and that your companion does not know either

1 No, no lo sé. No, no lo sabe.   2 No, no lo sé. No, no lo sabe.   3 No, no
lo sé. No, no lo saben.   4 No, no lo sé. No, no lo saben.   5 No, no lo sé.
No, no lo sabe.

Exercise 7   Saying how you intend to get there

1 Voy en avión.   2 Voy en tren.   3 Voy a pie.   4 Voy en autobús.
5 Voy en taxi.

Exercise 8   Do you agree or don't you?

1 Sí, estoy de acuerdo.   2 No, no estoy de acuerdo.   3 Sí, estoy de
acuerdo.   4 Sí, estoy de acuerdo.   5 No, no estoy de acuerdo.

Exercise 9   Describing things in an exclamatory way

1 ¡Qué guapa es esa señorita!   2 ¡Qué grande es la habitación!   3 ¡Qué
bonito es este bolso!   4 ¡Qué barato es este vestido!   5 ¡Qué fuerte es este
coñac!

B

Exercise 10   Saying when you and your companion begin to do things

1 Me pongo a trabajar a las ocho y media.   Se pone a trabajar a las nueve y
cuarto.   2 Me pongo a estudiar a las siete.   Se pone a estudiar a las seis.
3 Me pongo a preparar la cena a las cinco y media.   Se pone a preparar la
cena a las seis menos cuarto.   4 Me pongo a jugar al golf a las seis y media.
Se pone a jugar al golf a las once y media.

Exercise 11   Finding out exactly where things are

1 ¿En qué piso está la oficina?   2 ¿En qué pueblo está el castillo?   3 ¿En
qué andén está el tren?   4 ¿En qué dirección está la playa?   5 ¿En qué
calle está la piscina?   6 ¿En qué ciudad está el camping?   7 ¿En qué parte
está el teatro?   8 ¿En qué plaza está el supermercado?   9 ¿En qué calle
está el taller?   10 ¿En qué pueblo está el hospital?

Exercise 12   Expressing a lack of concern

1 No me importa la hora.   2 No me importa el tiempo.   3 No me importa
el viaje.   4 No me importa el calor.   5 No me importa el frío.   6 No me

importa el retraso.   7 No me importa el trabajo.   8 No me importa el color.   9 No me importa la niebla.   10 No me importa el programa.

Exercise 13   Saying how you do things
1 Trabajo rápidamente. Trabajo lentamente.   2 Duermo bien. Duermo mal. 3 Hablo el español fácilmente. Hablo el español difícilmente.   4 Juego bien al tenis. Juego mal al tenis.   5 Desayuno deprisa. Desayuno despacio.

Listening exercises

A

1 One speaker invites the other to play a game of golf. The invitation is refused because the second speaker does not know how to play golf.   2 The invitation is to go shopping and is accepted because the second speaker would like to buy a summer dress. They agree to meet in the Puerta del Sol at 10.30.

B

1 What to do the next day.   2 They go to the cinema.   3 She cannot see any interesting films in the Entertainments Guide.   4 Dracula.   5 She says she does not fancy going to see it.   6 It is a new version of the film.   7 At 7 pm. 8 (a) In Alcalá Street. (The other streets do exist in Madrid, but 'La Calle de Alcalá' was the correct answer.)

Reading exercises

1 La Fonda; 2 Quattrocento; 3 El Pescador; 4 La Galette; 5 Casa Pepe; 6 La Llama; 7 El Organillo; 8 Dario's.

Puzzles

1f; 2e; 3h; 4i; 5b; 6a; 7j; 8d; 9g; 10c.

13 ¿Cuánto vale?

A

Exercise 1   Obtaining postcards
Usted: Buenos días. ¿Tiene usted tarjetas postales de Toledo?
Vendedor: Sí, ahí están, señora, al lado de las revistas.
Usted: ¿Cuánto valen?
Vendedor: Las grandes valen cuarenta y cinco pesetas y las pequeñas treinta pesetas, señora.
Usted: Éstas seis, por favor. Tengo cuatro grandes y dos pequeñas.

Exercise 2   Asking about newspapers and stamps

Usted: ¿Tiene usted periódicos ingleses?
Vendedor: No, señora. La prensa extranjera llega a las cuatro de la tarde.
  Sólo tengo el *Times*, pero es de ayer.
Usted: No, gracias. ¿Tiene sellos para las tarjetas?
Vendedor: No, señora. Los sellos se compran en Correos.

Exercise 3   Asking prices and obtaining stamps

Usted: Buenos días. ¿Cuánto vale mandar una tarjeta postal a Inglaterra?
Dependienta: Vale cuarenta y cinco pesetas.
Usted: ¿Y una carta?
Dependienta: Una carta vale lo mismo, cuarenta y cinco pesetas.
Usted: Bueno. Deme seis sellos de cuarenta y cinco pesetas, por favor.

Exercise 4   Buying food for a picnic

Vendedor: Buenos días. ¿Qué desea?
Usted: Póngame un cuarto de kilo de jamón.
Vendedor: ¿Jamón serrano o jamón de York?
Usted: Jamón de York.
Vendedor: Aquí tiene. ¿Algo más?
Usted: Sí, un cuarto de kilo de ese queso manchego.
Vendedor: Muy bien. ¿Eso es todo?
Usted: ¿Tiene mantequilla?
Vendedor: Sí, señora. ¿Cuánta quiere?
Usted: ¿Tiene un paquete de cien gramos?

Exercise 5   Asking about reading matter

1 ¿Tiene usted novelas inglesas?   2 ¿Tiene usted revistas españolas?
3 ¿Tiene usted periódicos franceses?   4 ¿Tiene usted libros ingleses?
5 ¿Tiene usted periódicos italianos?

Exercise 6   Buying things

1 Póngame dos kilos de manzanas.   2 Póngame medio kilo de queso.
3 Póngame un kilo de melocotones.   4 Póngame un cuarto de kilo de
mantequilla.   5 Póngame treinta litros de gasolina.

Exercise 7   Buying things

1 Deme una lata de guisantes.   2 Deme una caja de cerillas.   3 Deme una
barra de pan.   4 Deme seis sellos de treinta pesetas.   5 Deme el *Times*.

Exercise 8   Finding out where to buy things

1 ¿Dónde se compra la leche?   2 ¿Dónde se compra el azúcar?
3 ¿Dónde se compran los sellos?   4 ¿Dónde se compran los periódicos
ingleses?   5 ¿Dónde se compran las tarjetas postales?

Exercise 9   Selecting something

1 El inglés, por favor.   2 El tinto, por favor.   3 Los españoles, por favor.
4 Los negros, por favor.   5 La pequeña, por favor.

Exercise 10   Finding out how much it costs to do something

1 ¿Cuánto vale mandar una carta a Inglaterra?   2 ¿Cuánto vale mandar una tarjeta postal a los Estados Unidos?   3 ¿Cuánto vale aparcar?
4 ¿Cuánto vale jugar al tenis?   5 ¿Cuánto vale entrar en el museo?

B

Exercise 11   Pointing out what something is like

1 La de Pablo es guapa.   2 Los de Juan son altos.   3 El de Marta es verde.
4 La de Paco es pequeña.

Exercise 12   Pointing out which one you want

1 Aquéllos, por favor.   2 Ése, por favor.   3 Ésta, por favor.   4 Éstos, por favor.   5 Aquéllas, por favor.

Listening exercises

A

1 1/2 kilo 'serrano' ham; 1 kilo of blue cheese.   2 2 kilos of apples; 1/2 kilo of bananas; 1 kilo of black grapes.

B

Shopping List 1 is correct.

Reading exercises

The dish is a Spanish omelette.

Puzzles

Conchita forgot to buy wine, two glasses, fish, pears and grapes.

14 ¿En qué puedo servirle?

A

Exercise 1   Asking what is possible
1 ¿Es posible comprar cigarrillos en el hotel?   2 ¿Es posible comer a la una?
3 ¿Es posible cambiar cheques de viajero en este banco?   4 ¿Es posible
probarse el vestido?   5 ¿Es posible ver algunos bolsos de piel?

Exercise 2   Hiring a car
Usted: Buenos días. Aquí puedo alquilar un coche, ¿verdad?
Empleado: Eso es. ¿Para cuántos días?
Usted: Sólo para hoy. Quiero visitar los molinos de Campo de Criptana.
Empleado: Muy bien, señor. ¿Para cuántas personas?
Usted: Para dos; mi mujer y yo. ¿Tiene un coche económico?

Exercise 3   Parking the car
Guardia: Buenas tardes, señora. ¿En qué puedo ayudarla?
Usted: ¿Se puede aparcar el coche en esta calle?
Guardia: Sí, señora. Está prohibido aparcar en la plaza, pero el coche está
   bien aquí. No se preocupe.
Usted: Gracias. ¿Es posible ir en el coche hasta los molinos?
Guardia: No, señora.

Exercise 4   Buying petrol
Empleado: Buenas tardes. ¿Qué le pongo?
Usted: Póngame veinte litros, por favor.
Empleado: ¿Súper, sin plomo o normal?
Usted: Súper.
Empleado: Ya está. ¿Algo más?
Usted: No, gracias. ¿Cuánto es?
Empleado: Dos mil pesetas.

Exercise 5   Finding out if you can or cannot do something
1 ¿Puedo fumar?   2 ¿Puedo salir ahora?   3 ¿Puedo aparcar aquí?
4 ¿Puedo hablar con el jefe?   5 ¿Puedo ver la televisión?

Exercise 6   Understanding prices and quantities
1 5000 pesetas a day, sir.   2 1500 pesetas per person, sir.   3 20 000 pesetas
a week, sir.   4 100 pesetas per half-hour, sir.   5. 150 pesetas a minute, sir.

Exercise 7   Finding out if something or someone is ready
1 ¿Está listo el desayuno?   2 ¿Está lista la comida?   3 ¿Está listo el coche?
4 ¿Están listos los zapatos?   5 ¿Está lista su mujer?

Exercise 8   Understanding notices
1 No smoking.   2 No entrance.   3 No bathing.   4 No parking in the square.   5 No access.

Exercise 9   Explaining what is allowed in England to a Spanish friend by answering his questions
1 No, no se puede.   2 Sí, se puede.   3 No, no se puede.   4 Sí, se puede. 5 Sí, se puede.

B

Exercise 10   Understanding prices and quantities
1 25 pesetas a litre.   2 It costs 600 pesetas a metre.   3 It costs 40 pesetas a piece.   4 The pair costs 10 000 pesetas.   5 It's 80 pesetas a portion.

Exercise 11   Saying 'nothing'
1 No quiero nada.   2 No veo nada.   3 No tomo nada.   4 No estudio nada.   5 No hago nada.

Exercise 12   Saying you never do something
1 No bebo nunca vino.   2 No fumo nunca.   3 No duermo nunca en la oficina.   4 No visito nunca museos.   5 No tomo nunca el sol.

Exercise 13   What are you allowed to do?
1 Mi jefe no me deja dormir en la oficina.   2 Mis hijos no me dejan estudiar en casa.   3 Mi doctor no me deja beber coñac.   4 Mi mujer no me deja salir con rubias.   5 Mi marido no me deja ir al bar.

Listening exercises
A

1 250 kms; 2 621 kms; 3 70 kms; 4 231 kms.

B

1 You can't visit the castle.   2 You can't park in the square, but you can park in a street nearby.   3 You can smoke.   4 You can't speak to the person in charge.

C

1 a; 2 b; 3 a; 4 c; 5 b; 6 a; 7 c; 8 b.

Reading exercises

1 No parking. We shall inform the tow-away truck.   2 Pedestrian. Take care on the bridge. Walk in single file on your left.   3 Pedestrian zone. Loading and unloading from 8.00 to 12.00.   4 Danger. Temporary road surface.

5 Attention. Bus lane on your right.   6 City Centre. Post Office. Tourist
Office. Museum. Basilica of St Mary.   7 Attention. Radar speed check.
8 39 kms. away. Avila, the best walled city in the world.   9 Street traders are
forbidden in the village streets.   10 Drive carefully through the town.
Schools. Doctors' surgeries. Pensioners' Club.

Puzzles

1f	El tubo de escape	Exhaust pipe
2h	El limpiaparabrisas	Windscreen wiper
3j	El reposacabezas	Headrest
4b	El volante	Steering wheel
5a	El neumático	Tyre (Tire in American English)
6c	El parabrisas	Windscreen
7d	El parachoques	Bumper (Fender in American English)
8e	El maletero	Boot (Trunk in American English)
9g	El capó	Bonnet (Hood in American English)
10i	El faro	Headlamp

15 ¿Qué vas a hacer?

A

Exercise 1 Making plans
María: ¿Qué vas a hacer el domingo por la mañana, Juana?
Usted: Me gustaría visitar el Rastro, ese mercado grande que hay aquí en
         Madrid. ¿Puedes ir conmigo?
María: Con mucho gusto. ¿Dónde nos vemos?
Usted: Delante de mi hotel a las nueve y media. ¿Te parece bien?
María: Me parece estupendo.

Exercise 2 Arranging to meet
Usted: Oye, Juan, ¿estás libre mañana por la tarde?
Juan: Sí, creo que sí. ¿Por qué?
Usted: ¿Por qué no jugamos un partido de golf?
Juan: Muy bien. ¿A qué hora quedamos?
Usted: A las tres, si te va bien. Te espero delante de mi hotel, si quieres.

Exercise 3 Finding out what people intend to do
1 ¿Qué vas a hacer el sábado por la tarde?   2 ¿Qué vas a hacer el domingo
por la mañana?   3 ¿Qué vas a hacer el jueves por la tarde?   4 ¿Qué vas a
hacer la semana que viene?   5 ¿Qué vas a hacer el lunes que viene por la
tarde?

Exercise 4 Saying what you would like to do
1 Sí, me gustaría.   2 No, no me gustaría.   3 Sí, me gustaría mucho.
4 No, no me gustaría nada.   5 Sí, me gustaría.

Exercise 5 Saying what you usually do

1 Suelo cenar a las seis. 2 Suelo llegar a casa a las diez. 3 No suelo salir por la tarde. 4 Suelo coger el autobús. 5 Suelo trabajar mucho.

Exercise 6 Saying what you have to do

1 No puedo porque tengo que estudiar. 2 No puedo porque tengo que volver a la oficina. 3 No puedo porque tengo que ver a mi mujer. 4 No puedo porque tengo que escribir una carta. 5 No puedo porque tengo que esperar a mi hijo.

Exercise 7 Saying what one ought to do

1 Hay que visitar Toledo. 2 Hay que comprar pan. 3 Hay que ir de compras. 4 Hay que conocer Madrid. 5 Hay que cambiar unos cheques de viajero.

Exercise 8 Dates from your diary

1 El catorce de febrero voy a visitar Toledo. 2 El diez de agosto voy a trabajar en casa. 3 El veinticinco de marzo voy a ir a la discoteca con María. 4 El primero de mayo voy a cenar con Marta. 5 El once de octubre voy a comprar un coche.

Exercise 9 When are you going to do it?

1 Voy a comprar el coche el mes que viene. 2 Voy a visitar el museo el miércoles que viene. 3 Voy a ver a don Alfonso la semana que viene. 4 Voy a terminar el trabajo el viernes que viene. 5 Voy a ir de compras el sábado que viene.

B

Exercise 10 Talking about the future

1 Vendré a cenar con usted el jueves que viene. 2 Visitaré su casa en Granada el verano que viene. 3 Sabré el precio mañana por la tarde. 4 Podré arreglar el coche el martes que viene. 5 Compraré el tocadiscos el lunes que viene.

Exercise 11 Talking about the future

1 Aprenderé el francés. 2 Verás la televisión. 3 Juan ayudará a su mujer. 4 Usted tomará el sol en la playa. 5 Reservaré una habitación para quince días.

Listening exercises

A

1 Saturday. 2 The morning. 3 To the Prado. 4 A large museum in Madrid. 5 From 1.30 pm. 6 In front of one of the speakers' offices at 1.45 pm.

B

1 Next Saturday. 2 The heat. 3 They should go swimming. 4 To a lake in the mountains. 5 Very fresh (fresquísima). 6 The Escorial. 7 At 9 am. 8 In Spain Square (la Plaza de España).

Reading exercises

1 2 pm on September 20th. 2 At 4.10 pm. 3 Go and meet her at the airport. 4 A fortnight. 5 The Tower of London, Buckingham Palace, the British Museum and Trafalgar Square. 6 She rarely drinks. 7 Drink a beer in one of the famous pubs. 8 She calls them the 'perfidious Anglo-Saxons'.

Puzzles

A

1d; 2a; 3f; 4b; 5c; 6e.

B

1 In the centre; 2 Madrid; 3 Toledo; 4 Campo de Criptana; 5 Madrid; 6 In the South.

16 ¿Visitaste la catedral?

A

Exercise 1 Finding out what something means
María: Mira, Juana, ciento veinte pesetas. Es una ganga.
Usted: Lo siento, María, pero no comprendo. ¿Qué quiere decir 'una ganga'?
María: Es una cosa que es muy barata, como ese peine.
Usted: Ah, sí. Ahora comprendo.

Exercise 2 Saying where you went and how you liked it
María: ¿Visitaste la catedral en Toledo?
Usted: Sí, claro. Fui dos veces.
María: Y, ¿te gustó?
Usted: Me gustó mucho.

Exercise 3 Saying when and how you got back and how you liked a place
Recepcionista: ¿Cuándo volvió usted de Toledo, señor Robinson?
Usted: Volví anoche. Cogí el tren de las diecisiete horas y llegué aquí a las siete y media.

Recepcionista: ¿Le gustó Toledo?
Usted: Sí, me gustó mucho.

Exercise 4   Saying where you went and how

Juan: ¿Fuiste a los molinos en Campo de Criptana?
Usted: Sí. Alquilé un coche y pasé todo un día en Campo de Criptana.
Juan: ¿Te gustaron los molinos?
Usted: ¡Hombre, claro! Son parte de la historia de España, ¿no?

Exercise 5   Saying what you did

1 Sí, aparqué en la plaza. (Note spelling change in the verb.)   2 Sí, compré
un peine.   3 Sí, pagué ciento veinte pesetas. (Note spelling change in the
verb.)   4 Sí, hablé español.   5 Sí, llegué a casa a las nueve. (Note spelling
change in the verb.)   6 Sí, tomé una cerveza en el bar.   7 Sí, pagué cien
pesetas.   8 Sí, invité a mi amigo.   9 Sí, visité la catedral.   10 Sí, escuché
discos de música clásica por la tarde.

Exercise 6   Saying what you did or did not do

1 Sí, vi la televisión.   2 No, no comí bien.   3 Sí, volví anoche.   4 Sí, salí a
las once.   5 No, no bebí horchata.

Exercise 7   Saying where you went, when and with whom

1 Fui al cine anoche con mi amigo.   2 Fui al mercado esta mañana con mi
marido.   3 Fui de compras ayer con mi hijo.   4 Fui a la discoteca esta
tarde con mi hermana.   5 Fui a la catedral ayer por la mañana con mi hija.

Exercise 8   Saying what has just happened

1 Sí, acaba de salir.   2 Sí, acaba de entrar.   3 Sí, acaba de volver.   4 Sí,
acaba de pagar.   5 Sí, acaba de llegar.

Exercise 9   Saying whether you liked something or not

1 No, no me gustó.   2 Sí, me gustó mucho.   3 No, no me gustaron nada.
4 Sí, me gustó.   5 Sí, me gustaron mucho.

Exercise 10   Finding out if it's your turn

1 ¿Me toca jugar?   2 ¿Me toca salir?   3 ¿Me toca comprar?   4 ¿Me toca
escuchar?   5 ¿Me toca hablar?

B

Exercise 11   A day in your life

1 Sí, salí de casa a las ocho.   2 Sí, fui a mi trabajo en coche.   3 Sí, llegué a
mi trabajo a las nueve.   4 Sí, dije 'Buenos días' a mis amigos.   5 Sí, hice
mucho trabajo.   6 Sí, comí en casa.   7 Sí, tuve que trabajar mucho por la
tarde.   8 Sí, traje más trabajo a casa.   9 Sí, vi la televisión por la tarde.
10 Sí, fui a la cama a las once.

Exercise 12 Asking what people did

1 ¿Anduvo usted por el parque?   2 ¿Puso usted la maleta en la habitación?
3 ¿Pudo usted comprenderle?   4 ¿Lo supo usted ayer?   5 ¿Estuvo usted
en Málaga el mes pasado?

Listening exercises

A

Joan is invited to go window-shopping, but fails to understand the term in
Spanish until María puts it into English.

B

She visited El Greco's house twice and bought a print of a painting called 'The
Crucifixion'.

C

1c; 2a; 3b; 4a; 5c; 6b; 7a.

Reading exercises

1 Pedestrians. Leave by the staircase.   2 Market hours. Morning from
7.30 to 13.30. Afternoon 16 to 19.30.   3 Fruiterer's. Butcher's. Poulterer's.
Fishmonger's. Baker's. 1st Floor.   4 Open all day on Mondays.
5 Everything at half-price.   6 Pedestrian access.   7 Parking prohibited in
the town centre except for the evenings before holidays.   8 Road closed at the
Andosilla Pass. The crossing at Peralta is open 24 hours a day.
9 Contaminated water. Bathing is dangerous.   10 Dangerous bends at
2 700 m.

Puzzles

1 Costa del Sol; 2 Pirineos; 3 Granada; 4 Barcelona; 5 Madrid; 6 Galicia.

17 ¿Compraste algo?

A

Exercise 1 Saying where you found something

María: ¡Qué cuadros más bonitos! ¿Dónde los encontraste?
Usted: Los encontré en un puesto en aquella calle. ¿Te gustan?
María: Sí, me gustan mucho. ¿Cuánto te costaron?
Usted: No mucho. Sólo quinientas pesetas cada uno. Una ganga, ¿no, María?

Exercise 2 Finding out what your friend bought and what it cost

Usted: ¿Compraste algo?

María: Sí, compré esta sortija vieja.

Usted: A ver. Sí, es muy bonita. ¿Cuánto te costó?

María: Quince mil pesetas, pero es de oro.

Exercise 3 Finding out what happened to something you left on a table

1 ¿Dónde está mi cheque? Lo dejé aquí en la mesa.   2 ¿Dónde están mis guantes? Los dejé aquí en la mesa.   3 ¿Dónde está mi collar? Lo dejé aquí en la mesa.   4 ¿Dónde está mi novela? La dejé aquí en la mesa.
5 ¿Dónde está mi toalla? La dejé aquí en la mesa.

Exercise 4 Giving exclamatory opinions

1 ¡Qué broches más baratos! ¿Dónde los encontraste?   2 ¡Qué hombre más guapo! ¿Dónde le encontraste?   3 ¡Qué tarjetas más típicas! ¿Dónde las encontraste?   4 ¡Qué libro más interesante! ¿Dónde lo encontraste?
5 ¡Qué jamón más excelente! ¿Dónde lo encontraste?   6 ¡Qué coñac más fuerte! ¿Dónde lo encontraste?   7 ¡Qué regalo más barato! ¿Dónde lo encontraste?   8 ¡Qué zapatos más cómodos! ¿Dónde los encontraste?
9 ¡Qué pendientes más hermosos! ¿Dónde los encontraste?   10 ¡Qué sortija más encantadora! ¿Dónde la encontraste?

Exercise 5 Using the third person plural of regular '-ar' verbs

1 No. Llegaron a las nueve.   2 No. Aparcaron en la calle.   3 No. Alquilaron el coche en Toledo.   4 No. Hablaron español.   5 No. Reservaron una habitación con ducha.

Exercise 6 Referring to last week, month, etc.

1 Llegué el jueves pasado.   2 Visité Toledo la semana pasada.   3 Salí de Madrid el mes pasado.   4 Fui a Inglaterra el año pasado.   5 Pasé mis vacaciones en Málaga el verano pasado.

Exercise 7 Saying how long ago something happened

1 Vi a Juan hace tres horas.   2 Cambié los cheques hace cuatro días.
3 Pagué la cuenta hace cinco minutos.   4 Terminé el trabajo hace un mes.
5 Fui al cine hace una semana.

Exercise 8 Am I right or wrong?

1 Usted tiene razón.   2 Usted está equivocado.   3 Usted está equivocado.
4 Usted tiene razón.   5 Usted tiene razón.

Exercise 9 Is this yours?

1 Sí, es mía.   2 Sí, es mía.   3 Sí, son míos.   4 Sí, son mías.   5 Sí, es mío.

Exercise 10   Explaining that something cannot be yours because yours is different

1 No, no es mía. La mía es blanca.   2 No, no es mío. El mío es de oro.
3 No, no son míos. Los míos son negros.   4 No, no son mías. Las mías son inglesas.   5 No, no es mío. El mío es de piel.

B

Exercise 11   What did they do?

1 Trajeron a su hermano.   2 Condujeron bien.   3 No dijeron nada.
4 Hicieron mucho trabajo.   5 Se pusieron la chaqueta.

Exercise 12   Saying that things belong to other people

1 Mi casa está en York, pero la tuya está en Nueva York.   2 Mis hijos son estudiantes, pero los tuyos son hombres de negocios.   3 Mi falda es de algodón, pero la tuya es de lana.   4 Mis discos son de música clásica, pero los tuyos son de música popular.   5 Mi familia está en Inglaterra, pero la tuya está en España.

Exercise 13   Saying that things belong to other people

1 Aquí está mi mujer, pero, ¿dónde está la de él?   2 Aquí están mis padres, pero, ¿dónde están los de ella?   3 Aquí está mi traje, pero, ¿dónde está el de él?   4 Aquí están mis pantalones, pero, ¿dónde están los de ella?
5 Aquí está mi camisa, pero, ¿dónde está la de usted?

Listening exercises

A

She bought a brooch in an antiques shop in Toledo Street. It cost 15 000 pesetas and is silver.

B

A briefcase left at the Reception Desk is being discussed. Ownership is established by the fact that it is a French briefcase purchased in Paris with the name of the shop visible. Also the owner's name is found inside.

C

1 In London.   2 In Oxford Street.   3 Shoes.   4 She likes to try on all the shoes.   5 Earrings, bracelets (pulseras) and winter jerseys, (jerseycitos para el invierno que viene ahora).   6 Jeans.   7 Leather trousers.

Reading Exercises

1g; 2c; 3e; 4f; 5i; 6d; 7h; 8a; 9j; 10b.

Puzzles

discos; cuadros; maleta; camisa; cartera; perfume; reloj; sombrero; libros; sortija.

18 ¿Qué deseaba?

A

Exercise 1   Trying to obtain goods seen previously

Dependiente: Buenos días, señora. ¿Qué deseaba?

Usted: Había una blusa en el escaparate que me gustaba mucho, pero ahora no está allí.

Dependiente: ¿Una blusa, señora? ¿Cómo era?

Usted: Era roja y amarilla.

Dependiente: Y, ¿dónde estaba exactamente?

Usted: Estaba a la derecha del escaparate.

Dependiente: A ver si me acuerdo...¿Era de algodón o de lana?

Usted: Creo que era de algodón, y valía diez mil pesetas.

Dependiente: Ah, sí, ahora me acuerdo, señora.

Second version

Dependiente: Buenos días. ¿Qué deseaba?

Usted: Había unos zapatos en el escaparate que me gustaban mucho pero ahora no están allí.

Dependiente: ¿Unos zapatos? ¿De qué color eran?

Used: Grises.

Dependiente: Y, ¿dónde estaban exactamente?

Usted: A la izquierda del escaparate.

Dependiente: Y, ¿cuánto valían?

Usted: Ocho mil pesetas.

Exercise 2   Finding out about a mysterious visitor

Recepcionista: ¡Señor Robinson! Había una señorita aquí antes que le buscaba.

Usted: ¿Una señorita? ¿Cómo era?

Recepcionista: Era bastante alta, tenía el pelo rubio y llevaba un traje azul.

Usted: ¿Cómo se llamaba?

Recepcionista: No lo sé, señor Robinson. No dijo su nombre.

Usted: Pues, ¿qué quería?

Recepcionista: Tampoco lo sé.

Exercise 3   Understanding things described in the past tense

1 true   2 false   3 true   4 false   5 false   6 not known   7 true   8 true

Exercise 4 Saying what you used to do

1 Vivía en Bilbao.   2 Trabajaba en una oficina.   3 Salía de casa a las ocho
y media.   4 Llegaba a la oficina a las nueve y cuarto.   5 Comía en un
restaurante.   6 Volvía a casa a las cinco y media.   7 Cenaba en casa.
8 Bebía vino con la cena.   9 Veía la televisión por la tarde.   10 Me
gustaban bastante los programas.

Exercise 5 Saying how things have changed

1 Ahora hay una farmacia en esta calle, pero antes había un restaurante.
2 Ahora el español es fácil, pero hace tres meses era difícil.   3 Ahora estoy
libre, pero hace una hora estaba ocupado.   4 Ahora hay un bar aquí, pero
hace tres años había un teatro.   5 Ahora soy jefe, pero hace unos cinco
años era empleado.

Exercise 6 Asking for people to be described

1 ¿Cómo era?   2 ¿Cómo se llamaba?   3 ¿Qué llevaba?   4 ¿Qué quería?
5 ¿Era inglés?

Exercise 7 Referring to people by using pronouns

1 Sí, le escribí la carta.   2 Sí, le hablé en inglés.   3 Sí, le pagué mil pesetas.
4 Sí, le vendí el coche.   5 Sí, le mandé el paquete.

Exercise 8 Saying that you don't either

1 Tampoco lo sé.   2 Tampoco lo quiero.   3 Tampoco me gusta.
4 Tampoco lo veo.   5 Tampoco lo oigo.

B

Exercise 9 Talking about your youth

1 Iba a la escuela a las (+ time).   2 Iba en coche/autobús/tren/bicicleta/a
pie.   3 Llegaba a las (+ time).   4 Me aburría en la clase de (+ subject).
5 Sí/No dormía en clase.   6 Sí/No hacía muchas preguntas a los profesores.
7 Sí/No comía en la escuela.   8 Sí/No estudiaba por las tardes.   9 Sí/No
compraba cigarrillos en aquellos años.   10 Sí/No me gustaba la escuela.

Exercise 10 Saying what someone was doing when you saw him

1 Esperaba el autobús cuando le vi.   2 Echaba una carta cuando le vi.
3 Bailaba cuando le vi.   4 Dormía cuando le vi.   5 Tomaba el sol cuando
le vi.

Exercise 11 Saying that you did it yesterday

1 Sí, se la dije ayer.   2 Sí, se lo expliqué ayer.   3 Sí, se la mostré ayer.
4 Sí, se la escribí ayer.   5 Sí, se lo di ayer.

Listening exercises

1 At 6.00 am.   2 Dry bread and water.   3 Into the countryside.   4 She worked.   5 Dry bread, cheese and water from the well.   6 At 8.00 pm.
7 A fried egg, bread and potatoes with water from the well.   8 At 10.00 pm.
9 With her three sisters.

B

1 In Madrid.   2 Near her home.   3 Nuns.   4 Meeting friends, going out, going to the cinema.   5 Her homework.

Reading exercises

Francisco Franco Bahamonde, the dictator of Spain from 1939–1975.

Puzzles

1 true; 2 false; 3 false; 4 true; 5 false; 6 true; 7 false; 8 true; 9 false;
10 true/false. (Did you speak Spanish well five years ago ?)

19 ¿Qué te pasa?

A

Exercise 1   Saying that you are unwell
María: ¡Vamos, Juan, levántate! Son las ocho y veinte. Vas a llegar tarde a la oficina.
Usted: ¡Ay, María! No me siento bien.
María: ¿Qué te pasa, cariño?
Usted: Me duele la cabeza y creo que tengo fiebre.
María: Sí, estás muy pálido. ¿Te duele algo más?
Usted: Sí, me duele también el estómago.
María: Bueno. Voy a llamar al médico en seguida y luego te voy a hacer una taza de té.

Exercise 2   Telling the doctor how you feel
Doctor: ¿Qué le duele, señor López?
Usted: Me duele la cabeza y me duele el estómago.
Doctor: Vamos a ver. ¿Qué comió ayer?
Usted: Anoche tomé merluza y un flan.
Doctor: ¿Era fresca la merluza?
Usted: Creo que sí.

Exercise 3   Obtaining medicines at the chemist's

Farmacéutico: Y usted, señora. ¿Qué desea?

Usted: ¿Tiene algo para el dolor de garganta?

Farmacéutico: Sí, señora. Esto es excelente. Cuatrocientas cincuenta pesetas. ¿Algo más?

Usted: Sí, necesito algo para el dolor de cabeza. ¿Qué recomienda usted?

Farmacéutico: OKAL es muy bueno, señora. Doscientas pesetas el paquete.

Usted: Deme un paquete de OKAL, entonces.

Farmacéutico: ¿Eso es todo?

Usted: No. También necesito algo para las quemaduras del sol.

Farmacéutico: Esta crema es muy buena, señora. Seiscientas cincuenta pesetas el tubo.

Usted: Gracias. ¿Cuánto es todo?

Exercise 4   Saying what hurts – 1

1 Me duele la garganta.   2 Me duele la pierna.   3 Me duele el estómago.
4 Me duelen los ojos.   5 Me duelen las manos.

Exercise 5   Saying what hurts – 2

1 Tengo dolor de estómago.   2 Tengo dolor de ojos.   3 Tengo dolor de garganta.   4 Tengo dolor de pies.   5 Tengo dolor de piernas.

Exercise 6   Obtaining medicines at the chemist's – 1

1 ¿Tiene algo para el dolor de garganta?   2 ¿Tiene algo para un resfriado?
3 ¿Tiene algo para la diarrea?   4 ¿Tiene algo para la tos?   5 ¿Tiene algo para el dolor de estómago?

Exercise 7   Obtaining medicines at the chemist's – 2

1 Necesito algo para la diarrea.   2 Necesito algo para el dolor de pies.
3 Necesito algo para las quemaduras del sol.   4 Necesito algo para un resfriado.   5 Necesito algo para el dolor de estómago.

Exercise 8   Explaining how you feel

1 Me siento enfermo (enferma).   2 Me siento mejor.   3 Me siento peor.
4 Me siento bien.   5 No me siento bien.

B

Exercise 9   Asking how others feel

1 ¿Cómo está su mujer?   2 ¿Cómo está su hijo?   3 ¿Cómo está su hija?
4 ¿Cómo está su marido?   5 ¿Cómo está su padre?

Exercise 10   Saying how others feel

1 Mi mujer se siente enferma.   2 Mi hijo se siente mejor.   3 Mi hija se siente peor.   4 Mi marido no se siente bien.   5 Mi padre se siente bien.

Exercise 11 Giving precise details – 1

1 A mi mujer le duele la cabeza. 2 A mi marido le duele la garganta.
3 A mi abuela le duelen los pies. 4 A mi hija le duele la pierna. 5 A mi
amigo le duelen los ojos.

Exercise 12 Giving precise details – 2

1 Mi hijo tiene dolor de estómago. 2 Mi amigo tiene fiebre. 3 Mi marido
tiene un resfriado. 4 Mi mujer tiene dolor de cabeza.

Listening exercise

A

1 Headache and stomach-ache. 2 Painful arm. 3 Sore feet and a painful
right leg. 4 Sore eyes and a sore throat.

B

1 a (the word used was 'fatal'); 2 b; 3 c; 4 b (la espalda – shoulder);
5 c (estornudar – to sneeze); 6 a; 7 c; 8 a.

Reading exercises

1 (91) 435 24 45. 2 (91) 542 10 00. 3 (94) 443 52 00. 4 092.
5 (976) 337 77 00.

Puzzles

1 la cabeza; 2 los ojos; 3 los brazos; 4 el dedo; 5 las manos; 6 la boca;
7 los pies; 8 las piernas; 9 la nariz; 10 la oreja.

20 ¡Socorro!

A

Exercise 1 Saying what happened

Guardia: Buenas tardes, señora. ¿En qué puedo ayudarla?
Usted: Estaba de compras en la Gran Vía y un joven me robó.
Guardia: ¿Qué robó exactamente, señora?
Usted: Cogió mi bolso y se fue corriendo.

Exercise 2   Describing the assailant

Guardia: ¿Cómo era el joven?
Usted: Era bastante bajo, tenía el pelo moreno muy largo y llevaba una chaqueta negra y pantalones grises.

Exercise 3   Describing what was stolen

Guardia: ¿Qué había en el bolso?
Usted: Muchas cosas. Mi pasaporte, mi dinero, mis cheques de viajero . . .
Guardia: ¿Cuándo pasó todo esto?
Usted: Hace media hora o así.

Exercise 4   Saying what has happened to you

Mujer: ¿Dónde le duele, señor?
Usted: ¡Ay, la pierna! Me duele horriblemente la pierna.
Transeúnte: ¿Está rota la pierna?
Usted: No, no está rota porque la puedo mover, pero me duele mucho.

Exercise 5   Have you understood?

1 At 12.20.   2 A fortnight.   3 Yes.   4 She hopes to visit the Robinsons in
York.   5 Within a few moments.

Exercise 6   Saying where you were going

1 Iba a la comisaría.   2 Iba al hotel.   3 Iba al mercado.   4 Iba a la
discoteca.   5 Iba a la fábrica.

Exercise 7   Saying that something or someone is very, very . . .

1 Sí, es tontísimo.   2 Sí, es guapísima.   3 Sí, es carísimo.   4 Sí, es
facilísimo.   5 Sí, es simpatiquísima. (Note spelling change.)

Exercise 8   Making comparisons

1 El vino es tan bueno como el coñac.   2 El Hotel Bristol es tan barato
como el Hotel España.   3 Toledo es tan interesante como Segovia.   4 Este
broche es tan caro como este collar.   5 Este hombre es tan tonto como mi
marido.

Exercise 9   Saying where things are

1 Nuestras maletas están en la habitación.   2 Nuestra hija está en casa.
3 Nuestros padres están en el hotel.   4 Nuestro coche está en la calle.
5 Nuestra casa está en el norte de Inglaterra.

Exercise 10   Saying you will do it next week, month, year, etc.

1 Voy a volver a Inglaterra el mes que viene.   2 Voy a alquilar el coche el
martes que viene.   3 Voy a comprar los regalos el viernes que viene.
4 Voy a marcharme de Madrid el año que viene.   5 Voy a visitar Londres el
verano que viene.

Exercise 11   Saying what you were doing

1 Estaba escribiendo cartas.   2 Estaba aprendiendo el español.   3 Estaba bailando.   4 Estaba pintando la casa.   5 Estaba tomando el sol.

Exercise 12   Saying how things are

1 Mi hija está casada.   2 Mi reloj está roto.   3 Mi mujer está aburrida. 4 Las tiendas están abiertas.   5 Mi marido está bebido.   6 Está prohibido fumar.   7 Está permitido bailar.   8 El bar está cerrado.   9 Esta guía está escrita en español.   10 Esta señora le está muy agradecida.

Listening exercises

A

1 In the bank changing money.   2 At home cleaning the house.   3 Fishing in the river.   4 In the café having a coffee with friends.

B

1 Her handbag.   2 As she left the theatre.   3 Her purse, all her personal documents, her identity card, her passport, her house keys.   4 She will be unable to get into her house.   5 By motorcycle.   6 Very noisy and very large. 7 They were wearing crash helmets.

Reading exercises

1 Two youths.   2 700 000 pesetas.   3 At 9.30 am.   4 Yes.   5 They ran from the bank and were driven away by a third robber in a car.   6 Two people were injured in a two-car collision.   7 It was a head-on crash.   8 At 4 pm yesterday.   9 At kilometre number 139 on the 342 national road.   10 To the General Hospital of Baza.

Puzzles

SOFA / SOPA / ROPA / ROTA / ROSA / COSA / CASA / CADA / NADA / NADO.

Useful addresses and books

Addresses

Centre for Information on Language Teaching (CILT)
20 Bedfordbury
London WC2N 4LB
An excellent source of lists of useful grammar books, dictionaries and background books about Spain.

Hispanic Council
Canning House
2 Belgrave Square
London SW1X 8PJ
A good centre for information about Spain and, in particular, the Latin American republics.

Spanish Institute
102 Eaton Square
London SW1W 9AN
For information about the economic and cultural life of Spain.

Spanish Tourist Office
57 St James Street
London SW1A 1LD
For all matters relating to tourism in Spain.

Grammar books

Pérez, Sala, Santamarina, *Spanish* (Cassell Language Guides).

Dictionaries

C. Smith, *Collins Spanish Dictionary* (HarperCollins).
Harrap's Spanish Paperback Dictionary (Harrap).

Reference books

Camping and caravanning in Europe (AA Publications).
Spain and Portugal (Fodor's Modern Guides).
Spain (Michelin: Red series for hotels, etc., and Green series for history and culture).
J. L. Hooper, *The Spaniards* (Viking).
D. Petersen, *Spain on Backroads* (Hunter). For those who wish to get off the beaten track and explore the 'real' Spain.
P. E. Russell (ed.), *Spain: a companion to Spanish Studies* (Methuen).

Grammar summary

Contents

The following summary of the grammar found in this book will help the student to learn the material systematically. It will be useful to study the relevant section of this summary after having tackled the chapter in which the grammar occurs.

1 Nouns and articles

All nouns are either masculine or feminine. Generally speaking nouns which end in '-o' are masculine – common exceptions, 'la mano' (hand), 'la radio' (radio) – and those which end in '-a' are feminine. 'The' is expressed before a masculine noun by 'el' and by 'la' before a feminine noun. 'A' or 'An' is 'un' before a masculine noun and 'una' before a feminine noun. The plural form of nouns is formed by adding '-s' to those which end in a vowel and '-es' to those which end in a consonant. The plural forms of the articles are as seen in the following examples:

El libro es caro.	Los libros son caros.
La mujer es guapa.	Las mujeres son guapas.
Un chico inglés.	Unos chicos ingleses.
Una ración de patatas fritas.	Unas raciones de patatas fritas.

In practice the plural forms of 'un' and 'una' are rarely used unless you wish to stress that *some* ... do something and others do not. For example:

Unos españoles hablan inglés.   *Some* Spanish people speak English.

2 Adjectives

(i) Agreement

Adjectives agree with the nouns they qualify and usually follow the noun. Adjectives which end in '-o' have four forms:

Un vino caro.	A dear wine.
Una revista cara.	A dear magazine.
Vinos caros.	Dear wines.
Revistas caras.	Dear magazines.

Those which end in anything else have two forms, a singular and a plural:

Un jersey azul.	A blue jersey.
Una falda azul.	A blue skirt.
Guantes azules.	Blue gloves.
Blusas azules.	Blue blouses.

(ii) Adjectives of nationality

Those which end in '-o' behave as 'caro' (dear), seen earlier, but those which end in a consonant also have four forms:

Un chico español.	A Spanish boy.
Una chica española.	A Spanish girl.
Hombres españoles.	Spanish men.
Mujeres españolas.	Spanish women.

(iii) Modifying adjectives

This can be done by placing additional words before the adjectives:

Es algo grande.	It's a little on the big side.
Es bastante grande.	It's fairly big. (It's big enough.)
Es muy grande.	It's very big.
Es demasiado grande.	It's too big.
Es grandísimo.	It's very, very big.

(iv) Possessive adjectives

These are as follows:

Mi, mis	*My*
Mi chaqueta es verde y mis zapatos son marrones.	My jacket is green and my shoes are brown.
Tu, tus	*Your (when addressing a friend, member of your family or a child)*
Tu camisa es blanca y tus calcetines son grises.	Your shirt is white and your socks are grey.
Su, sus	*His, her, your (addressing a stranger), their*
Ahí va Paco. Su padre es profesor.	There goes Frank. His father is a teacher.

Aquí viene María. Su madre está en Paris.	Here comes Mary. Her mother is in Paris.
Buenos días, don Juan. ¿Cómo está su mujer?	Good day, don Juan. How is your wife?
Ahí van Pablo y Pedro.	There go Paul and Peter.
Su abuelo es general.	Their grandfather is a general.

The meaning of 'su' is usually clear but, if any problem does occur, it is resolved as follows:

Su padre de él.	His father.
Su madre de ella.	Her mother.
Su padre de usted.	Your father.
Su madre de ellos.	Their mother.

| Nuestro, nuestra, nuestros, nuestras | *Our* |
| Nuestro padre es escocés pero nuestra madre es francesa. | Our father is Scottish but our mother is French. |

| Vuestro, vuestra, vuestros, vuestras | *Your (familiar and plural)* |
| ¿Cómo están vuestros padres? | How are your parents? |

(v) Demonstrative adjectives

| Este, esta, estos, estas | *This, these* |
| Este collar es muy barato pero estas blusas son muy caras. | This necklace is very cheap but these blouses are very dear. |

| Ese, esa, esos, esas | *That, those* |
| Esas uvas son muy buenas. | Those grapes are very good. |

When an object or person is some distance away from both the speaker and the person addressed, you use 'aquel':

| Aquel, aquella, aquellos, aquellas | *That, those (over there)* |
| Aquella casa es muy antigua. | That house (over there) is very old. |

(vi) Comparisons

To compare one thing with another, you use one of the following three forms:

| Más ... que | *More ... than* |
| El vino es más caro que la cerveza. | Wine is more expensive than beer. |

| Menos ... que | *Less ... than* |
| Sevilla es menos grande que Madrid. | Seville is less big (smaller) than Madrid. |

| Tan ... como | *As ... as* |
| El anís es tan fuerte como el coñac. | Anisette is as strong as brandy. |

There are also some irregular comparative forms:

Mejor	Better
El café es mejor que el té.	Coffee is better than tea.

Peor	Worse
El vino tinto es peor que el vino blanco.	The red wine is worse than the white wine.

Mayor	Greater, older
Soy mayor que usted.	I am older than you.

Menor	Smaller, younger
Es menor que yo.	He is younger than I.

(vii) Forming nouns from adjectives

It is possible to form nouns from adjectives by adding 'lo' before the masculine singular. Such nouns are used to express 'the ... part/bit/aspect':

Lo difícil es la gramática.   The difficult part is the grammar.

3 Numbers, dates and time

Numbers are given in Chapters 1, 2 and 5. The numbers 1 to 29 are written as one word. For example:

| trece | 13 |
| veinticinco | 25 |

Thereafter they are written as three words:

| cuarenta y nueve | 49 |

When you refer to exactly 100, the number 'ciento' shortens to 'cien':

¿Cuánto vale? Cien pesetas.   How much is it? 100 pesetas.

Multiples of a hundred agree with the noun they qualify:

| Doscientos cincuenta hombres. | 250 men. |
| Quinientas veinte pesetas. | 520 pesetas. |

1000 is expressed by 'mil' and is invariable in most situations:

| Dos mil pesetas. | 2000 pesetas. |
| Doce mil pesetas. | 12 000 pesetas. |

1 000 000 is expressed by the noun 'un millón' and is therefore followed by 'de':

| Un millón de pesetas. | 1 000 000 pesetas. |
| Trece millones de habitantes. | 13 000 000 inhabitants. |

Expressing the date is found in Chapters 10 and 15. The days of the week and months of the year are written with a small letter, unless they begin the sentence, and the first of the month can be expressed by using 'primero' (although 'uno' is acceptable):

Voy a París el dos de diciembre. I'm going to Paris on the second of December.

'On' with a date is always expressed by 'el':

Venga a verme el martes. Come and see me on Tuesday.

'Next' is expressed by the short phrase 'que viene':

Voy a Sevilla el viernes que viene. I'm going to Seville next Friday.

'Last' is expressed by 'pasado':

Salió de Madrid el miércoles pasado. He left Madrid last Wednesday.

Habitual actions can be expressed by making the day of the week plural. Only two days have plural forms, 'los sábados' and 'los domingos', and the others form their plural by the use of the plural definite article:

Voy a la iglesia los domingos. I go to church on Sundays.
Voy al teatro los jueves. I go to the theatre on Thursdays.

Telling the time is found in Chapter 5. To ask the time the basic question is:

¿Qué hora es? What's the time?

If 1 o'clock occurs in the answer, the verb will be singular:

Es la una menos veinte. It's twenty to one.

For all other times, the verb will be plural:

Son las tres y cuarto. It's a quarter past three.

Between the hour and half past the hour the word 'y' is used to add precise details:

Son las tres y diez. It's ten past three.

Between half past and the hour the word 'menos' is used:

Son las cuatro menos cinco. It's five to four.

To ask at what time something happens the basic question is:

¿A qué hora sale el autocar? What time does the coach leave?

Both 'es' and 'son' are now replaced by 'a':

Sale a las siete y media. It leaves at half past seven.

4 Negatives

(i) No

The basic negative is 'no' and is placed before the verb:

Soy inglés.	I'm English.
No soy inglés.	I'm not English.

'No' can be used as a one-word answer:

¿Le gusta el coñac? No.	Do you like brandy? No.

(ii) Nunca

Never is expressed by 'nunca'. This can be placed before the verb:

Nunca voy al cine.	I never go to the cinema.

Or it can be placed after the verb with 'no' before the verb:

No voy nunca al cine.	I never go to the cinema.

It can also be used as a one-word answer:

¿Fuma usted? Nunca.	Do you smoke? Never.

(iii) Nada

Nothing (nada) is used in the same way as 'nunca':

Nada quiero.	I don't want anything.
No quiero nada.	I don't want anything.
¿Qué quiere? Nada.	What do you want? Nothing.

(iv) Nadie

Nobody (nadie) can be used as the subject of the verb and takes the third person singular:

Nadie lo sabe.	Nobody knows it.
No lo sabe nadie.	Nobody knows it.
¿Quién lo sabe? Nadie.	Who knows it? Nobody.

It can also be used as the object of the verb and is then preceded by the personal 'a' (see 5(v) below):

A nadie veo.	I can see nobody.
No veo a nadie.	I can see nobody.
¿A quién busca usted? A nadie.	Who are you looking for? Nobody.

5 Pronouns

(i) Direct object pronouns

These are as follows and are placed before the verb usually, but on the end of the positive imperative:

<u>Me</u>	*Me*
Me ve.	He sees me.
<u>Te</u>	*You (familiar)*
Te veo.	I see you.
<u>Le</u>	*Him*
Le veo.	I see him.
<u>La</u>	*Her, it (fem. object)*
La veo.	I see her.
La quiero.	I want it.
<u>Lo</u>	*It (masc. object)*
No lo quiero.	I don't want it.
<u>Le</u>	*You (polite, masc.)*
Le veo.	I see you.
<u>La</u>	*You (polite, fem.)*
La veo.	I see you.
<u>Nos</u>	*Us*
Nos ven.	They see us.
<u>Os</u>	*You (familiar, plural)*
Os ven.	They see you.
<u>Les</u>	*Them (masc., people)*
No les veo.	I can't see them.
<u>Las</u>	*Them (fem., people or objects)*
Ahora las veo.	Now I can see them.
<u>Los</u>	*Them (masc., objects)*
No los quiero.	I don't want them.
<u>Les</u>	*You (polite, masc. plural)*
Les veo.	I can see you.
<u>Las</u>	*You (polite, fem. plural)*
No las veo.	I can't see you.

(In some areas of Spain 'lo' is used for 'him'.)

Direct object pronouns are placed on the end of the positive imperative:

Escríbalo, por favor.   Write it down, please.

(ii) Indirect object pronouns

For all but the third persons these are identical to the direct object pronouns. 'Le' is used for all the third persons singular and 'les' for the third persons plural:

Le hablo.	I speak to him (to her, to you).
Les hablo.	I speak to them (to you).

The meaning is usually clear, but if ambiguity occurs it is resolved by adding a short phrase after the verb.

Le digo a usted.	I say to you.
Le digo a él.	I say to him.
Le digo a ella.	I say to her.
Les doy a ustedes.	I give to you.
Les doy a ellos.	I give to them (masc.).
Les doy a ellas.	I give to them (fem.).

Indirect object pronouns are also placed on the end of the positive imperative:

Deme un paquete de cigarrillos.	Give me a packet of cigarettes.

If both direct and indirect pronouns are found the order is invariably:

indirect – direct – verb
Me   lo   da.   He gives it to me.

If a third person indirect pronoun is involved 'se' replaces all the third person forms:

Se   lo   da.   He gives it to him.

Any ambiguity about the meaning of 'se' is resolved in the same manner as previously explained.

(iii) Possessive pronouns

Each possessive pronoun has four forms as follows:

mío, mía, míos, mías	mine
tuyo, tuya, tuyos, tuyas	yours (familiar)
suyo, suya, suyos, suyas	his, hers, yours, theirs
nuestro, nuestra, nuestros, nuestras	ours
vuestro, vuestra, vuestros, vuestras	yours (polite)

After the verb 'ser' the pronouns are used on their own:

¿De quién es esta maleta? Es mía.	Whose is this suitcase? It's mine.
¿Son tuyos estos guantes?	Are these gloves yours?

In all other cases the pronouns are preceded by the appropriate definite article:

¿Una falda? Compré la mía en esa tienda.	A skirt? I bought mine in that shop.

(iv) Demonstrative pronouns

These are the same as the demonstrative adjectives (see 2(v)) but have a stress mark to show they are a different form:

¿Es ésta su maleta? No. Aquélla.   Is this your suitcase? No. That one over there.

(v) The personal 'a'

This is found before the direct object of the verb when that object is a person:

Veo a Juan.	I see John.
Veo al chico.	I see the boy.
Veo a las chicas.	I see the girls.

6 Adverbs

Adverbs are formed from the feminine singular of the adjective with the addition of '-mente'.

rápida + mente = rápidamente	rapidly
Trabaja rápidamente.	He works rapidly.

If several adverbs are found in one sentence, it is normal to leave '-mente' off all but the last one:

Trabaja rápida, tranquila y metódicamente.	He works quickly, quietly and methodically.

Some adverbs are cumbersome when formed in the usual way and are usually replaced by short phrases. For example:

frecuentemente = con frecuencia	frequently
indudablemente = sin duda	undoubtedly
cuidadosamente = con cuidado	carefully
finalmente = por fin	finally
completamente = por completo	completely

Several adverbs are irregular:

bien	well
mal	badly
deprisa	quickly
despacio	slowly
mucho	a lot
poco	little
más	more
menos	less
tarde	late
temprano	early

7 The present tense

(i) Regular verbs

Verbs are divided into three conjugations and are usually referred to by the verb-ending in the infinitive – 'ar', '-er' and '-ir.' Subject pronouns are little used in Spanish except for the 'usted' and 'ustedes' pronouns, which are used with the third persons of the verb to convey the polite 'you' form. The regular verbs are as follows:

		-ar	-er	-ir
		comprar (*to buy*)	comer (*to eat*)	vivir (*to live*)
1	yo	compro	como	vivo
2	tú	compras	comes	vives
3	él/ella	compra	come	vive
3	usted	compra	come	vive
4	nosotros/as	compramos	comemos	vivimos
5	vosotros/as	compráis	coméis	vivís
6	ellos/ellas	compran	comen	viven
6	ustedes	compran	comen	viven

(ii) Verbs with irregular first person

Some verbs have an irregular first person singular only and follow the regular pattern for the other persons. Those found in this book are:

coger (to catch, pick up)	cojo, coges ...
conducir (to drive (of a car))	conduzco, conduces ...
conocer (to know (of people, places))	conozco, conoces ...
decir (to say, tell)	digo, dices ... (also radical-changing, see below)
hacer (to make, do)	hago, haces ...
oír (to hear)	oigo, oyes ...
parecer (to seem, appear)	parezco, pareces ...
poner (to put, place)	pongo, pones ...
saber (to know (of facts))	sé, sabes ...
salir (to leave, go out)	salgo, sales ...
seguir (to follow, carry on)	sigo, sigues ... (also radical-changing, see below)
tener (to have)	tengo, tienes ... (also radical-changing, see below)
traer (to bring)	traigo, traes ...
ver (to see)	veo, ves ...
venir (to come)	vengo, vienes ... (also radical-changing, see below)

(iii) Reflexive verbs

These verbs have a reflexive pronoun before each person. A common example of a reflexive verb is:

llamarse	*to be called (call oneself)*
me llamo	I'm called (I call myself)
te llamas	you're called
se llama	he's/she's called
usted se llama	you're called
nos llamamos	we're called
os llamáis	you're called
se llaman	they're called
ustedes se llaman	you're called

The third persons of the reflexive form are frequently used instead of the passive:

Las naranjas se cultivan en Valencia.	Oranges are grown in Valencia. (Oranges grow themselves in Valencia.)
El vino se produce en Daimiel.	Wine is produced in Daimiel. (Wine produces itself in Daimiel).

(iv) Radical-changing verbs

These verbs change both the stem and the ending in certain persons and are divided into three groups:

	-o- (-ue-)	-e- (-ie-)	-e- (-i-) –'-ir' verbs only
	poder (to be able, can)	*empezar (to begin)*	*pedir (to ask for, order)*
1	puedo venir	empiezo a las siete	pido vino
2	puedes venir	empiezas a las diez	pides cerveza
3	puede venir	empieza a las once	pide café
3	usted puede venir	usted empieza a las dos	usted pide leche
4	podemos venir	empezamos a las tres	pedimos agua
5	podéis venir	empezáis a las cinco	pedís naranjada
6	pueden venir	empiezan a las cuatro	piden agua mineral
6	ustedes pueden venir	ustedes empiezan a las nueve	ustedes piden vino tinto

The stem changes when the stress falls on it, and the change affects persons 1, 2, 3 and 6. The verbs are marked in the vocabulary lists in the following way – poder (ue); empezar (ie); pedir (i).

(v) Four irregular verbs – 'ser', 'ir', 'dar', 'estar'

These four verbs have a similar pattern and are best learned as a group.

ser (to be)	ir (to go)	dar (to give)	estar (to be)
1 soy	voy	doy	estoy
2 eres	vas	das	estás
3 es	va	da	está
3 usted es	usted va	usted da	usted está
4 somos	vamos	damos	estamos
5 sois	vais	dais	estáis
6 son	van	dan	están
6 ustedes son	ustedes van	ustedes dan	ustedes están

8 'Ser' and 'estar'

'Ser' is used to express permanent conditions:

Soy inglés.	I'm English.
Es profesor.	He's a teacher. (Note the absence of the indefinite article when referring to a job or profession.)

'Estar' is used for one of three reasons:

To express position

Madrid está en España.	Madrid is in Spain.

To express temporary conditions

¿Cómo está usted? Estoy bien.	How are you? I'm well.

To express a state which results from an action

Franco está muerto.	Franco is dead. (The action – he died; the state – he is dead.)

9 The immediate future – 'ir a' + infinitive

The irregular verb 'ir' (see 7(v)) is used to talk about future plans:

Mañana voy a visitar Toledo.	Tomorrow I'm going to visit Toledo.

10 There is, there are – 'hay'

'Hay' expresses both the singular 'there is' and the plural 'there are':

¿Hay un banco por aquí?	Is there a bank around here?
Sí, hay muchos bancos en esta calle.	Yes, there are a lot of banks in this street.

'Hay que' + infinitive is used to convey 'it is necessary', 'one should', 'you ought', etc.

> Hay que visitar el castillo de Coca.   You ought to visit the Coca Castle.

11 Giving orders – the imperative

The imperative is formed from the first person singular of the present tense; if that person has an irregular form the imperative also has the same form. The imperative is formed as follows:

					singular	*plural*
comprar	-compr(o)	=	compr + e	=	compre usted	compren ustedes
beber	-beb(o)	=	beb + a	=	beba usted	beban ustedes
escribir	-escrib(o)	=	escrib + a	=	escriba usted	escriban ustedes
volver	-vuelv(o)	=	vuelv + a	=	vuelva usted	vuelvan ustedes
poner	-pong(o)	=	pong + a	=	ponga usted	pongan ustedes

'-ar' verbs add an '-e' to form the imperative and all others add an '-a'. The only important irregular verb which does not follow this pattern is 'ir' (to go):

ir	voy	vaya usted	vayan ustedes

This form of the imperative is used to give orders to strangers. The pronouns 'usted' or 'ustedes' are often omitted since it is clear to whom the order is being given. Object pronouns are placed on the end of the imperative when it is positive and in the normal position when the command is negative:

decir	- dig(o)	= dig + a	= diga usted	digan ustedes

> Dígamelo.   Tell it to me.
> No me lo diga.   Don't tell it to me.

12 Talking about the weather

'Hace' + noun is the usual way to express most weather conditions:

> ¿Qué tiempo hace?   What's the weather like?
> Hace buen tiempo.   It's fine.
> Hace mal tiempo.   The weather's bad.
> Hace calor.   It's hot.

Hace frío.	It's cold.
Hace sol.	It's sunny.
Hace viento.	It's windy.

Since nouns are being used they are modified with 'mucho':

| Hace mucho calor. | It's very hot. |

Other weather conditions are as follows:

Está lloviendo.	It's raining. (At this moment it is raining.)
Llueve mucho en Inglaterra.	It rains a lot in England. (Habitually it rains a lot.)
Está nevando.	It's snowing. (At this moment it is snowing.)
Nieva mucho en los Pirineos.	It snows a lot in the Pyrenees. (Habitually it snows a lot.)
Hay niebla.	It is foggy.

13 To know – 'saber', 'conocer', 'poder'

'Saber' is used to say you know a fact or how to do something:

| Sé su nombre. | I know his name. |
| ¿Sabe usted bailar? | Do you know how to dance? |

'Conocer' is used to say you are familiar with a person, a place or a work of art:

Conozco a este señor.	I know this gentleman.
¿Conoce usted Madrid?	Do you know Madrid?
Conoce muy bien las novelas de Galdós.	He knows Galdós's novels very well.

'Poder' is used to say you can do something or have permission to do it:

| No puedo salir hoy. | I can't go out today. |

14 Impersonal verbs – 'gustar', etc.

Only the third persons singular and plural of these verbs are commonly used and object pronouns are used to indicate the subject of the verb. In fact, the subject of the English sentence becomes the object of the Spanish sentence and vice versa:

| Gustar | *To please, like* |
| Me gusta el vino *or* El vino me gusta. | I like wine. (Wine pleases me.) |

Me gusta bailar *or* Bailar me gusta.	I like dancing. (Dancing pleases me.)
Me gustan las uvas *or* Las uvas me gustan.	I like grapes. (Grapes please me.)

Negatives are placed in the usual position:

No me gusta el calor.	I don't like the heat.

Other persons are referred to by using different pronouns:

¿Te gusta el vino?	Do you like wine? (familiar)
Le gustan las vacaciones.	He likes holidays.

The pronoun 'le' is also used to refer to 'she' and 'you' and any ambiguity is resolved by using additional phrases:

Le gusta a él el coñac.	He likes brandy.
Le gusta a ella la cerveza.	She likes beer.
Le gusta a usted el vino.	You like wine.
Nos gusta este hotel.	We like this hotel.
¿Os gusta mi falda?	Do you like my skirt? (familiar)
Les gustan esos zapatos.	They like those shoes.

The pronoun 'les' is also used to refer to 'they' (fem.) and 'you' (pl.) and any ambiguity is again resolved by additional phrases:

No les gusta a ellas el vino.	They do not like wine (fem.).
¿Les gusta a ustedes el hotel?	Do you like the hotel?

Other verbs with a similar pattern are:

Aburrir	*To bore*
Me aburre el arte moderno.	Modern art bores me.
Encantar	*To like a lot*
Me encantan los edificios antiguos.	I like old buildings a lot.
Hacer falta	*To need*
Me hace falta más dinero.	I need more money.
Importar	*To matter*
No me importa el precio.	The price doesn't matter to me.
Interesar	*To interest*
¿Le interesa a usted el arte moderno?	Are you interested in modern art?
Parecer	*To seem*
Me parece muy bonito.	It seems very pretty to me.
Quedar	*To have left*
Me quedan cien pesetas.	I have 100 pesetas left.

15 Idioms using 'tener'

A number of common expressions use 'tener' + noun:

Tengo calor.	I'm hot.
Tengo frío.	I'm cold.
Tengo sed.	I'm thirsty.
Tengo prisa.	I'm in a hurry.
Tengo razón.	I'm right.
Tengo suerte.	I'm lucky.
Tengo sueño.	I'm sleepy.
Tengo hambre.	I'm hungry.
Tengo miedo.	I'm frightened.

Since Spanish nouns are used to express English adjectives, 'mucho' (or 'mucha' with the feminine nouns 'sed', 'prisa', 'suerte', 'hambre') must be used to modify the noun:

Tengo mucha hambre.   I'm very hungry.

'Tener' is also used to express age:

Tengo cuarenta y cinco años.   I'm 45 years old.

'Tener que' + infinitive means 'to have to, must':

Juan tiene que ir a Madrid.   John has to go to Madrid.

16 The past tense – the preterite

(i) Regular verbs

The form of the preterite of regular verbs is:

-ar

Comprar	*To buy*
1 Compré pan.	I bought bread.
2 Compraste vino.	You bought wine (familiar).
3 Compró cigarrillos.	He bought cigarettes.
3 Usted compró revistas.	You bought magazines (polite).
4 Compramos recuerdos.	We bought souvenirs.
5 Comprasteis discos.	You bought records (familiar).
6 Compraron pasteles.	They bought cakes.
6 Ustedes compraron coñac.	You bought brandy (polite).

-er

Comer	*To eat*
1 Comí mucho.	I ate a lot.
2 Comiste poco.	You ate a little (familiar).

3	Comió bien.	He ate well.
3	Usted comió mal.	You ate badly (polite).
4	Comimos en casa.	We ate at home.
5	Comisteis en el hotel.	You ate in the hotel (familiar).
6	Comieron demasiado.	They ate too much.
6	Ustedes comieron muy poco.	You ate very little (polite).

-ir

Salir — *To leave*

1	Salí temprano.	I left early.
2	Saliste tarde.	You left late (familiar).
3	Salió ayer.	He left yesterday.
3	Usted salió a las tres.	You left at 3 o'clock (polite).
4	Salimos en coche.	We left by car.
5	Salisteis muy tarde.	You left very late (familiar).
6	Salieron a las cinco.	They left at 5 o'clock.
6	Ustedes salieron temprano.	You left early (polite).

The preterite tense is used to talk about single, complete actions in the past (the imperfect tense is used to refer to repeated or habitual actions – see 18, below):

Ayer compré un coche.	Yesterday I bought a car. (A single, complete action.)

(ii) Verbs with irregular first person

Certain verbs have a spelling change in the first person singular to preserve the sound of the verb:

Verbs which end in '-gar'

Llegar — *To arrive*

Llegué a las dos.	I arrived at 2 o'clock. (Additional 'u' before the 'e'.)
Llegaste a las tres.	You arrived at 3 o'clock.

Verbs which end in '-car'

Buscar — *To look for*

Busqué el hotel.	I looked for the hotel. ('c' changing to 'qu' before the 'e'.)
Buscaste a Juan.	You looked for John.

Verbs which end in '-zar'

Empezar — *To begin*

Empecé a las dos.	I began at 2 o'clock. ('z' changing to 'c' before the 'e'.)
Empezaste más tarde.	You began later.

(iii) Verbs with spelling changes in the third persons

Other verbs have a spelling change in the third persons singular and plural, when 'i' changes to 'y' between two vowels:

Leer	*To read*
Leí el periódico.	I read the newspaper.
Leyó una novela.	He read a novel.
Leyeron la carta.	They read the letter.

Verbs which behave in a similar way are 'creer' (to believe), 'oir' (to hear) and 'construir' (to build).

Some '-ir' verbs have changes in the third persons singular and plural – 'o' changes to 'u' or 'e' changes to 'i':

Dormir	*To sleep*
Dormí bien.	I slept well.
Durmió mal.	He slept badly.
Durmieron mucho.	They slept a lot.

'Morir' (to die) behaves in a similar way.

Pedir	*To ask for, order*
Pedí chuletas.	I ordered chops.
Pidió paella.	He ordered paella.
Pidieron pescado.	They ordered fish.

'Preferir' (to prefer), 'repetir' (to repeat), 'seguir' (to follow) and 'servir' (to serve) behave in a similar way.

(iv) Irregular verbs – the 'pretérito grave'

A group of verbs change both the stem and the endings when the preterite is formed. These verbs are known as the 'pretérito grave' and the pattern is as follows:

	Andar	*To walk*
1	Anduve por la calle.	I walked along the street.
2	Anduviste por la plaza.	You walked through the square (familiar).
3	Anduvo por la ciudad.	He walked through the city.
3	Usted anduvo por el campo.	You walked through the countryside (polite).
4	Anduvimos mucho.	We walked a lot.
5	Anduvisteis al cine.	You walked to the cinema (familiar).
6	Anduvieron por la calle.	They walked along the street.
6	Ustedes anduvieron mucho.	You walked a lot (polite).

Both the new stem and the endings have to be learned with these verbs, which are as follows:

conducir – conduje, condujiste, etc.   to drive
decir – dije, dijiste, etc.   to say, tell
estar – estuve, estuviste, etc.   to be
hacer – hice, hiciste, etc.   to do, make (*Note*: third
person singular – hizo)

poder – pude, pudiste, etc.   to be able, can
poner – puse, pusiste, etc.   to put, place
producir – produje, produjiste, etc.   to produce
querer – quise, quisiste, etc.   to want, wish
saber – supe, supiste, etc.   to know
tener – tuve, tuviste, etc.   to have
traer – traje, trajiste, etc.   to bring
venir – vine, viniste, etc.   to come

Note that if the third person plural of these verbs has a 'j' before the ending, the 'i' of that ending is lost: decir – dijeron; traer – trajeron.

---

17 Talking about the immediate past – 'acabar de' + infinitive

'Acabar de' is used to express what has just happened, with the present tense of 'acabar' being used:

Acabo de llegar.   I've just arrived.
El señor Morales acaba de salir.   Mr Morales has just left.

---

18 The imperfect tense

(i) Regular verbs

The forms of the imperfect tense are as follows:

-ar	-er	-ir
comprar (to buy)	*comer (to eat)*	*vivir (to live)*
1 compraba pan	comía mucho	vivía en Madrid
2 comprabas uvas	comías poco	vivías en Málaga
3 compraba revistas	comía demasiado	vivía en Francia
3 usted compraba pasteles	usted comía en casa	usted vivía en Bilbao
4 comprábamos recuerdos	comíamos en una cafetería	vivíamos en Inglaterra
5 comprabais cigarrillos	comíais en casa	vivíais cerca de Madrid
6 compraban flores	comían en un restaurante	vivían en Londres

6 ustedes   ustedes comían pan   ustedes vivían en
    compraban vino   Barcelona

(ii) Irregular verbs

Only three verbs are irregular in this tense:

ser (to be)	ir (to go)	ver (to see)
1 era	iba	veía
2 eras	ibas	veías
3 era	iba	veía
3 usted era	usted iba	usted veía
4 éramos	íbamos	veíamos
5 erais	ibais	veíais
6 eran	iban	veían
6 ustedes eran	ustedes iban	ustedes veían

The imperfect is used in three ways:

To describe things in the past

Era muy alto y tenía el   He was very tall and had blonde hair.
pelo rubio.

To express repeated or habitual actions in the past

Cuando vivía en Madrid,   When I lived in Madrid, I used to
    visitaba el Prado todos los   visit the Prado every Sunday.
    domingos.

A continuous action in the past which is interrupted

Leía el periódico cuando   I was reading the paper when you
    usted llegó.   arrived.

19 The imperfect continuous – I was —ing

This is formed from the imperfect of 'estar' + the present participle. The
present participle of '-ar' verbs ends in '-ando' and that of '-er' and '-ir' verbs in
'-iendo':

Estaba buscando a mi hijo.	I was looking for my son.
Estabas viendo la televisión.	You were watching television.
Estaba tomando café.	He was drinking coffee.
Usted estaba esperando el autobús.	You were waiting for the bus.
Estábamos sacando fotos de la catedral.	We were taking photographs of the cathedral.
Estabais jugando al golf.	You were playing golf.
Estaban comiendo.	They were eating.
Ustedes estaban tomando el sol.	You were sunbathing.

The imperfect continuous conveys exactly the English form 'I was —ing' and is preferred to the imperfect in spoken Spanish:

¿Qué estaba usted haciendo?	What were you doing?
Estaba hablando con mi jefe.	I was talking to my boss.

Macmillan Master Series

Accounting
Advanced English Language
Arabic
Astronomy
Banking
Basic Management
Biology
British Politics
Business Communication
Business Law
Business Microcomputing
C Programming
Catering Science
Catering Theory
Chemistry
COBOL Programming
Commerce
Computer Programming
Computers
Databases
Economic and Social History
Economics
Electrical Engineering
Electronics
English as a Foreign Language
English Grammar
English Language
English Literature
English Spelling
French
French 2

German
German 2
Hairdressing
Human Biology
Italian
Italian 2
Japanese
Manufacturing
Marketing
Mathematics
Mathematics for Electrical and Electronic
    Engineering
Modern British History
Modern European History
Modern World History
Pascal Programming
Philosophy
Photography
Physics
Psychology
Pure Mathematics
Restaurant Service
Science
Secretarial Procedures
Social Welfare
Sociology
Spanish
Spanish 2
Spreadsheets
Statistics
Study Skills
Word Processing

THE LEARNING CENTRE
TOWER HAMLETS COLLEGE
POPLAR CENTRE
POPLAR HIGH STREET

THE LEARNING CENTRE
TOWER HAMLETS COLLEGE
POPLAR CENTRE
POPLAR HIGH STREET
LONDON E14 0AF
Tel: 0171 538 5888